北京市京师(深圳)律师事务所 | 系列丛书
BEIJING JINGSH LAW FIRM SHENZHEN OFFICE

房屋租赁合同纠纷

疑难案例解析

秦文涛 编著

法律出版社 | LAW PRESS
北京

图书在版编目(CIP)数据

房屋租赁合同纠纷疑难案例解析 / 秦文涛编著. --北京：法律出版社，2023
ISBN 978-7-5197-7301-4

Ⅰ. ①房… Ⅱ. ①秦… Ⅲ. ①租房-合同-经济纠纷-案例-中国 Ⅳ. ①D922.181.5

中国版本图书馆 CIP 数据核字(2022)第 217080 号

房屋租赁合同纠纷疑难案例解析
FANGWU ZULIN HETONG JIUFEN YI'NAN ANLI JIEXI

秦文涛 编著

策划编辑 邢艳萍
责任编辑 邢艳萍
装帧设计 鲍龙卉

出版发行 法律出版社
编辑统筹 法律应用出版分社
责任校对 朱海波
责任印制 刘晓伟
经　　销 新华书店

开本 710 毫米×1000 毫米 1/16
印张 20.25 **字数** 320 千
版本 2023 年 5 月第 1 版
印次 2023 年 5 月第 1 次印刷
印刷 三河市龙大印装有限公司

地址：北京市丰台区莲花池西里 7 号(100073)
网址：www.lawpress.com.cn
投稿邮箱：info@lawpress.com.cn
举报盗版邮箱：jbwq@lawpress.com.cn

销售电话：010-83938349
客服电话：010-83938350
咨询电话：010-63939796

书号：ISBN 978-7-5197-7301-4
定价：76.00 元

凡购买本社图书，如有印装错误，我社负责退换。电话：010-83938349

前　言

随着我国城镇化进程的发展，流动人口持续增加，住房租赁需求不断增长，房屋租赁市场成为一个极具活力和潜力的市场。

在大中城市，年轻人和新市民住房难、住房贵、住房差等因素影响着群众的幸福感及社会的和谐稳定。尤其是长租公寓“暴雷”引发的社会问题，引起政府的高度重视，多个大中城市陆续发布了针对房屋租赁市场的规范性文件，整顿和规范租赁市场秩序、调控租金水平。

政策上，2015 年 12 月中央经济工作会议首次提及发展住房租赁市场，并强调将“租购并举”确立为我国住房制度改革的主要方向；2016 年 12 月中央经济工作会议提出要坚持“房子是用来住的、不是用来炒的”的定位；2017 年中央经济工作会议提出加快建立多主体供应、多渠道保障、租购并举的住房制度；2019 年中央经济工作会议提出要加大城市困难群众住房保障工作，加强城市更新和存量住房改造提升，大力发展租赁住房；2020 年新冠肺炎疫情暴发，长租公寓频繁“暴雷”，中央经济工作会议提出解决好大城市住房突出问题，要高度重视保障性租赁住房建设，加快完善长租房政策，规范发展长租房市场，整顿租赁市场秩序，规范市场行为，对租金水平进行调控；2021 年 8 月 31 日国务院新闻办公室就“努力实现全体人民住有所居”举行新闻发布会，表明了解决全体人民“住有所居”的意志和决心；2021 年中央经济工作会议要求坚持租购并举，加快发展长租房市场。2015—2021 年，中央 7 年内 6 次将发展租赁住房确定为年度工作重点。由此可见，住房租赁市场在我国住房体系中处于重要地位。

住房和城乡建设部等部委针对房屋租赁市场出现的问题，出台了一系列部门规章，制定了详细的管理规范，整顿住房租赁市场秩序，规范市场行为，促使房屋租赁市场向健康方向发展。

立法上，2021 年 1 月 1 日起施行的《民法典》专设一章即第十四章"租赁合同"，规制房屋租赁关系并且在我国立法史上首次规定了居住权。与此同时，最高人民法院修正了《最高人民法院关于审理城镇房屋租赁合同纠纷案件具体应用法律若干问题的解释》，这些法律、司法解释对统一司法适用、保障房屋租赁市场健康发展起到了重要的作用。

同时，房屋租赁相关的矛盾和纠纷不断出现，笔者在法律服务实践中进行知识梳理，通过研究大量的房屋租赁合同纠纷，对案例进行归纳、整理、评析，梳理法院的裁判观点，提出风险防控意见，为读者提供参考。

尽管作者已尽全力，但囿于知识水平和时间，本书中的观点存在偏颇和错误之处在所难免，望读者海涵并不吝赐教！

缩略表

全称	简称
《中华人民共和国宪法》(2018 修正)	《宪法》
《中华人民共和国民法典》	《民法典》
《中华人民共和国民法通则》(已废止)	《民法通则》
《中华人民共和国民法总则》(已废止)	《民法总则》
《中华人民共和国合同法》(已废止)	《合同法》
《中华人民共和国物权法》(已废止)	《物权法》
《中华人民共和国担保法》(已废止)	《担保法》
《中华人民共和国民事诉讼法》(2021 修正)	《民事诉讼法》
《中华人民共和国行政诉讼法》(2017 修正)	《行政诉讼法》
《中华人民共和国村民委员会组织法》(2018 修正)	《村民委员会组织法》
《中华人民共和国土地管理法》(2019 修正)	《土地管理法》
《中华人民共和国城乡规划法》(2019 修正)	《城乡规划法》
《中华人民共和国城市房地产管理法》(2019 修正)	《房地产管理法》
《中华人民共和国劳动合同法》(2012 修正)	《劳动合同法》
《中华人民共和国行政诉讼法》(2017 修正)	《行政诉讼法》
《中华人民共和国未成年人保护法》(2020 修订)	《未成年人保护法》
《中华人民共和国消防法》(2021 修正)	《消防法》
最高人民法院《关于贯彻执行〈中华人民共和国民法通则〉若干问题的意见(试行)》(已废止)	《民法通则意见》

续表

全称	简称
最高人民法院《关于适用〈中华人民共和国民事诉讼法〉的解释》(2022 修正)	《民事诉讼法解释》
最高人民法院《关于适用〈中华人民共和国合同法〉若干问题的解释(一)》(已废止)	《合同法解释(一)》
最高人民法院《关于适用〈中华人民共和国合同法〉若干问题的解释(二)》(已废止)	《合同法解释(二)》
最高人民法院《关于审理城镇房屋租赁合同纠纷案件具体应用法律若干问题的解释》(2020 修正)	《城镇房屋租赁解释》
最高人民法院《关于民事诉讼证据的若干规定》(2019 修正)	《民事诉讼证据规定》
《中国人民解放军房地产管理条例》(2000)	《军产房管理条例》

目　录

第一章　房屋租赁常见纠纷及处理

第一节　房屋租赁合同的签订

一、租赁合同概述

合同在古代和近代称为契约，契约是指证明买卖、抵押、租赁等关系的文书。有文字记载的契约始于西周，《周易·系辞》云："上古结绳而治，后世圣人易之以书契。"《周礼》记载了质剂、傅别、判书等契约形式，这些古老的契约应用于当时买卖、借贷等交易行为。我国的契约制度源远流长，契约称谓一直沿用到民国时期；中华人民共和国成立初期，契约称谓和合同称谓并用；20 世纪 50 年代中期以后，契约称谓逐渐被合同称谓取代；20 世纪 70 年代以后，契约称谓在立法文件中消失，合同称谓成为通用概念。

1987 年 1 月 1 日起施行的《民法通则》第 85 条将合同定义为："合同是当事人之间设立、变更、终止民事关系的协议。依法成立的合同，受法律保护。"1999 年 10 月 1 日起施行的《合同法》第 2 条第 1 款规定："本法所称合同是平等主体的自然人、法人、其他组织之间设立、变更、终止民事权利义务关系的协议。"2021 年 1 月 1 日起实施的《民法典》第 464 条第 1 款规定："合同是民事主体之间设立、变更、终止民事法律关系的协议。"该条中的"民事主体"指自然人、法人及非法人组织，自然人又包括本国公民、外国公民和无国籍人；"民事法律关系"主要指财产关系。《民法典》第 464 条第 2 款规定："婚姻、收养、监护等有关身份关系的协议，适用有关该身份关系的法律规定；没有规定的，可以根据其性质参照适用本编规定。”该条规定明确了调整身份关系的协议，应适用有关调整该身份关系的法律规定；没有规定的，可以根据其性质参照适用《民法典》合同编的规定。《民法典》将“平等主体”修改为“民事主体”，但依然要求合同主体必须是平等关系，当事人地位不平等的合约不能适用《民法典》。例如，劳动纠纷应适用《劳动合同法》，用人单位和劳动者形成的是管理与被管理关系；行政机关为了实现行政管理或者公共服务目标，与公民、法人或者其他组织协商订立的具有行政法上权利义务内容的协议，属于行政协议，应适用《行政诉讼法》。

租赁合同在日常社会生活和经济生活中被大量使用，为适应现实需要，《民法典》为租赁合同留了一席之地，设专章予以规定，其中第 703 条将租赁合同定义为“租赁合同是出租人将租赁物交付承租人使用、收益，承租人支付租金的合同”。

二、房屋租赁合同的内容

合同的内容，就是约定合同各方当事人权利与义务的各项条款。《民法典》第 470 条对合同内容即合同应包括的基础条款作了规定，对各类合同的订立具有普遍的指导意义。《民法典》第 704 条结合租赁合同的特点，将第 470 条进一步具体化，对典型的租赁合同的内容作了规定：“租赁合同的内容一般包括租赁物的名称、数量、用途、租赁期限、租金及其支付期限和方式、租赁物维修等条款。”虽然是针对租赁合同，但该条内容仍然比较宽泛、模糊，2011 年 2 月 1 日起开始施行的《商品房屋租赁管理办法》第 7 条对房屋租赁合同的内容进一步细化。

《民法典》第 704 条概括性地规定了租赁合同的主要内容：(1)租赁物的名称。房屋租赁合同的标的是房屋，分为住宅类和非住宅类，各地住房和城乡建设局制定的房屋租赁合同书示范文本相应地区分为住宅类和非住宅类两个独立的文本。(2)租赁物的数量。指房屋租赁合同的标的数量，其单位无论是栋、间，还是平方米，关于数量的约定条款是必备条款。(3)租赁物的用途。房屋租赁合同对用途的约定尤为重要，如果是住宅楼，用途约定为商业，就可能引起其他业主的反对,导致合同无法履行;反之,商业办公楼也不能约定用途为住宅。《商品房屋租赁管理办法》第 7 条第 1 款第 4 项也要求租赁合同明确约定租赁物的用途,是住宅还是商业。(4)租赁物的租赁期限。房屋租赁合同中租赁期限的单位可以是年、月、日,双方当事人可以根据实际情况自由选择。租赁期限的长短,是影响风险大小、未来收益、租金支付方式等的重要因素,最长租期不得超过 20 年。(5)租赁物的租金及其支付期限和方式。房屋的租金是转让房屋使用权的补偿款,简单地说,就是承租人为获得房屋使用权向出租人支付的对价。租金的多少、何时支付、支付期限、支付方式等由当事人根据实际情况协商确定。(6)租赁物维修。房屋在使用中必然会有自然损毁,也会有人为的损坏,因此要对维修的类型加以明确,分清维修义务主体。一般情况下,涉及房屋主体结构(如承重柱、墙壁、地板开裂,墙砖脱落,消防管道、水电线路等)的维修由出租人负责;涉及房屋主体结构之外的易耗品(如门锁、窗户玻璃、家电、家私、电灯、插座、水龙头)的维修一般由承租人负责。当然,当事人也可以根据具体情况约定出租人和承租人的维修责任范围。

相较于《民法典》第 470 条,《商品房屋租赁管理办法》第 7 条根据房屋租赁的特点,对容易引发纠纷的事项,具有针对性地增加了 4 个条款:(1)房屋的坐落、面积、结构、附属设施,家具和家电等室内设施状况。房屋的坐落是明确房屋权属的依据,有产权证的要与产权证上的登记地址描述一致;没有产权证但有购房合同的,要与购房合同上的地址描述一致;既没有产权证,也没有购房合同的,应尽量描述得让人能够理解、知晓、清楚、明白,不易引起误解。面积、结构、附属设施也要写清楚,以免引发争议。家具和家电等室内设施状况要列出详细的交接清单,防止退租时发生争议。(2)房屋和室内设施的安全性能。安全性能直接影响着承租人的人身和财产安全,务必重视,因室内电器不符合安全标准引发的悲剧屡见报端,出租人也为此付出了惨痛的代价。(3)物业服务、水、电、燃气等相关费用的缴纳。这些与日常生活、生产经营密切相关的费用,当然应当明确义务主体。比如电费,国家发展改革委办公厅于 2018 年 7 月 4 日印发了《关于清理规范电网和转供电环节收费有关事项的通知》,明确要求全面清理规范转供电环节不合理的加价行为。广东省发展和改革委员会《关于进一步清理规范电网和转供电环节收费有关事项的通知》规定，自 2018 年 11 月 1 日起，全省所有转供电主体都应该按照该委公布的目录销售电价向转供区域内的企业及租户等（以下简称分表用户）收取电费，相关共用设施用电及损耗可通过租金、物业费、服务费等方式协商解决，不得通过加收电价及电费的方式解决。该规定意味着出租方不得收取高于广东省发展和改革委员会公布的目录销售电价，否则，将面临被承租人投诉和相关主管部门处罚的风险。（4）房屋租赁当事人应当在房屋租赁合同中约定房屋被征收或者拆迁时的处理办法。在房屋租赁期间，一旦房屋被征收或者拆迁，就要提前终止合同，承租人就会遭受经济损失，为了避免因合同提前终止造成的预期利益损失、搬迁损失、装饰装修损失等，承租人需要提前做好风险评估和风险防范，在合同中与出租人明确补偿方案。

三、签订合同的重要性

签订合同就是为了明确当事人各方的权利义务，促进交易，保障交易安全。当事人达成合意只是合作的开始，合意的执行不能只靠当事人各方的信誉，只有签订了书面合同，才有章可循、有规可依、有法保障，从而保证实现合同目的。

《民法典》第 469 条规定，当事人订立合同，可以采用书面形式、口头形式或者其他形式。由于口头合同空口无凭，容易出现反悔、不承认曾经的承诺等情形，一旦出现问题就难以查清事实、追究责任。比如，租金的多少问题、租金支付方式和期限问题、转租问题、房屋维修问题、押金的退还方式问题、租赁期限问题等，若不以书面合同形式加以明确，就很容易产生纠纷。

《民法典》第 707 条明确规定："租赁期限六个月以上的，应当采用书面形式。当事人未采用书面形式，无法确定租赁期限的，视为不定期租赁。"也就是说，如果房屋租赁期限超过 6 个月，就要订立书面合同，没有订立书面合同的，视为不定期租赁。不定期租赁的法律后果就是双方当事人都可以随时解除合同，这对双方当事人都没有保障。对承租人来说，其随时可以解除合同并搬离，会给出租人带来空租期损失和重新出租成本；对出租人来说，其虽然可以解除合同,但是要给承租人合理的搬迁期限。可见,不签订书面的房屋租赁合同,对双方当事人来说都是不利的。

案例1 口头协议也是协议,未约定租期视为不定期租赁

——廖某某与三台县潼川镇蔬菜农场曲江队房屋租赁合同纠纷案

【裁判要旨】

双方经协商一致达成房屋租赁口头协议,租赁协议成立。因未签订书面合同,也未对租赁期限进行约定,应当视为不定期租赁,合同当事人可以随时解除合同。出租人提前履行了通知义务,符合法律规定,解除租赁协议、收回租赁物的理由正当,法院予以支持。

【案号】

(2019)川07民终74号

【案情简介】

廖某某为生产和加工的需要,经与三台县潼川镇蔬菜农场曲江队(以下简称曲江队)协商,达成了租用曲江队房屋和场地从事加工经营的口头房屋租赁协议,协议双方未约定租赁期限。廖某某租用房屋和场地后,一直支付房租和场地费至2017年12月31日,并在租赁房屋及场地四周搭建了房屋,使用至本案审理时。2018年5月4日,三台县人民政府与曲江队签订《三台县城南片区城中村房屋搬迁补偿安置协议》,后曲江队于2018年5月22日向廖某某送达了将于同年5月28日收回租赁房屋和场地的通知。双方产生纠纷,曲江队诉至法院,请求人民法院判决解除与廖某某之间的房屋租赁合同,廖某某限期搬出承租的房屋,廖某某恢复租赁房屋原状、拆除搭建的其他房屋等。

【裁判结论】

一审法院认为,双方经协商一致达成房屋租赁口头协议,租赁协议成立并实际履行。双方未签订书面合同,也未对租赁期限进行约定,应当视为不定期

租赁,合同当事人可以随时解除合同。出租人请求解除租赁协议,收回租赁物的理由正当,且提前进行了通知,法院予以支持。一审法院判决合同解除。

双方不服一审判决,均提起上诉。

二审法院认为,廖某某要求曲江队对其进行赔偿的上诉请求于法无据,不予支持。二审判决驳回上诉,维持原判。

【律师评析】

双方当事人就房屋租赁事宜达成一致意见时,应当及时签订书面合同,将双方的合意以书面的形式记录下来,形成合同条款,以资共同遵守。

根据《民法典》第469条的规定,当事人订立合同,可以采用口头形式,口头协议是协议的一种,具有法律效力,受法律保护。但口头协议具有明显的局限性,适合即买即卖的价值不高的小商品。如果涉及价值高、履行时间长的合同交易,就会存在很大的风险,履行与否、能否全面履行,全靠当事人的信誉作保证,容易产生道德风险,反悔的概率较大。因此,租赁房屋,要尽量避免采用口头形式的协议。

根据《民法典》第707条的相关规定,当事人未采用书面形式,无法确定租赁期限的,视为不定期租赁。房屋租赁合同一定要约定租赁期限,或合同到期后,要及时续签合同,避免形成不定期租赁合同。一旦形成不定期租赁合同,任何一方都可以随时提出解除合同,使合同关系处于不稳定状态,双方当事人的权利都无法得到保障。承租人可以随时解除合同并搬离房屋,出租人可能产生空租期损失及招租费用;出租人行使不定期租赁解除权时,一定要履行提前通知义务,并给承租人合理的搬迁期限,否则对承租人造成经济损失,要负赔偿责任。

本案中,双方当事人未签书面合同,也未约定租赁期限,出租人解除合同前也履行了通知义务,符合法律的规定。因此,法院依法认定为不定期租赁,判决合同解除。

【法律依据】

《民法典》

第四百六十九条 当事人订立合同,可以采用书面形式、口头形式或者其他形式。

书面形式是合同书、信件、电报、电传、传真等可以有形地表现所载内容的形式。

以电子数据交换、电子邮件等方式能够有形地表现所载内容，并可以随时调取查用的数据电文，视为书面形式。

第七百零七条　租赁期限六个月以上的，应当采用书面形式。当事人未采用书面形式，无法确定租赁期限的，视为不定期租赁。

第二节　合同履行常见纠纷

一、管辖法院争议

《民事诉讼法》第 24 条规定了合同纠纷管辖的一般原则，即因合同纠纷提起的诉讼，由被告住所地或者合同履行地人民法院管辖。第 34 条规定了人民法院专属管辖的案件，该条第 1 项明确规定："因不动产纠纷提起的诉讼，由不动产所在地人民法院管辖。"第 35 条规定："合同或者其他财产权益纠纷的当事人可以书面协议选择被告住所地、合同履行地、合同签订地、原告住所地、标的物所在地等与争议有实际联系的地点的人民法院管辖，但不得违反本法对级别管辖和专属管辖的规定。"该条是关于协议管辖的规定，除有特殊规定外，当事人有一定的自由度，可以根据合同性质、履行特点、方便争议解决等实际情况自己选择与争议有实际联系的地点的人民法院管辖。

房屋租赁合同纠纷涉及不动产的使用权，那么房屋租赁合同纠纷的管辖是属于专属管辖，还是属于合同纠纷的地域管辖（被告住所地或者合同履行地）呢？法律界存在两种不同的观点：第一种观点认为，不动产使用权也属于"因不动产提起的诉讼"，应适用专属管辖；第二种观点认为，虽然涉及不动产，但不是对产权的确认和变更，可以适用协议管辖。从理论上讲，笔者赞同第二种观点，房屋租赁合同纠纷的性质属于债权债务纠纷，不属于不动产物权纠纷，可以适用协议管辖。

1986 年 1 月 7 日，最高人民法院对北京市高级人民法院作出的《关于房屋租赁纠纷如何确定管辖问题的批复》（已废止）中说明，凡在租赁关系存续期间发生的房屋修缮、租金、腾退等纠纷，一般应由房屋所在地法院管辖，个别由被告所在地法院管辖更符合“两便”原则的，也可由被告户籍地或居所地法院管辖。该批复认为，房屋租赁合同纠纷的管辖法院，以房屋所在地法院管辖为原则，以被告户籍地或居所地法院管辖为例外。笔者比较认同该批复的观点，举个例子：甲和乙常年居住在深圳市，在深圳市签订了《房屋租赁合同》，约定将乙方位于北京市海淀区的房屋租给甲方在北京上大学的孩子丙居住，现因提前退租返还保证金问题发生争议，如果甲、乙双方必须去房屋所在地的北京市海淀区人民法院起诉，显然徒增社会成本，合法但不合理，这时运用“两便”原则，在合同签订地深圳的法院起诉，节约成本，避免诉累，就能取得更好的社会效果。

2015 年 1 月 30 日，最高人民法院发布的《关于适用〈中华人民共和国民事诉讼法〉的解释》第 28 条第 1 款解释了《民事诉讼法》第 33 条第 1 项规定的不动产纠纷，即“不动产纠纷是指因不动产的权利确认、分割、相邻关系等引起的物权纠纷”。但该条第 2 款明确规定，“农村土地承包经营合同纠纷、房屋租赁合同纠纷、建设工程施工合同纠纷、政策性房屋买卖合同纠纷，按照不动产纠纷确定管辖”，直接将房屋租赁合同纠纷按照不动产纠纷确定管辖，属于法律拟制的专属管辖，管辖争议到此结束。

2015 年最高人民法院《关于适用〈中华人民共和国民事诉讼法〉的解释》施行前，当事人依当时的法律约定了管辖法院（如被告所在地法院管辖），2015 年《关于适用〈中华人民共和国民事诉讼法〉的解释》施行后，该约定是否会因违反法律的强制性规定而无效？司法实践中有两种不同的观点：一种观点是，只要当事人的管辖约定不违背当时专属管辖与级别管辖的相关法律规定，应当有效；另一种观点是，应当遵循实体从旧、程序从新原则，2015 年最高人民法院《关于适用〈中华人民共和国民事诉讼法〉的解释》属于程序法，解决的是程序性事项，应当依据新法，协议管辖无效。

案例2　涉及房屋转租纠纷，按照不动产纠纷确定管辖

——张某军与张某扬合同纠纷案

【裁判要旨】

房屋租赁合同纠纷按照不动产纠纷确定管辖，案涉房屋位于稻城县，被告张某扬请求将本案移送稻城县人民法院审理，于法有据。

【案号】

(2020)川1622民初2491号

【案情简介】

2017年12月7日，原告张某军将位于××街××号“丽森家”和“忆栈”部分份额转让给被告张某扬，双方签订了《转让协议》，约定转让份额为90%，转让款为90万元，分期支付。后因被告张某扬欠20.22万元未付，原告张某军向法院提起诉讼，请求支付欠款及利息。被告张某扬在提交答辩状期间，对管辖权提出异议，认为本案的争议合同是张某军与张某扬所签订的《转让协议》，约定将张某军所经营的两家客栈“丽森家”和“忆栈”全部股份的90%转让给张某扬，张某军不享受剩余10%股份的收益权，也不参与两家客栈的经营，因此该协议名为转让协议，实为房屋转租协议，案涉房屋位于稻城县，本案应移送稻城县人民法院审理。

【裁判结论】

一审法院认为，双方签订的《转让协议》涉及房屋转租纠纷，应按照不动产纠纷确定管辖，裁定本案移送稻城县人民法院审理。

【律师评析】

《民事诉讼证据规定》第53条规定：“诉讼过程中，当事人主张的法律关系性质或者民事行为效力与人民法院根据案件事实作出的认定不一致的，人民法

院应当将法律关系性质或者民事行为效力作为焦点问题进行审理。但法律关系性质对裁判理由及结果没有影响,或者有关问题已经当事人充分辩论的除外。存在前款情形,当事人根据法庭审理情况变更诉讼请求的,人民法院应当准许并可以根据案件的具体情况重新指定举证期限。”由此可见,法官在审理案件时,对法律关系的性质认定与当事人主张的不一致时,应当作为焦点问题进行审理,使当事人对法律关系性质有充分发表意见的机会,当然也可以根据审理情况自由裁量,告知当事人变更诉讼请求,但该告知非法院的法定义务。如果法院所认定的法律关系性质对裁判理由及结果没有影响,当事人的权利并不会因法院的认定而受到影响,法院也就没有将之作为焦点问题审理并让当事人进行辩论的必要;如果有关问题已经当事人充分辩论的,也没有重复审理的必要,法院可以根据自己的认识依职权对法律关系性质作出认定,法院也就没有将之作为焦点问题进行审理的必要,所以这两种情况被视为“作为焦点问题进行审理”的例外。

房屋转租合同是指房屋承租人将承租的房屋部分或者全部租赁给第三人,由第三人向承租人支付租金的合同。本案中,虽然双方签订的合同名为《转让协议》,但张某军转让90%的股份给张某扬,张某军不享受剩余10%股份的收益权,也不参与两家客栈的经营,只收取转让款,事实上是将两家客栈转租给了张某扬,符合房屋转租的特征。根据《民事诉讼法解释》第28条第2款的相关规定,房屋租赁合同纠纷应按照不动产纠纷确定管辖。因此,法院裁定移送不动产所在地法院,即稻城县人民法院审理。

【法律依据】

《民事诉讼法》

第三十四条 下列案件,由本条规定的人民法院专属管辖:

(一)因不动产纠纷提起的诉讼,由不动产所在地人民法院管辖;

(二)因港口作业中发生纠纷提起的诉讼,由港口所在地人民法院管辖;

(三)因继承遗产纠纷提起的诉讼,由被继承人死亡时住所地或者主要遗产所在地人民法院管辖。

第一百三十条　人民法院受理案件后，当事人对管辖权有异议的，应当在提交答辩状期间提出。人民法院对当事人提出的异议，应当审查。异议成立的，裁定将案件移送有管辖权的人民法院；异议不成立的，裁定驳回。

当事人未提出管辖异议，并应诉答辩的，视为受诉人民法院有管辖权，但违反级别管辖和专属管辖规定的除外。

《民事诉讼法解释》

第二十八条　民事诉讼法第三十四条第一项规定的不动产纠纷是指因不动产的权利确认、分割、相邻关系等引起的物权纠纷。

农村土地承包经营合同纠纷、房屋租赁合同纠纷、建设工程施工合同纠纷、政策性房屋买卖合同纠纷，按照不动产纠纷确定管辖。

不动产已登记的，以不动产登记簿记载的所在地为不动产所在地；不动产未登记的，以不动产实际所在地为不动产所在地。

案例3　《物业租赁代理合同》为委托合同，可以书面约定管辖法院

——深圳市华亚美丽家物业管理有限公司与深圳市某某创客商务服务有限公司、深圳市某某实业集团有限公司确认合同无效纠纷案

【裁判要旨】

当事人可以书面协议选择与争议有实际联系的地点的人民法院管辖，涉诉《物业租赁代理合同》为委托合同，系委托合同纠纷，并非房屋租赁纠纷，不属于专属管辖的适用范围。《物业租赁代理合同》书面约定由深圳市福田区人民法院管辖，并未违反专属管辖的规定，合法有效。

【案号】

（2018）粤0305民初14034号

【案情简介】

2017年10月16日，原告深圳市华亚美丽家物业管理有限公司（以下简称

美丽家公司)与被告深圳市某某创客商务服务有限公司(以下简称创客商务公司)签订《物业租赁代理合同》,约定:被告创客商务公司将深圳市南山区红花岭工业区南区四区一栋(涉诉房屋)委托原告独家代理出租管理;委托管理的内容包括对外出租和收取租金、水电费等相关事宜;原告代理租赁期限为2017年10月15日起至2018年10月31日止;原告通过资源整合和专业化优势,为被告创客商务公司提供一条龙服务,包括咨询、出租、管理、代收租金、代缴费用、费用监管、退房结算等;本合同在履行中如发生争议的,双方应协商解决,协商不成,可向深圳市福田区人民法院提起诉讼。

同日,被告创客商务公司签署业主授权委托书,内容为被告创客商务公司将涉诉房屋委托原告美丽家公司出租管理,委托有效期为自2017年10月15日起至2018年10月31日止;委托有效期内,原告美丽家公司有权代表被告创客商务公司处理有关涉诉房屋出租管理相关事宜。后产生纠纷,美丽家公司诉至法院,请求法院确认《物业租赁代理合同》无效,要求创客商务公司退还保证金、入场费、预付租金等。

【裁判结论】

一审法院认为,合同或者其他财产权益纠纷的当事人可以书面协议选择被告住所地、合同履行地、合同签订地、原告住所地、标的物所在地等与争议有实际联系的地点的人民法院管辖,但不得违反法律对级别管辖和专属管辖的规定。本案涉诉《物业租赁代理合同》为委托合同,合同约定的内容以及原告提交的业主授权委托书均表明本案系委托合同纠纷。原告、被告书面约定由福田区人民法院管辖,并未违反专属管辖的规定,合法有效,本案依法应由深圳市福田区人民法院管辖。法院裁定移送深圳市福田区人民法院处理。

【律师评析】

根据《民事诉讼法》第34条的相关规定,因不动产纠纷提起的诉讼,由不动产所在地人民法院管辖;《民事诉讼法解释》第28条对“不动产纠纷”作了进一步解释,《民事诉讼法》第34条第1项规定的“不动产纠纷”是指因不动产的权利确认、分割、相邻关系等引起的物权纠纷,然后以列举的方式规定农村土地承包经营合同纠纷、房屋租赁合同纠纷、建设工程施工合同纠纷、政策性房屋买卖合同纠纷4种纠纷，按照不动产纠纷确定管辖。房屋租赁合同纠纷按照不动产纠纷确定管辖，即由房屋所在地法院管辖，看似与不动产相关就要适用这一规定，其实不然，关键是看合同的性质，从合同约定的内容判断是否涉及不动产，以确定管辖法院。

租赁合同与委托合同有本质的区别：根据《民法典》第703条的规定，租赁合同是出租人将租赁物交付承租人使用、收益，承租人支付租金的合同。可见租赁合同是转移租赁物使用收益权的合同。在租赁合同中，承租人的目的是取得租赁物的使用收益权，出租人的目的是取得租金；承租人交付租金和出租人让渡租赁物的使用收益权之间存在对价关系。根据《民法典》第919条的规定，委托合同是委托人受托人约定，由受托人处理委托人事务的合同。在委托合同中，受托人以委托人的名义为委托人办理委托事务，是典型的劳务合同，其标的是劳务，这种劳务体现为受托人替委托人处理委托事务；委托合同具有人身性质，以当事人之间相互信任为前提；委托合同既可以是有偿合同，也可以是无偿合同。

本案中，双方当事人签订的《物业租赁代理合同》虽然涉及房屋租赁的委托管理事项，但房屋租赁只是委托办理的事项，双方确立的不是租赁关系，双方也不是租赁关系中的当事人，更不是出租人和承租人的身份；双方当事人是委托关系，是委托人和受托人的身份，是委托人委托受托人代为处理出租房屋等相关事宜。显然，该合同的性质是委托合同，适用协议管辖。因此，法院尊重当事人意思自治，将案件移送合同约定的法院管辖。

【法律依据】

《民法典》

第九百二十条　委托人可以特别委托受托人处理一项或者数项事务，也可以概括委托受托人处理一切事务。

《民事诉讼法》

第二十四条　因合同纠纷提起的诉讼，由被告住所地或者合同履行地人民法院管辖。

第三十四条 下列案件,由本条规定的人民法院专属管辖:

(一)因不动产纠纷提起的诉讼,由不动产所在地人民法院管辖;

(二)因港口作业中发生纠纷提起的诉讼,由港口所在地人民法院管辖;

(三)因继承遗产纠纷提起的诉讼,由被继承人死亡时住所地或者主要遗产所在地人民法院管辖。

二、合同效力纠纷

合同效力是法律赋予依法成立的合同所产生的约束力。合同的效力可分为4类,即有效合同,无效合同,效力待定合同,可变更、可撤销合同。当事人签订合同的目的,就是要让各方达成的合意能够顺利地执行,产生当事人预期的法律效果。合同效力一旦出现问题,就会对各方的权利义务产生重要影响,尤其是合同无效。合同无效,是法律对合同最严厉的否定性评价。从《合同法》第56条“无效的合同或被撤销的合同自始没有法律约束力”的规定,到《民法典》第155条“无效的或者被撤销的民事法律行为自始没有法律约束力”的规定,都说明无效的合同(民事法律行为)不被法律认可,也不受法律保护,不会产生当事人预期的法律效果,合同目的不仅不能实现,还会产生其他不良法律后果。《合同法》第58条和《民法典》第157条都规定了无效的法律后果,表述虽有变化,但意思相当。《合同法》第58条规定:“合同无效或者被撤销后,因该合同取得的财产,应当予以返还;不能返还或者没有必要返还的,应当折价补偿。有过错的一方应当赔偿对方因此所受到的损失,双方都有过错的,应当各自承担相应的责任。”《民法典》第157条规定:“民事法律行为无效、被撤销或者确定不发生效力后,行为人因该行为取得的财产,应当予以返还;不能返还或者没有必要返还的,应当折价补偿。有过错的一方应当赔偿对方由此所受到的损失;各方都有过错的,应当各自承担相应的责任。法律另有规定的,依照其规定。”简言之,合同无效后需返还财产或折价补偿,并按过错程度承担责任。

既然合同无效是对合同最严厉的否定性评价,那么对合同效力的认定也必然要以法律和行政法规为依据,并且要区分管理性强制性规定和效力性强制性规定。《合同法解释(一)》第 4 条规定:"合同法实施以后,人民法院确认合同无效,应当以全国人大及其常委会制定的法律和国务院制定的行政法规为依据,不得以地方性法规、行政规章为依据。"《合同法解释(二)》第 14 条进一步明确:"合同法第五十二条第(五)项规定的'强制性规定',是指效力性强制性规定。"2019 年《全国法院民商事审判工作会议纪要》第 30 条更进一步明确了对强制性规定的识别:"合同法施行后,针对一些人民法院动辄以违反法律、行政法规的强制性规定为由认定合同无效,不当扩大无效合同范围的情形,合同法司法解释(二)第 14 条将《合同法》第 52 条第 5 项规定的'强制性规定'明确限于'效力性强制性规定'……"2021 年 1 月 1 日《民法典》实施后,《合同法》及其司法解释废止,虽然《民法典》合同编相关司法解释尚未出台,但这些经过长期审判实践经验达成的共识仍有参考价值。

对于强制性效力性规定的区分方法,王利明教授提出三分法:第一,法律、法规规定违反该规定,将导致合同无效或不成立的,为当然的效力性规定;第二,法律、法规虽然没有规定违反其规定,将导致合同无效或不成立,但违反该规定若使合同继续有效将损害国家利益和社会公共利益,这也属于效力性规定;第三,法律、法规没有规定违反其规定,将导致合同无效或不成立,虽然违反该规定,但若使合同继续有效并不损害国家利益和社会公共利益,而只是损害当事人利益的,属于取缔性规定(管理性规定)。[1]

根据《城镇房屋租赁解释》第 2 条和第 3 条的规定,以下 3 种房屋租赁合同无效:(1)未取得建设工程规划许可证或者未按照建设工程规划许可证的规定建设的房屋,且在一审法庭辩论终结前未取得建设工程规划许可证或者经主管部门批准建设。(2)未经批准或者未按照批准内容建设的临时建筑,且未在一审法庭辩论终结前经主管部门批准建设。(3)租赁期限超过临时建筑的使用期限,且未在一审法庭辩论终结前经主管部门批准延长使用期限。《城镇房屋租

〔1〕 参见中国审判理论研究会民事审判理论专业委员会编著:《民法典总则编条文理解与司法适用》,法律出版社 2020 年版,第 268 页。

赁解释》相较《最高人民法院关于审理城镇房屋租赁合同纠纷案件具体应用法律若干问题的解释》(2009 年)删除了原第 15 条和第 16 条规定的两种无效情形:(1)经出租人同意转租,转租期限超过承租人剩余租赁期限的,人民法院应当认定超过部分的约定无效;(2)未经同意转租,出租人知道或者应当知道后,在 6 个月内及时提出转租合同无效的。根据《城镇房屋租赁解释》的规定,转租期限超过承租人剩余租赁期限的及未经同意转租的,不再认定合同无效,而是权利人可以解除合同。

《民法典》规定了两种合同无效的情形:(1)设立居住权的住宅不得出租,除非当事人另有约定(第369 条);(2)租赁期限超过20 年的,超过部分无效(第705 条)。

居住权是《民法典》首次提出的概念。《民法典》第 369 条规定:“居住权不得转让、继承。设立居住权的住宅不得出租,但是当事人另有约定的除外。”这里用的是“不得”,即禁止,属于强制性规范,这就意味着租赁合同会因违反法律的强制性规定而被法院认定为无效。

《商品房屋租赁管理办法》第 6 条规定:“有下列情形之一的房屋不得出租:(一)属于违法建筑的;(二)不符合安全、防灾等工程建设强制性标准的;(三)违反规定改变房屋使用性质的;(四)法律、法规规定禁止出租的其他情形。”虽然也使用的是“不得”,属于强制性规范,但该管理办法属于部门规章,不能作为认定合同无效的依据。但该条第 1 项中“属于违法建筑的”属于《城镇房屋租赁解释》第 2 条规定的情形,法院可以认定合同无效。该条第 2 项“不符合安全、防灾等工程建设强制性标准的”,在特殊情况下,部门规章的内容如果体现的是对社会公共安全的保护以及对公序良俗的维护,其实就是违反了《民法典》第 153 条第 2 款的公序良俗原则,人民法院可以认定合同无效。该条第 3 项“违反规定改变房屋使用性质的”可以作为解除合同的事由,但不能作为认定合同无效的依据。该条第 4 项“法律、法规规定禁止出租的其他情形”,从本质上看,违反的是《民法典》第 153 条第 1 款规定的“违反法律、行政法规的强制性规定的民事法律行为无效”,并且违反的必须是效力性强制性规定。因此,违反

《商品房屋租赁管理办法》第6条规定的情形时，法院不能直接依据该管理办法认定合同无效，必须依据与该情形相关联的法律或行政法规认定合同无效。

案例4　将未经消防验收或验收不合格的房屋进行出租，可以作为解除租赁合同的情形，而非认定合同无效的情形

——卢某山等与聊城市东昌府区土产杂品总公司房屋租赁合同纠纷案

【裁判要旨】

《消防法》第13条规定，未经消防验收或者消防验收不合格的，禁止投入使用，该规定是对房屋使用、管理的强制性规定，不是针对租赁行为本身的效力性强制性规定。将未经消防验收或验收不合格的房屋进行出租，可以作为解除租赁合同的情形，而非认定合同无效的情形。

【案号】

(2018)鲁1502民初312号

(2019)鲁15民终1603号

【案情简介】

2014年4月21日，聊城市东昌府区土产杂品总公司(以下简称土杂公司)作为出租方(甲方)，宏图公司、张某起、卢某山作为承租方(乙方)签订《房屋场地租赁合同书》一份，约定甲方出租育新街16号商铺给乙方，建筑面积为3500平方米左右。租赁期限为20年，自2014年7月1日起至2034年6月30日止。租金为850,000元/年，每半年一付，无故拖欠租金，甲方给予乙方7天宽限期，从第8天开始甲方有权向乙方每天按实欠租金的1%加收滞纳金。违约金和违约责任：甲方因不能提供本合同约定的房屋以及在租赁前提前收回房屋而解除合同的，应支付乙方本合同租金总额30%的违约金；甲方除应按约定支付违约金外，还应对超出违约金以外的损失进行赔偿；乙方因不履行本合同约定的义务而解除合同的，应支付甲方本合同租金总额30%的违约金；承租方改变本合同规定的租赁用途或利用该房屋进行违法活动的应支付违约金100,000元。

双方还对租赁期间房屋修缮、各项费用的缴纳、出租方与承租方的变更、负责条件及其他事项等进行了约定。2014 年 8 月 21 日，土杂公司(甲方)、宏图公司(乙方)又签订《〈房屋场地租赁合同书〉的补充协议》一份，约定：甲方 20 年房租金总计为 18,787,144.7 元，商城内商铺总数为 281 户，按 240 户计；单户结算价格约为 80,000 元，银行账户由甲、乙双方共同监管，支付时双方共同签字盖章方能支取。房租结算及缴纳方式为乙方每销售一户，向共管账户存入甲方单户租金 80,000 元；总计达到 20 年房租金后，双方可协商一次性结算；结算后账户由乙方自行管理……

土杂公司于 2016 年 2 月 2 日以租赁合同纠纷为由向一审法院提起诉讼，要求判令解除《房屋场地租赁合同书》及其补充协议。诉讼中承租方把房屋场地归还土杂公司。承租方提出该合同、补充协议因房屋未通过消防验收而无效的主张。

【裁判结论】

一审法院认为，原告与三被告签订的《房屋场地租赁合同书》及其补充协议，已经生效判决认定为合法有效，双方均应按合同约定履行。卢某山等未支付租金，已构成违约，应当承担相应的违约责任。一审判决卢某山支付租金及违约金。

卢某山不服一审判决，提起上诉。

二审法院认为，民事行为只有违反法律、行政法规的效力性强制性规定，才能认定为无效。《消防法》第 13 条规定，未经消防验收或者消防验收不合格的，禁止投入使用。该规定是对房屋使用、管理的强制性规定，不是针对租赁行为本身的效力性强制性规定。未经消防验收或验收不合格的房屋出租的，可以作为解除租赁合同的情形，而非认定合同无效的情形。二审判决驳回上诉，维持原判。

【律师评析】

《民法典》第 724 条规定，租赁物具有违反法律、行政法规关于使用条件的强制性规定情形的，并且非因承租人原因致使租赁物无法使用的，承租人可以解除合同。《消防法》第 13 条规定,未经消防验收或者消防验收不合格的,禁止投入使用。

那么租赁未经消防验收的房屋,租赁合同是否有效呢?司法实践中有两种不同的观点:一种观点认为,《消防法》第 13 条是对房屋使用条件的规定,属于管理性强制性规定,理由是该条并未明确规定违反的后果是合同无效,反而在《消防法》第 58 条规定了责令整改的补救措施,印证了第 13 条是出于行政管理的立法目的。另一种观点认为,《消防法》规定的应当进行消防验收的建设工程,如果未经消防验收或者消防验收不合格就投入使用,将对公共安全产生威胁,会危害社会公共利益,应当属于效力性强制性规定,违反该规定的合同无效。

笔者认为,租赁未经消防验收或验收不合格的房屋,未违反法律、行政法规的效力性强制性规定,在不损害国家利益和社会公共利益的情况下,合同应当有效。对于房屋不符合使用条件的,承租人可以依法请求解除合同。如果未经消防验收或验收不合格的房屋用于开设宾馆、商场等,则可能危及不特定人群的生命安全,属于危害社会公共利益的范畴,应当对合同的效力从严把握,可以依据公序良俗原则,认定合同无效。

《民法典》第 153 条规定:“违反法律、行政法规的强制性规定的民事法律行为无效。但是,该强制性规定不导致该民事法律行为无效的除外。违背公序良俗的民事法律行为无效。”强制性规定分为管理性强制性规定和效力性强制性规定。违反法律、行政法规的效力性强制性规定的民事法律行为当然无效,但书中的“该强制性规定不导致该民事法律行为无效的除外”是作为例外处理,指管理性强制性规定不必然导致民事法律行为无效。该但书正好与《民法典》第 724 条相呼应,即违反法律、行政法规关于使用条件的强制性规定情形,可以解除合同,而非合同无效。出租是行使所有权的一种方式,《消防法》第 13 条所规定的未经消防验收或者消防验收不合格的房屋禁止投入使用,是房屋投入使用时需要具备的条件,显然是房屋使用条件的强制性规定。虽然违反了该条的禁止性条款,但不必然导致合同无效,可以作为解除合同的条件。

综上所述，就未经消防验收的房屋签订的租赁合同，承租人不能正常使用房屋的，可以向法院请求解除租赁合同，而非请求确认合同无效。因此，本案中承租方提出的该合同因房屋未通过消防验收而无效的主张没得到法院的支持。

【法律依据】

《民法典》

第七百二十四条 有下列情形之一，非因承租人原因致使租赁物无法使用的，承租人可以解除合同：

（一）租赁物被司法机关或者行政机关依法查封、扣押；

（二）租赁物权属有争议；

（三）租赁物具有违反法律、行政法规关于使用条件的强制性规定情形。

《消防法》

第十三条 国务院住房和城乡建设主管部门规定应当申请消防验收的建设工程竣工，建设单位应当向住房和城乡建设主管部门申请消防验收。

前款规定以外的其他建设工程，建设单位在验收后应当报住房和城乡建设主管部门备案，住房和城乡建设主管部门应当进行抽查。

依法应当进行消防验收的建设工程，未经消防验收或者消防验收不合格的，禁止投入使用；其他建设工程经依法抽查不合格的，应当停止使用。

第十五条 公众聚集场所投入使用、营业前消防安全检查实行告知承诺管理。公众聚集场所在投入使用、营业前，建设单位或者使用单位应当向场所所在地的县级以上地方人民政府消防救援机构申请消防安全检查，作出场所符合消防技术标准和管理规定的承诺，提交规定的材料，并对其承诺和材料的真实性负责。

消防救援机构对申请人提交的材料进行审查；申请材料齐全、符合法定形式的，应当予以许可。消防救援机构应当根据消防技术标准和管理规定，及时对作出承诺的公众聚集场所进行核查。

申请人选择不采用告知承诺方式办理的，消防救援机构应当自受理申请之日起十个工作日内，根据消防技术标准和管理规定，对该场所进行检查。经检查符合消防安全要求的,应当予以许可。

公众聚集场所未经消防救援机构许可的,不得投入使用、营业。消防安全检查的具体办法,由国务院应急管理部门制定。

案例5 违反部门规章特殊情形下可以认定合同无效

——饶某某与江西省监狱管理局物资供应站房屋租赁合同纠纷案

【裁判要旨】

《商品房屋租赁管理办法》虽然在效力等级上属部门规章,但该办法第6条的规定体现的是对社会公共安全的保护以及对公序良俗的维护。当事人缔结的合同违反部门规章,如部门规章的内容体现了对社会公共安全的保护以及对公序良俗的维护,人民法院应对合同效力认定从严把握,不应支持、鼓励为追求经济利益而忽视公共安全,有违社会公共利益和公序良俗的行为,法院应当认定为无效。

【案号】

(2013)洪民一初字第2号

(2018)赣民终173号

(2019)最高法民再97号

【案情简介】

2011年7月27日,南昌市青山湖区晶品酒店(个体经营者系饶某某,以下简称晶品酒店)通过公开招标的方式获得租赁江西省监狱管理局物资供应站(以下简称物资供应站)所有的南昌市青山南路1号办公大楼的权利。同日,晶品酒店向物资供应站提交承诺书:"我公司郑重承诺,如我公司中标以后,一定会严格按照加固设计单位和江西省建设工程安全质量监督管理局等权威部门出具的加固改造方案,对青山南路1号办公大楼进行科学、安全的加固。并在取得具有法律效力的书面文件后,再使用该大楼。"投标承诺书第10条、第11

条记载,晶品酒店同意根据招标人要求投入相应加固改造装修资金,用于南昌市青山南路1号办公大楼加固改造和装修工程,并再次强调了承诺书的内容。

2011年8月29日,晶品酒店与物资供应站签订《租赁合同》,约定:物资供应站将青山南路1号办公大楼4120平方米的建筑出租给晶品酒店,用于经营商务宾馆。租赁期限为15年,自2011年9月1日起至2026年8月31日止,并约定了租金和其他费用。第4条第2款第6项约定:晶品酒店对租赁物的装修装饰,应符合招标文件的要求和投标文件的承诺;装修方案应当事先递交物资供应站书面认可,装修装饰不得破坏或影响租赁物的主体结构和安全。第5条约定:(1)租赁物经有关部门鉴定为危楼,需加固后方能使用。晶品酒店对租赁物的前述问题及瑕疵已充分了解。晶品酒店承诺对租赁物进行加固,确保租赁物达到商业房产使用标准,晶品酒店承担全部费用。(2)加固工程方案的报批、建设、验收(验收部门为江西省建设工程安全质量监督管理局或同等资质的部门)均由晶品酒店负责,物资供应站根据需要提供协助。(3)晶品酒店如未经加固合格即擅自使用租赁物,应承担全部责任。合同签订后,物资供应站依照约定交付了租赁房屋。

2011年10月26日,晶品酒店与永祥公司签订加固改造工程《协议书》,以包工包料一次包干的方式发包给永祥公司加固改造。2012年1月3日,在加固施工过程中,案涉建筑物大部分垮塌。

江西省建设业安全生产监督管理站曾于2007年6月18日作出的赣鉴质鉴字〔2007〕5号《江西省监狱管理局办公楼房屋结构安全性技术鉴定意见》将案涉建筑物危险性等级划分为D级危房。

饶某某向一审法院提起诉讼请求:解除合同(再审时变更为确认合同无效)、返还保证金、赔偿损失等。物资供应站向一审法院提出反诉,请求:判令饶某某承担侵权责任、赔偿损失等。

【裁判结论】

一审法院认为,饶某某系个体工商户业主,其经营的晶品酒店与物资供应站签订的《租赁合同》系双方真实意思表示，不违反法律规定，予以确认。因双方在诉讼中均同意解除该《租赁合同》，且租赁的建筑已经毁损，合同目的无法实现，故对饶某某提出的解除合同的请求予以支持。遂判决解除合同，物资供应站返还饶某某投标保证金，饶某某赔偿物资供应站经济损失。

饶某某不服一审判决，提起上诉。

二审法院认为，案涉房屋鉴定为D级危房，并被建议予以拆除，且出租前也未进行过维修、加固，依规定不能出租。在本案中，案涉房屋出租用来开设宾馆，事关公共安全。案涉房屋倒塌，双方均存在过错。《租赁合同》尚未实际履行，房屋毁损，履约保证金应退还。饶某某在合同签订前对案涉房屋现状及存在的瑕疵已充分了解，并承诺加固，对其损失不赔。物资供应站危房不能出租，合同未实际履行，租金损失不赔；危房失修，倒塌有自身原因，双方都有过错，物资供应站排除危险、补偿他人损失的经济损失双方各担一半。二审法院维持了一审法院的解除合同判项，并对返还保证金和赔偿损失部分进行了改判。

物资供应站不服二审判决，申请再审。

再审法院认为，《商品房屋租赁管理办法》第6条规定，不符合安全、防灾等工程建设强制性标准的房屋不得出租。《商品房屋租赁管理办法》虽然在效力等级上属部门规章，但是，该办法第6条规定体现的是对社会公共安全的保护以及对公序良俗的维护。案涉房屋已被确定属于D级危房，约定将该房屋出租用于经营可能危及不特定公众人身及财产安全的商务酒店，明显损害了社会公共利益，违背了公序良俗。从维护公共安全及确立正确的社会价值导向的角度出发，对本案情形下合同效力的认定应从严把握，司法不应支持、鼓励这种为追求经济利益而忽视公共安全的有违社会公共利益和公序良俗的行为。再审判决撤销(2018)赣民终173号民事判决、(2013)洪民一初字第2号民事判决；确认《租赁合同》无效；物资供应站向饶某某返还保证金；驳回饶某某的其他诉讼请求；驳回物资供应站的诉讼请求。

【律师评析】

《民法典》第153条规定："违反法律、行政法规的强制性规定的民事法律行为无效。但是,该强制性规定不导致该民事法律行为无效的除外。违背公序良俗的民事法律行为无效。”该条第1款两句话,有但书,包含了两层含义:一是违反效力性强制性规定的民事法律行为无效;二是违反管理性强制性规定的民事法律行为并不必然无效,需要综合考量认定。第2款直接将违背公序良俗原则的民事法律行为认定为无效。

认定合同的效力,法院只能依据全国人大及其常委会制定的法律和国务院制定的行政法规,而不能直接援引地方性法规和行政规章。根据《商品房屋租赁管理办法》第6条的相关规定,不符合安全、防灾等工程建设强制性标准的房屋不得出租。然而,住房和城乡建设部发布实施的《商品房屋租赁管理办法》是部门规章,并非法律也非行政法规,不能直接作为认定租赁合同无效的依据,但是有例外。如果从表面看,其违反的是部门规章的规定,但本质上该部门规章规定的内容体现的是对社会公共安全的保护以及对公序良俗的维护,是对相关法律条文的具体化,人民法院在审理这类案件时,就会对合同效力的认定从严把握,透过表面看本质,援引《民法典》第132条“社会公共利益”的规定,以及《民法典》第153条“公序良俗”的规定,以损害社会公共利益、违背公序良俗为由确认合同无效。

本案中,案涉房屋已被确定属于D级危房,还被出租用于经营商务酒店,可能危及不特定公众的人身和财产安全,危害的是重大的公共安全利益。虽然《商品房屋租赁管理办法》属于部门规章,效力层级在法律和行政法规之下,但是在特殊条件下,第6条所蕴含的是对公共利益和公序良俗的保护。因此,法院可以以危害社会公共利益为由认定合同无效。

近年来,自建房安全事故在多地均有发生。2020年3月7日,福建省泉州市欣佳酒店发生坍塌事故,造成29人死亡;2020年8月29日,山西省临汾市聚仙饭店发生坍塌事故,造成29人死亡、28人受伤;2021年7月12日,江苏省苏州市四季开源酒店辅房发生坍塌事故，造成 17 人死亡、5 人受伤。[1] 2022 年 4 月 29 日，长沙老式楼发生坍塌事故，造成 53 人遇难，房主和设计施工负责人等 4 人涉嫌重大责任事故罪，检测机构进行房屋安全鉴定后出具虚假房屋安全鉴定报告，5 人涉嫌提供虚假证明文件罪，共 9 人被刑事拘留。2022 年 5 月 1 日下午，住房和城乡建设部在湖南长沙设主会场召开视频会议，要求各地认真吸取湖南长沙居民自建房倒塌事故教训，防范和遏制安全生产重特大事故发生。2022 年 5 月 7 日，国务院安全生产委员会召开电视电话会议，要求开展全国自建房安全专项整治工作。不符合安全标准的房屋不要出租，否则，出租人将面临承担民事责任、行政责任，甚至刑事责任的风险。

【法律依据】

《民法典》

第八条 民事主体从事民事活动，不得违反法律，不得违背公序良俗。

第十条 处理民事纠纷，应当依照法律；法律没有规定的，可以适用习惯，但是不得违背公序良俗。

第一百三十二条 民事主体不得滥用民事权利损害国家利益、社会公共利益或者他人合法权益。

《商品房屋租赁管理办法》

第六条 有下列情形之一的房屋不得出租：

（一）属于违法建筑的；

（二）不符合安全、防灾等工程建设强制性标准的；

（三）违反规定改变房屋使用性质的；

（四）法律、法规规定禁止出租的其他情形。

三、合同租期纠纷

租赁期限约定不明、存在歧义，约定的租赁期限超过法律规定的最长期限，

---

[1] 参见夏研：《彻查长沙自建房倒塌事故，莫让悲剧再次发生》，载新京报快评 2022 年 5 月 6 日，https://baijiahao.baidu.com/s?id=1732068831855894246&wfr=spider&for=pc。

新法实施后的不同理解，以租代售等都是房屋租赁领域常见的纠纷事由。租赁期限作为房屋租赁合同的必要条款，既关系到承租人的经营（居住）计划，也关系到出租人的经营（居住）计划（如改建、扩建、装修计划，收回自用，政府征用征收时间点，城市更新时间点等），与租赁房屋的使用时间长短、租金支付、租金递增周期、房屋回收时间等息息相关，一旦存在争议，引发诉讼，不仅增加当事人诉累，还会造成重大经济损失。

（一）前后矛盾问题

在房屋租赁合同中，我们常常看到这样的租赁期限条款："租赁期限为______年，自______年____月____日起至______年____月____日止。"看似再平常不过的条款，一旦头脑不清醒或数学不太好，确定了租赁期限，却把起止日期数错了，或确定了起止日期，却把租赁期限算错了，就会产生争议，引发不必要的纠纷。

案例6 约定的内容出现矛盾，应当以更直观、更易理解及对信息优势方不利的解释方式进行解释

——深圳市A公司与深圳市罗湖区B学校房屋租赁合同纠纷案

【裁判要旨】

合同中对终止时间为"2019年12月30日"的约定为具体明确的时间点，比"租赁房屋的期限为15年"的约定更为直观，更容易为一般人所理解；在后续的两份房屋租赁补充协议中均具体明确地约定了2019年的租金标准，印证了双方租赁期限至2019年的约定；原告作为出租方，系涉案房屋的提供方，对房产情况具有信息优势，原告以其与案外人的租赁合同期限作为本案中主张其与被告之间的租赁合同期限的理由不能成立。约定的内容出现矛盾，应当以更直观、更易理解及对信息优势方不利的解释方式进行解释。

【案号】

（2019）粤0303民初8617号

(2019)粤03民终18828号

【案情简介】

2003年11月17日,原告(深圳市A公司)与被告(深圳市罗湖区B学校)签订了一份《房屋租赁合同》,双方约定,原告将坐落在广东省深圳市罗湖区的房屋出租给被告使用。租赁期限为15年,自2004年1月1日起至2019年12月30日止。租赁用途:被告租物业为承办学校之用,不能改为其他用途。租金按月结算,除首月以外被告应在每月5日前交租。房屋的计租期限从2004年2月1日开始,并约定了每月的租金金额。2005年11月8日,原告与被告签订了一份《房屋租赁补充协议(三)》,对房屋一楼铺面的租金等进行了约定,其中也有"2019年月租人民币×××××元"的约定。该房产所占用的地块系深圳市A公司向案外人租赁而来,原租赁期限为15年,租赁期间为2004年2月1日至2019年1月30日。房屋租赁合同签订后,原告、被告依约履行合同至2019年1月,因双方对合同期限理解不同而产生争议,原告于2019年2月1日将被告诉至法院,请求法院确认原告、被告双方签订的《房屋租赁合同》的租赁期限为15年,合同租赁届满日为2018年12月30日。

【裁判结论】

一审法院认为,"'期限为15年,自2004年1月1日起至2019年12月30日止'确实前后矛盾,原告据此主张合同期限的截止时间应当是2018年12月30日,但本院认为原告的主张理据不足,理由如下:(1)合同中对终止时间为'2019年12月30日'的约定为具体明确的时间点,比'租赁房屋的期限为15年'的约定更为直观,更容易为一般人所理解;(2)原告、被告在后续的两份房屋租赁补充协议中均具体明确地约定了2019年的租金标准,印证了双方租赁期限至2019年的约定;(3)原告作为出租方,系涉案房屋的提供方,对房产情况具有信息优势,原告以其与案外人的租赁合同期限作为本案中主张其与被告之间的租赁合同期限的理由不能成立,本院不予支持"。

原告深圳市A公司不服一审判决,提起上诉。

二审法院认为,该房屋租赁合同因涉案房产未办理报建手续,亦未办理房产证,应当认定为无效合同,故无论合同期限至2018年12月30日还是2019年12月30日,对双方均无约束力。

【律师评析】

受知识水平、预见能力、语言表达等因素的影响,合同当事人对合同条文的理解会产生争议,因此需要法官对合同进行解释,法官通过阐明合同条款的含义,以探寻当事人的真实意图,从而明确当事人的权利义务关系,正确认定案件事实。

《民法典》第466条规定,当事人对合同条款的理解有争议的,应当依据本法第142条第1款的规定,确定争议条款的含义。根据《民法典》第142条第1款的规定,有相对人的意思表示的解释,应当按照所使用的词句,结合相关条款、行为的性质和目的、习惯以及诚信原则,确定意思表示的含义。它强调的是以文义解释为重心、公平为本位,更加注重通过合同当事人签署的共同认可的合同文本来确定条款的真实含义。

合同解释的原则主要有文义解释原则、整体解释原则、目的解释原则、习惯解释原则、诚信解释原则等。这些原则的适用是有次序的:首先是文义解释,通过对文字词句含义的解释,以探求合同所表达的当事人的真实意思。其次是整体解释,根据该争议条款在整个合同中的位置与其他条款的关联确定该争议条款在整个合同中所具有的正确意思。

本案中,一审法官就是先通过文义解释不能够确定"租赁期限为15年,自2004年1月1日起至2019年12月30日止"的前半句是真实意思表示,还是后半句是真实意思表示。继而通过整体解释,将争议条款放在相互关联的数份合同中推敲,在后续的两份补充协议中均有2019年租金标准的约定,前后印证,坚定了法官的内心确信,法官最终作出了对信息优势方即原告方不利的解释。

在二审中,法院认定房屋租赁合同无效,其法律后果是双方约定的合同条款(解决争议的条款除外)自始不具有法律效力,对双方均不产生约束力,约定的租赁期限也随之无效。一个疏忽,引发诉累,对双方的预期利益产生了极大影响，教训深刻。

【律师提醒】

健全合同审核机制，使合同审核不流于形式，合同起草者检查后，至少还要由另一人再复核一遍，确保合同条款完备，约定的事项无遗漏，语句通顺、无歧义，前后不矛盾。合同审查主体要在思想上增强法律意识，让专业的人制定合同；要规范合同评审流程，提高合同评审人员的责任心；要实现合同评审精细化，相关合同评审人员、经办人要做到认真、负责、细致，重视细节问题；对既有具体年（月）数，又有起止日期的约定，要特别注意，认真核对是否一致；为避免歧义，可以只写更直观的起止日期，不要画蛇添足，再写具体年（月）数；在合同签订后如果发现歧义，应及时进行沟通协商，通过签订补充协议予以补正。

【法律依据】

《民法典》

第一百四十二条　有相对人的意思表示的解释，应当按照所使用的词句，结合相关条款、行为的性质和目的、习惯以及诚信原则，确定意思表示的含义。

无相对人的意思表示的解释，不能完全拘泥于所使用的词句，而应当结合相关条款、行为的性质和目的、习惯以及诚信原则，确定行为人的真实意思。

（二）超长租期的效力问题

对于租赁合同的期限，在《合同法》实施前是没有法律规定的，签多长的租赁期限，完全靠当事人的意思自治。1999 年 10 月 1 日《合同法》生效，第 214 条规定："租赁期限不得超过二十年。超过二十年的，超过部分无效。租赁期间届满，当事人可以续订租赁合同，但约定的租赁期限自续订之日起不得超过二十年。"2021 年 1 月 1 日生效的《民法典》第 705 条完全继承了《合同法》第 214 条的规定。

开办企业就意味着把自己的时间、精力和金钱进行长期的投资。投资人需要了解他们的投资回报率是多少。在商业活动中，对标的额大的长期投资，往往会根据投资回报率计算出多少年回本，多少年能达到预期利润，在 1999 年 10

月1日《合同法》实施前,合同期限没有法律限制,有的合同期限可能达三五十年,甚至更长。《合同法》实施后,如果在20年的期限内达不到理想的投资回报,为尽量回收成本或赚取利润,就可能会协商延长合作期限,这时在租赁期限上就会突破20年,但《合同法》又规定租赁期限不得超过20年,超过部分无效,当事人往往会通过协商变通,为规避法律关于租赁期限不得超过20年的规定,有直接签订租期超过20年的租赁合同;也有签订租期20年的租赁合同,同时签订续租合同,续租若干年;还有签订租期20年,附送若干年的租赁合同。不仅商业用途房屋租赁存在超长租期问题,居住用途的房屋租赁同样存在这样的问题,尤其是对那些无法获得合法产权证明的房屋,会出现以租代售的情况。那么,超长租赁期有效吗?下面我们先来看两个同一省份同案不同判的案例。

案例7 租赁合同签订于《合同法》实施前,约定的租赁期限不受《合同法》的约束

——邹某与何某房屋租赁合同纠纷案

【裁判要旨】

租赁合同内容合法、意思表示真实,双方均应遵守诚信原则,全面履行合同义务。租赁合同签订于《合同法》实施之前,原则上适用当时的法律,根据保护合同有效原则,涉案《租赁合同》中关于租赁期限50年的约定为有效。

【案号】

(2009)深龙法民初字第8770号

(2010)深中法民五终字第112号

【案情简介】

1994年9月27日,邹某与何某签订了《租赁合同》,约定:何某将其所有的位于深圳市××镇××村××岭第三层的两室一厅私房整套出租给邹某使用;租用期限为50年,即自1994年10月1日起至2044年10月1日止;房屋租金总计人民币(以下相同)10万元,1994年9月27日付2万元,余款1994年11月20日付清,以后不得再改动租金额;邹某有权将房屋转租给他方,但转租期限不

得超过合同约定的总年限。合同签订后,何某即将涉案房屋交给邹某使用,邹某也按约定于1994年11月18日向何某支付了租金10万元,该涉案房屋一直由邹某管理使用。邹某于2009年7月31日向法院起诉,请求终止与何某签订的《租赁合同》。

【裁判结论】

一审法院认为,邹某与何某之间签订的房屋《租赁合同》内容合法、意思表示真实,依法受法律保护,双方均应遵守诚实信用原则,全面履行合同义务。因该合同签订于1994年9月27日,当时法律并无租赁期限不得超过20年的禁止性规定,根据《合同法解释(一)》第1条的规定,该合同并未违反当时法律、行政法规的强制性规定,故原审法院确认该合同已依法成立并生效。另因该租赁合同签订于合同法实施之前,且合同约定的履行期限跨越了《合同法》实施之日,根据上述解释第2条的规定,可适用《合同法》第四章的规定处理双方间因履行合同而发生的纠纷,双方于1994年9月27日签订的租赁合同需至2014年9月26日才满20年,故该合同尚在有效期内,双方当事人均应遵守合同的约定。判决驳回邹某的诉讼请求。

邹某不服一审判决,提起上诉。

二审法院认为,规定租赁合同期限不得超过20年的是1999年10月1日起施行的《合同法》,而涉案《租赁合同》签订于1994年,当时法律没有对租赁合同期限的强制性规定,根据《合同法解释(一)》第1条的规定,《合同法》实施以前成立的合同发生纠纷起诉到人民法院的,原则上适用当时的法律。第3条规定,对《合同法》实施以前成立的合同,适用当时的法律合同无效而适用《合同法》合同有效的,则适用《合同法》,即该条规定了保护合同有效的原则。因此,无论是按照前述解释第1条的规定还是按照第3条保护合同有效的规定,涉案《租赁合同》中关于租赁期限的约定为有效。邹某上诉主张《租赁合同》超过20年租期部分的约定无效,不能成立,本院不予支持。判决驳回上诉,维持原判。

【律师评析】

《民法典》第705条第1款规定:"租赁期限不得超过二十年。超过二十年的,超过部分无效。”该款规定了租赁合同的最长期限为20年,但这并不是一个绝对的最长期限。第2款进而规定:“租赁期限届满,当事人可以续订租赁合同;但是,约定的租赁期限自续订之日起不得超过二十年。”即合同期满后,双方还可以再续签一个不超过20年的租赁合同,只要房屋不倒、双方愿意、没有新的法律规定情况下,就可以一直循环续签下去。

本案跨越了《合同法》实施前后,《合同法解释(一)》第1条规定:“……合同法实施以前成立的合同发生纠纷起诉到人民法院的,除本解释另有规定的以外,适用当时的法律规定,当时没有法律规定的,可以适用合同法的有关规定。”即《合同法》实施前成立的合同适用当时的法律规定。《合同法解释(一)》第3条规定:“人民法院确认合同效力时,对合同法实施以前成立的合同,适用当时的法律合同无效而适用合同法合同有效的,则适用合同法。”该条是关于保护合同有效原则的规定。因此,本案法院认定50年租期的约定有效。持同样观点的还有陕西省高级人民法院及最高人民法院审理的中国人民解放军84916部队与西安方圆大酒店有限公司等房屋租赁纠纷案,[1]该案法院认定30年租期合法有效。

但是,同样在广东省,却出现了不同的认定方式。湛江市市场物业管理总站麻章站与符某某房屋租赁合同纠纷案,法院认为无论《合同法》实施前履行了多少年,剩余租赁期限自《合同法》实施之日起最多20年。

【法律依据】

《民法典》

第七百零五条 租赁期限不得超过二十年。超过二十年的,超过部分无效。

租赁期限届满,当事人可以续订租赁合同;但是,约定的租赁期限自续订之日起不得超过二十年。

---

[1] 参见最高人民法院民事审判第一庭编:《最高人民法院二审民事案件解析》(第3集),法律出版社2007年版,第279页。

案例8 《合同法》实施前已经过的履行期限，《合同法》不能进行调整，不应计算在20年之内

——湛江市市场物业管理总站麻章站与符某某房屋租赁合同纠纷案

【裁判要旨】

法不溯及既往是法律适用的基本原则，《合同法》的适用也不例外。对于《合同法》实施前已经过的履行期限，《合同法》不能进行调整，不应计算在20年之内，租赁期限自1999年10月1日起至2019年9月30日止有效。

【案号】

(2017)粤0811民初811号

(2018)粤08民终802号

【案情简介】

1997年1月24日，湛江市市场物业管理总站麻章站(以下简称麻章物业站)与符某某签订了《租赁铺位协议书》，约定将位于麻章人和街南面、福祥街北面、兴发街西面的商业街K物楼第二层第29号铺位租赁给符某某使用，租赁期限为50年，自1997年2月1日起至2047年2月1日止，铺面面积为7.85平方米，每平方米年租金为2480元，合计50年租金为19,468元。双方对租金的约定有争议，麻章物业站认为"合计50年租金为19,468元"属于笔误，应当按照"每平方米年租金为2480元"的约定计算租金，故主张符某某支付租金；符某某则认为"每平方米年租金2480元"实际是每平方米50年的租金2480元，即2480元乘以7.85等于19,468元，是双方的真实意思表示，故符某某已付清50年的租金。另外，麻章物业站认为租赁期限50年超过合同法规定的最长租赁期限20年，故请求法院确认2019年10月1日之后的租赁期限无效；符某某则认为约定50年的租赁期限没有违反当时的法律规定，应当认定有效。

【裁判结论】

一审法院认为，合同约定租赁期限50年，合同履行期限始于《合同法》实施之前，但跨越了《合同法》实施之日，《合同法》实施之前的履行期间，不受《合同

法》调整。履行期限发生于《合同法》实施之后,应当适用《合同法》,自 2019 年 10 月 1 日起至 2047 年 2 月 1 日止的履行期限显然违反了法律的强制性规定,当属无效。判决确认《租赁铺位协议书》约定的自 2019 年 10 月 1 日起至 2047 年 2 月 1 日止的履行期限无效。

符某某不服一审判决,提起上诉。

二审法院认为,法不溯及既往是法律适用的基本原则,《合同法》的适用也不例外。对于《合同法》实施前已经过的履行期限,《合同法》不能进行调整,不应计算在 20 年之内,故《租赁铺位协议书》的租赁期限自 1999 年 10 月 1 日起至 2019 年 9 月 30 日止有效,自 2019 年 10 月 1 日起至 2047 年 2 月 1 日止的租赁期限无效。判决驳回上诉,维持原判。

【律师评析】

法不溯及既往原则是法的时间效力的原则之一,即不能用今天的规定约束昨天的行为,新法颁布前人们的行为,只能按照当时的法律进行调整。但允许有利追溯,即《合同法解释(一)》第 3 条关于保护合同有效的规定。

本案中租期跨越《合同法》实施前后的租赁合同,司法实践中有直接认定超长期限有效的;也有直接认定总租期不超过 20 年的,如辽宁省高级人民法院审理的鞍山市城市建设开发有限公司等与鞍山市热力总公司房屋租赁合同案。[1] 笔者认为这两种观点过于偏颇,均不可取。

笔者认同本案的裁判观点,《合同法》实施前签订的合同,自《合同法》实施之日起最长不超过 20 年,走出了直接认定超长期限有效和直接认定总租期不超过 20 年两个极端的误区,而是以《合同法》实施之日为界,实施之前已经过的履行期限,法不溯及既往,《合同法》不能进行调整,其限制性规定不能对其实施前成立的合同产生约束力,故不应计算在 20 年之内;《合同法》实施之后当然适用《合同法》,剩余租赁期限自《合同法》实施之日起最长不超过 20 年,超过 20 年部分的约定无效。这是一种折中办法,签订超长期限合同总是要承担一部分

---

〔1〕 案号:(2011)辽民一终字第 23 号。

风险的。

笔者通过中国裁判文书网查询到的持上述观点的还有浙江省绍兴市中级人民法院审理的中国建设银行股份有限公司绍兴分行与绍兴市妇幼保健院房屋租赁合同纠纷案、[1]河北省廊坊市中级人民法院审理的张某某诉纪某某等确认合同无效纠纷案[2]等。

有人会说,如果《合同法》实施前5年当事人依照规划,签订了50年的合同,《合同法》实施后,实际上只能履行25年,那不是显失公平了吗?笔者认为,(1)出租人想要得到较高的租金,而承租人想以较低的租金达到使用收益目的后尽快返还租赁物,双方都希望达到利益最大化。但外部环境是多变的,在合同履行过程中,由于外部的政治、经济、法律环境发生变化,可能会对一方造成不利的法律后果。合同期限太长,履行中可能会由于经济形势、房价变动等产生关于租金等问题的纠纷,并不利于当事人权利的实现。租期最长20年的立法本意是为了平衡并保障当事人双方的权益,减少纠纷的发生。(2)法律并不禁止连续签订合同超过20年的情形,根据《民法典》第705条第2款的规定,如果租赁合同的双方当事人在20年租赁期限届满后,达成一致的可以续订租赁合同,再签订一个自续订之日起不超过20年的合同。

超长租期是长期投资避不开的法律风险,要关心时政,洞察政策,关注立法,做好应对措施。如果一方有反悔迹象,且无法就此事宜达成一致意见的,要重视风险,早作打算,做好及时止损的准备。

【法律依据】

《民法典》

第七百零五条　租赁期限不得超过二十年。超过二十年的,超过部分无效。

租赁期限届满,当事人可以续订租赁合同;但是,约定的租赁期限自续订之

[1] 案号:(2017)浙06民终2117号。

[2] 案号:(2014)廊民一终字第1437号。

日起不得超过二十年。

(三)以租代售方式规避租期最长20年限制的问题

以租代售本是房屋销售方式创新,打破了非租即售的脱节模式,双方当事人租售两便,实现双赢。但这一模式如果被用来规避法律强制性规定,就会带来巨大的风险。

案例9 租20年赠17年违背市场规律,实为规避法律

——广东岭君置业有限公司与樊某、万某某房屋租赁合同纠纷案

【裁判要旨】

20年有偿使用期满后再无偿赠与17年的物业使用权,也即双方约定的租赁期限达37年,违反了《合同法》关于租赁期限不得超过20年的规定。作为以营利为目的的市场主体,其无偿赠与17年物业使用权的行为与一般的市场规律相违背,实为规避《合同法》对租赁期限不得超过20年的规定。

【案号】

(2019)粤0604民初19573号

(2019)粤06民终13307号

(2020)粤民申1818号

【案情简介】

2017年11月21日,广东岭君置业有限公司(以下简称岭君公司,甲方,出让方)与樊某、万某某(乙方,受让方)签订涉案合同一和合同二,合同主要约定如下:"第一条　物业使用权转让依据。1.甲方以土地流转方式取得位于佛山市禅城区的编号为佛土建补〔2001〕35号地块的39年5个月土地经营使用权。2.上述地块流转年限为2015年10月1日至2055年2月28日……3.土地流转后甲方经批准,在上述地块上开发建设岭君广场项目,取得相关物业在流转期间的使用权。第二条　物业的基本情况。1.乙方受让所取得使用权的物业:岭

君广场第B[座]15[层]34B号房和岭君广场第B[座]17[层]34B号房……第三条　物业使用权期限。1.物业使用权期限自2017年11月21日起至2037年10月1日止。2.在前款约定的期限届满后乙方使用权得以自动延续，乙方无偿继续使用该物业至2054年10月31日。第四条　合同总价款、支付方式及期限。乙方对该物业已经作了全面、详细的了解，清楚物业的现状，乙方同意按以下方式支付使用权期限内的全部使用权总价款：1.该物业使用权的总价款为366,000元整。2.支付方式……银行按揭付款：乙方于本合同签订之日即2017年11月21日前向甲方支付50%首期款186,000元（含定金），余款180,000元向银行贷款支付，乙方应在2017年12月20日前办妥银行贷款手续……第九条　物业交付约定及交付标准。1.甲方物业交付时间定于2018年5月1日……"樊某、万某某向一审法院提出诉讼请求：确认合同部分无效，返还合同无效部分即超出20年的物业使用权价款及赔偿贷款利息。

【裁判结论】

一审法院认为，双方约定的租赁期限为2017年11月21日至2054年10月31日。根据《合同法》第214条第1款的规定，租赁期限不得超过20年。超过20年的，超过部分无效。故使用期限超出2037年11月20日的部分应属无效，使用期限未超过2037年11月20日的部分有效，依法受法律保护。作为以营利为目的的市场经营主体，提供近17年的赠送使用期限违背市场规律，判决岭君公司应向樊某、万某某返还无效期限部分对应的物业使用权价款。

被告岭君公司不服一审判决，提起上诉。

二审法院认为，使用期满后无偿赠与17年使用期与生活常理相悖，实为规避《合同法》关于租赁期限不得超过20年的规定而作出的虚假意思表示。二审法院判决维持原判。

岭君公司依旧不服判决，提起申诉。

再审法院认为，20年有偿使用期满后再无偿赠与17年的物业使用权，也即双方约定的租赁期限达37年，违反了《合同法》关于租赁期限不得超过20年的规定。作为以营利为目的的市场主体，其无偿赠与17年物业使用权的行为与一般的市场规律相违背，实为规避《合同法》对租赁期限不得超过20年的规定。裁定驳回再审申请。

【律师评析】

《民法典》第146条规定："行为人与相对人以虚假的意思表示实施的民事法律行为无效。以虚假的意思表示隐藏的民事法律行为的效力，依照有关法律规定处理。"该条规定了虚假意思表示的法律后果及隐藏的民事法律行为的效力。

一般而言，虚伪表示在结构上包括内外两层行为：外部的表面行为是双方当事人共同作出与真实意思不一致的行为，也可称作伪装行为；内部的隐藏行为则是被隐藏于表面行为之下，体现双方真实意思的行为，也可称作非伪装行为。

第1款是对双方以虚假意思表示作出的民事法律行为效力的规定，即行为人与相对人以虚假的意思表示实施的民事法律行为无效。这一规定的含义：双方通过虚假的意思表示实施的民事法律行为是无效的。之所以对通过虚伪表示实施的民事法律行为的效力予以否定，是因为这一"意思表示"所指向的法律效果并非双方当事人的内心真意，双方对此相互知晓，如果认定其为有效，有悖意思自治原则。[1]

本案中，根据双方的诉求与答辩，既有"租赁合同与赠与合同的结合"之说，又有"房屋买卖"之说，签订的合同中显然有虚假意思表示。法院认定租20年赠17年与生活常理及市场规律相违背，实为规避《合同法》关于租赁期限不得超过20年的规定而作出的虚假意思表示。

根据《民法典》第153条的规定，当事人违反法律、行政法规的强制性规定作出的民事法律行为无效。《民法典》第705条第1款规定："租赁期限不得超过二十年。超过二十年的，超过部分无效。"本案中双方合同约定的租赁期限实

---

〔1〕 参见贾东明主编：《〈中华人民共和国民法总则〉释解与适用》，人民法院出版社2017年版，第370～371页。

际上长达37年之久，违反了法律的强制性规定，租赁期限超出的17年部分当然是无效的。

因此，法院依据虚假意思表示实施的法律行为无效和违反法律的强制性规定无效，从而认定租20年赠17年是虚假意思表示，实为规避法律关于租赁期限不得超过20年的强制性规定，超出的17年无效。

【法律依据】

《民法典》

第一百四十六条　行为人与相对人以虚假的意思表示实施的民事法律行为无效。

以虚假的意思表示隐藏的民事法律行为的效力，依照有关法律规定处理。

第一百五十三条　违反法律、行政法规的强制性规定的民事法律行为无效。但是，该强制性规定不导致该民事法律行为无效的除外。

违背公序良俗的民事法律行为无效。

第七百零五条　租赁期限不得超过二十年。超过二十年的，超过部分无效。

租赁期限届满，当事人可以续订租赁合同；但是，约定的租赁期限自续订之日起不得超过二十年。

四、租金调整纠纷

在房屋租赁关系中，承租人通常处于弱势地位，房屋租赁合同往往是房东的格式合同，合同条款不完善，未作相关约定，约定不清、不平等条款，甚至是霸王条款在所难免，遇到这些情况，承租人想维权也非常困难，纠纷不断，矛盾凸显，严重影响社会和谐。

2011年2月1日，住房和城乡建设部施行的《商品房屋租赁管理办法》首次明确：房屋租赁合同期内，出租人不得单方面随意提高租金水平。

随后，各大城市（以北京、上海、广州、深圳等一线城市为例）相继出台更详细的房屋租赁管理相关规范性文件，规范房屋租赁市场。

2011年5月19日发布的《北京市人民政府关于修改〈北京市房屋租赁管理若干规定〉的决定》明确规定，房屋租赁期限内未经承租人同意，出租人不得擅自缩短租赁期限、增加租金。

2011年7月7日公布的《上海市居住房屋租赁管理办法》规定，居住房屋租赁期限为1年或者1年以下的，租赁当事人应当在租赁合同中一次性约定租金标准；租赁期限为1年以上的，每年只能调整一次租金标准。但租赁合同中对租金标准调整另有约定的，从其约定。租赁合同期间，出租人不得单方面提高租金标准。

2017年10月30日，广州市住房和城乡建设局印发《广州市房屋租赁合同网上备案规则》，同步发布《广州市住房租赁合同》示范文本，示范文本第2条规定，租赁期间出租人不得单方面上调租金。

2019年9月4日，深圳市人民政府发布《关于规范住房租赁市场稳定住房租赁价格的意见》，作为全国第一份较为全面的“稳租金”政策，其明确要求，制定全市统一的住房租赁合同示范文本，租赁双方应当在合同期限内严格履行合同约定；出租人不得单方面提高租金，不得随意克扣押金，不得巧立名目收费。严厉打击合同欺诈、霸王条款、哄抬租金等违法违规行为。

此外，深圳市房屋租赁管理办公室1994—2017年每年都会发布《深圳市××××年房屋租赁指导租金》，[1]该指导租金价格没有强制性，与实际租赁市场价格存在一定差距。作为指导价，跟我们平时路边小店买瓶装水一样，虽然瓶子上明明写着“建议统一零售价2元”，实际上很少有老板接受这个建议。但这个指导价还是有参考价值的，可以成为当事人估算租金及在调解租赁纠纷和法律诉讼中法官酌情调整租金时的参考。

2020年9月7日，住房和城乡建设部公布的《住房租赁条例（征求意见稿）》第9条规定，在住房租赁合同期限内，除法律规定和合同约定的情形外，出租人或者承租人不得单方面解除住房租赁合同，不得单方面提高或者降低租

---

〔1〕 同时公布在深圳市房屋租赁行业协会官网，http://www.szfwzl.com/page52。

金,即有约定从约定,无约定的,租赁期内不得单方面调整租金。

在刚需面前,没有强制性的政策或意见很难适用,关键还是要设计好合同条款。承租人与出租人可以约定房屋租金上涨的周期和幅度,在租赁期内出租人就可以按约定上涨租金,如果没有约定,出租人就不能单方面上涨租金。直接约定租金上涨周期和幅度最直观,简单明了,易于操作。还有一种随行就市的租金幅度调整方法,虽然灵活,体现公平,但往往受地段、房屋格局、新旧程度、规模、楼层、外部交通、市政规划等诸多因素影响,需要事先约定参照标准(最好再约定一个备选参照标准,在首选参照标准不适用时,不至于无标准可依),不太容易操作。

案例10 约定了如何调整租金,但缺乏参照时可由评估公司采用市场比较法直接评估

——人人乐连锁商业集团股份有限公司与深圳航空有限责任公司房屋租赁合同纠纷案

【裁判要旨】

为了避免双方在市场租金发生巨大变化而产生对任何一方不公平的情况,合同约定了调整租金的方法,但约定的四至范围内,若不存在其他商业规模、房产外部道路及交通状况相同的房产作为参照,评估机构可参照周边类似物业进行综合评定而得出涉案房屋租金价格的结论,这符合合同条款约定的参照标准。

【案号】

(2016)粤0305民初第79号

(2017)粤03民终721号

(2017)粤民申8661号

【案情简介】

2002年9月2日,深圳航空有限责任公司(以下简称航空公司、出租方、甲方)与人人乐连锁商业集团股份有限公司(以下简称人人乐公司、承租方、乙方)

签订《房产租赁合同书》，约定：甲方将位于深圳市南山区××路的××公寓裙楼×至×层全部（涉案房产）出租给乙方使用；甲方同意乙方将租赁房产用于开设大型综合性超市；租赁期限为18年，自2002年9月1日起至2020年8月30日止；租金为每平方米40元，从第三年起每年递增3%。《房产租赁合同书》第4.1条约定："从正式计算租金起十年后，租赁房产的租金标准与本租赁房产周围、东至××大道、南至桂×路、西至南×路、北至×园路范围内与本租赁房产规模、经营的商业业态、房产外部道路及交通状况相同的房产租金价格相比，高出或低于超过30%时，本租赁房产租金价格调整方法：1.市场租金下跌时，租金调整后价格＝合同价格－（合同价格－市场价格）×50%；2.市场租金上涨时，租金调整后价格＝合同价格＋（市场价格－合同价格）×50%。"自2013年起，航空公司先后4次向人人乐公司发函，要求调整涉案房屋的租金，未果后航空公司向一审法院诉请人人乐公司支付自2013年7月1日起的租金差额等。根据航空公司的申请，一审法院依法委托评估公司对涉案房屋自2013年7月1日起的市场租金价格进行评估并出具《资产评估报告》。

【裁判结论】

一审法院认为，直接评估涉案房产的市场租金价格比评估合同所约定的"四至"范围内的类似物业的租金价格更为准确也更具有可操作性。航空公司根据本院委托的事项出具的评估报告，系采用市场比较法，即参照周边类似物业进行综合评定而得出的结论，符合合同条款约定的参照标准。一审判决调整租金。

人人乐公司不服一审判决，提起上诉。

二审法院认为，为了避免双方在市场租金发生巨大变化而产生对任何一方不公平情况出现时双方约定如何调整租金，约定的四至范围内，不存在其他商业规模、外部道路及交通状况方面与涉案物业相同的房产作为参照物业，评估机构参照周边类似物业进行综合评定而得出涉案房屋租金价格的结论，符合合同条款约定的参照标准。二审法院判决维持原判。

人人乐公司不服二审判决，称合同约定以符合约定的其他房产租金价格变动作为涉案房屋租金调整的条件,航空公司的评估参照物业不是约定的参照物业,而是涉案物业,不符合合同约定。向广东省高级人民法院申请再审。

再审法院认为,人人乐公司的再审主张依据不足,裁定驳回再审申请。

【律师评析】

《民法典》第5条规定:"民事主体从事民事活动,应当遵循自愿原则,按照自己的意思设立、变更、终止民事法律关系。"该条就是民法领域的自愿原则和意思自治原则的规定。意思自治原则是我国民法的基本原则之一,是民事主体在法律规定的范围内,按照自己的意志从事民事活动,创设自己的权利义务。本案中,双方当事人自愿对未来市场租金发生巨大变化时如何调整租金的约定合法有效,依法成立的合同,受法律保护,对当事人具有法律约束力,双方都应当诚信履行、全面履行。

《民法典》第510条规定了合同生效后相关合同内容没有约定或者约定不明确时的处理原则,一是当事人协议补充原则,即当事人可以协议补充,通过协商的办法订立补充协议,使合同具体化和明确化;二是按照合同有关条款或交易习惯确定原则,即不能达成补充协议的,结合合同其他方面的内容予以确定或者按照人们在同样的交易中通常采用的合同内容予以确定,使合同具体化和明确化。依照上述原则仍不能明确的,适用法定补充原则,第511条进一步列举了6种常见事项约定不明的处理规则。

本案中,当事人对调整租金价格有明确的约定,有约定的从约定,但问题出在约定的四至范围内不存在其他在商业规模、外部道路及交通状况方面与涉案房产相同的物业作为参照物业,人人乐公司亦未能举证证明与租赁物业在规模、道路及交通状况相同的物业存在,即约定的参照物业不存在,也不能举证证明相同的物业参照存在,只能退而求其次选择最相近的物业做参照。评估公司采用市场比较法,参照周边类似物业对涉案房产进行直接评估,虽然会产生一定的误差,但评估程序和结论不存在违法和显失公平等情形,反而更为准确、更具有可操作性,视为符合合同的约定参照标准,是合法有效的。

大型商业主体的辐射范围大,小范围内具有相同或类似情况的参照物非常有限，甚至没有，建议在签订合同时约定一个备选的参照方案，以免缺乏参照标准时无法达成一致意见，产生不必要的纠纷。

【法律依据】

《民法典》

第四百六十五条 依法成立的合同，受法律保护。

依法成立的合同，仅对当事人具有法律约束力，但是法律另有规定的除外。

五、转租纠纷

房屋转租，是指房屋承租人将承租的房屋再出租的行为，承租人将自己从出租人处获得的房屋占有、使用、收益的权利让渡给次承租人。房屋转租纠纷是较常见的纠纷，一方面，承租人未经过出租人的同意擅自将房屋出租给次承租人，损害了出租人的利益，法律赋予出租人解除合同的权利。另一方面，未经出租人同意承租人擅自转租的，承租人和次承租人签订的转租合同不能直接认定为无效，如果认定为无效，不利于保障次承租人的合法权益；出租人可以解除合同，收回房屋，追究承租人的违约责任；承租人和次承租人的转租合同将无法履行，承租人可向次承租人承担违约责任。因此，根据《民法典》第716条的规定，承租人经出租人同意，可以转租；未经出租人同意转租的，出租人可以解除合同。第717条规定了即使经出租人同意转租，转租期限也不得超过承租人剩余租赁期限，超过部分对出租人不具有法律约束力。此外，第718条规定了推定同意转租的情形，即出租人知道或者应当知道承租人转租，需在6个月内提出异议，否则视为出租人同意转租。

案例11 私自转租不影响转租合同的效力

——曹某与吴某某房屋租赁合同纠纷案

【裁判要旨】

私自将房屋转租的行为属于无权处分，但并不影响签订的转让协议的合同效力，转让协议不存在法定无效情节，应为合法有效，以合同无效为由主张返还转让费并赔偿损失缺乏法律依据。

【案号】

(2019)辽0791民初1274号

(2020)辽07民终2027号

【案情简介】

2017年9月15日，被告吴某某和房屋所有权人签订《租房协议》，约定：租房期限为2017年9月15日至2022年9月15日，租金为每年45,000元。《租房协议》第6条约定，吴某某承诺并同意不向外转租，如有违反，双方自动解除协议。2019年8月1日，原告曹某与被告吴某某签订了《渤海湾宾馆转让协议》，约定：(1)吴某某于2019年8月1日前将辽宁省锦州经济技术开发区渤海大街二段金亿嘉园4－17号的宾馆转让给曹某使用；(2)吴某某与房屋所有权人签订了租赁合同，租期到2022年9月15日止，年租金为45,000元；(3)宾馆转让费15万元曹某分3次付清；(4)兑店以后宾馆出现一切后果由曹某负责。同时被告向原告交付了经营宾馆的相关物品及配套装修设施等，之后原告陆续向被告支付转让费用。2019年9月5日，案涉房屋所有权人口头告知原告，其与被告签订《租房协议》时要求被告且被告也承诺并同意不向外转租，故不同意原告租赁案涉房屋，当天房屋所有权人即将案涉房屋上锁。曹某以合同无效为由诉至法院，要求吴某某返还转让费并赔偿损失。

【裁判结论】

一审法院认为，未经出租人同意转租的租赁合同有效，原告主张合同无效的诉讼请求本院不予支持。在房屋所有权人不同意转租的情况下，原告、被告间的转租合同实际上已无法继续履行，原告可依法向被告提出解除，但原告在法院释明的情况下仍不同意变更诉讼请求，故原告诉求被告返还转让费无法律依据，原告该诉讼请求不予支持。

曹某不服一审判决，提起上诉。

二审法院认为，私自将房屋转租的行为属于无权处分，但并不影响其《渤海湾宾馆转让协议》的合同效力,不存在合同法中明确规定的法定无效情节,应为合法有效。故以合同无效为由主张返还转让费并赔偿损失缺乏法律依据。判决驳回上诉,维持原判。

【律师评析】

转租是指承租人将租赁物转让给第三人使用收益,承租人与第三人形成新的租赁关系,但承租人与出租人的租赁关系仍然存在的一种交易形式。《民法典》第716条以是否征得出租人同意为标准,将房屋转租分为合法转租和非法转租。根据《民法典》第716条第1款的相关规定,承租人经出租人同意,可以将租赁物转租给第三人(次承租人),承租人与第三人(次承租人)签订转租协议,承租人与出租人之间的租赁合同继续有效。三方当事人只有两个法律关系,一个是出租人与承租人之间的租赁关系,另一个是承租人与第三人之间的转租关系。出租人与次承租人没有直接的合同关系,承租人与第三人(次承租人)之间的租赁关系以承租人与出租人的租赁关系存续为前提。因此,第三人(次承租人)造成租赁物损失的,承租人应当向出租人赔偿损失。《民法典》第716条第2款规定,承租人未经出租人同意转租的,出租人可以解除合同。未征得出租人同意擅自转租房屋的行为是一种无权处分行为,吴某某的转租行为发生后,如果得到出租人的追认,则转租行为是有效的;如果出租人不予追认,则该行为将导致转租合同无法履行,次承租人可以解除合同,并追究承租人的违约责任。同时,吴某某私自转租的行为构成根本违约,出租人也可以解除合同,并追究承租人吴某某的违约责任。

《民法典》第465条规定:"依法成立的合同,受法律保护。依法成立的合同,仅对当事人具有法律约束力,但是法律另有规定的除外。"承租人未取得出租人同意,擅自转租的行为就是单方面变更合同、不正确履行合同义务,使出租人的权益受到损害,出租人可以解除合同。本案中,承租人和次承租人的《渤海湾宾馆转让协议》已无法继续履行。但是,无论是出租人与承租人签订的《租房协议》,还是承租人与次承租人签订的《渤海湾宾馆转让协议》都是合法、有效的,不存在无效的情形,只是因承租人擅自转租构成根本违约,导致两份合同都无法继续履行，需要解除而已。

法律不保护躺在权利上睡觉的人，由于权利人应当积极行使自己的权利，不应消极对待，所以如果房东发现房屋被转租，并不同意该转租行为，应当及时提出异议，即应该在其知道或应当知道该转租行为之日起的6个月内提出异议。否则，将视为房东以默许的方式同意该转租行为。因此，如果房东遇到此类情况，一定要尽早提出异议，否则权利就可能在等待中灭失。本案中，房屋权利人发现私自转租后，立即告知不同意转租，并于当天将房屋上锁。因此，法院认定合同无法继续履行，可以解除。

《民事诉讼证据规定》第53条规定："诉讼过程中，当事人主张的法律关系性质或者民事行为效力与人民法院根据案件事实作出的认定不一致的，人民法院应当将法律关系性质或者民事行为效力作为焦点问题进行审理。但法律关系性质对裁判理由及结果没有影响，或者有关问题已经当事人充分辩论的除外。存在前款情形，当事人根据法庭审理情况变更诉讼请求的，人民法院应当准许并可以根据案件的具体情况重新指定举证期限。"该规定2019年修正前，法院应当告知当事人变更诉讼请求；2019年修正后，可以不再主动告知，但必须列为争议焦点进行审理，以保障当事人能够充分行使辩论权，有充分发表意见的机会，保障当事人合法权益，节约司法资源。一审法院对合同效力的认定与当事人的主张不一致，在法院释明的情况下仍不同意变更诉讼请求，当事人的诉讼请求当然得不到法院的支持。

【律师提醒】

房屋承租人在租赁房屋时尽量与房屋产权所有人签订租赁合同，如果是转租，一定要向房屋的产权人核实是否同意出租及租赁期限，这样才能避免钱房两空，才能保障自己的租赁安全。

若出现擅自转租，出租人可以直接要求次承租人返还租赁房屋，而不必对次承租人承担违约责任。若出租合同出现原承租人拖欠租金之外的解除情形（如改变房屋内部结构分割出租等）时，则出租人可依据所有权返还请求权要求次承租人返还房屋，无过错的次承租人在此情况下仅能向原承租人主张违约责任。

此外,即使出租人同意转租,如果次承租人对租赁物造成损害,承租人需为次承租人的行为对出租人负责,承担损害赔偿责任。承租人在向出租人承担责任后,可以向次承租人主张违约损害赔偿。

【法律依据】

《民法典》

第七百一十七条 承租人经出租人同意将租赁物转租给第三人,转租期限超过承租人剩余租赁期限的,超过部分的约定对出租人不具有法律约束力,但是出租人与承租人另有约定的除外。

第七百一十八条 出租人知道或者应当知道承租人转租,但是在六个月内未提出异议的,视为出租人同意转租。

案例12 约定的转租期不能实现,应按比例返还店铺转让费

——刘某某与胡某某、王某房屋租赁合同纠纷案

【裁判要旨】

转让费本质上是为获得承租机会、实现约定承租期内的承租权而支出的费用。受让店铺的目的因不能继续使用涉诉房产而无法实现,其请求返还店铺转让费,予以支持。因其已实际使用,按比例退还。

【案号】

(2017)粤0305民初13675号

(2018)粤03民终8832号

【案情简介】

王某与案外人邓某某系合作关系,两人共同向案外人罗某某承租了深圳市南山区海岸大厦东座171-C号房产(涉诉房产),后共同转租给胡某某,胡某某以涉诉房产从事饮品制售。刘某某提交了罗某某与邓某某签订的《房屋租赁合约》,合同约定的租赁期限为2016年3月10日至2019年6月1日;胡某某提交了

其与邓某某签订的《房屋租赁合同》，合同约定的租赁期限为2016年7月1日至2019年5月31日，租赁保证金为46,000元，胡某某与王某均确认胡某某向王某、邓某某支付了店铺转让费168,000元。

2017年2月，胡某某提出终止其与王某、邓某某之间的房屋租赁合同，刘某某作为涉诉房产新的承租人。2017年2月24日，刘某某与王某签订《房屋租赁合同》，约定：王某将涉诉房产出租给刘某某作商业使用，租赁期限为2017年3月1日至2019年5月31日，租金为每月23,000元，租赁保证金为46,000元；合同还约定了其他内容。

刘某某承租涉诉房产后继续从事饮品制售，其先后向胡某某支付了店铺转让费共计225,000元。2017年2月24日，刘某某向胡某某转账支付46,000元，同日，王某向刘某某出具收据，载明收到押金46,000元。刘某某与王某签订租赁合同后接收并使用了涉诉房产。2017年7月，罗某某以转租未经其许可为由要求刘某某退出涉诉房产。刘某某向法院提起诉讼，请求确认与被告王某签订的《房屋租赁合同》无效，请求胡某某返还店铺转让费及押金等。

【裁判结论】

一审法院认为，胡某某终止与王某、邓某的租赁合同，将店铺转让给刘某某并收取了刘某某支付的店铺转让费，其与刘某某构成店铺转让的法律关系。同时，刘某某根据其与王某签订的合同，与王某构成房屋租赁合同关系。刘某某受让店铺的目的因不能继续使用涉诉房产而无法实现，其请求返还店铺转让费，予以支持。因其已实际使用涉诉房产数月，本院酌情确认由胡某某退还刘某某店铺转让费180,000元。一审判决返还租赁保证金，返还部分转让费。

胡某某、王某不服一审判决，提起上诉。

二审法院认为，一审法院根据刘某某的实际租用期限酌情认定胡某某退还店铺转让费合法有据。一审法院认定事实清楚，法律适用正确，胡某某和王某的上诉理由不成立，判决驳回上诉，维持原判。

【律师评析】

店铺转让费是指租户在店铺租期内(未到期)征得房东同意后将房屋转租，

把和房东之间的租赁剩余期限,连同租户的装修、原来购买的设备、经营的项目(货物、加盟许可费、其他无形资产)等,一并转给下一个租户,其向下一个租户收取的超过应收取房租的费用。

承租人支付租金天经地义,支付租金之外的转让费,就是为了获得承租机会、实现承租权,转让费的高低与原承租人的经营时间、品牌效应、当地客流、装饰装修等其他相关成本和经营可预见利益相关联。

商业惯例是在长期的商业交易活动中形成的习惯,得到商业参与者普遍的认可和遵循。在法律没有相关规定,当事人对交易细节也没有约定或约定不清的情况下,可以参照商业惯例处理双方的纠纷。我国现行法律并没有对转让费作出明确的规定,在民事领域,法不禁止即自由,故当事人可以约定转让费。依照《民法典》第 5 条的规定,民事主体从事民事活动,应当遵循自愿原则,按照自己的意思设立、变更、终止民事法律关系。当事人双方约定转让店铺并收取转让费,构成店铺转让的法律关系。根据《民法典》第 465 条和第 509 条的相关规定,依法成立的合同受法律保护,当事人应当按照约定全面履行自己的义务。当事人依法订立合同,约定店铺转让费,没有违反法律法规的强制性规定,店铺转让费作为店铺转让的商业惯例,是合法有效的。

在交易行为当地或者某一领域、某一行业通常采用并为交易对方订立合同时所知道或者应当知道的做法,只要不违反法律、行政法规强制性规定的,就可以认定为交易习惯。店面转让费可以视为租赁市场发展过程中沿袭的一种行业交易习惯,当事人应该予以遵守。本案中,双方自愿约定店铺转让费,合法有效,胡某某应当依照约定保证刘某某正常使用店铺的权利,因罗某某以转租未经其许可为由要求刘某某退出,致使刘某某不能继续使用该店铺,胡某某应承担相应的责任,故法院酌情依照使用时间按比例退还店铺转让费。

需要特别注意的是,转让费不是谁想收就能收的,如果是员工私自收取,将涉及职务廉洁性问题。转让费在一些地方也叫喝茶费、茶水费,这个费用只能由转让方(包括个人或企业)收取。如果转让方是企业,企业的工作人员利用职务上的便利,收受或索取他人喝茶费或者非法收受他人给予的喝茶费,为他人谋取利益,数额较大的,涉嫌非国家人员受贿罪。深圳市宝安区人民法院审理的邓某某、苏某某非国家工作人员受贿一案,[1]两收取喝茶费的被告人均被认定为非国家工作人员受贿罪,被判处刑罚并没收了赃款。

【法律依据】

《民法典》

第五条　民事主体从事民事活动,应当遵循自愿原则,按照自己的意思设立、变更、终止民事法律关系。

六、违约金纠纷

案例13　同时约定保证金、违约金是对同一违约行为的重复评价

——廖某某与凌某某房屋租赁合同纠纷案

【裁判要旨】

在出租方可以提前解除租赁合同,同时没收保证金的情况下,再约定由违约方支付一年租金的违约金,显然属于对同一违约行为进行重复性的否定评价,有失公平。

【案号】

(2018)闽0203民初15121号

(2019)闽02民终2325号

【案情简介】

2016年9月14日,廖某某(甲方,出租人)与凌某某(乙方,承租人)签订了一份《租赁合同》,约定甲方将位于厦门市思明区吕岭路10号1007单元、1008单元店面出租给乙方,约定了租赁期限和各年租金价格及保证金等;还约定乙方逾期支付房屋租金或其他费用达15日,并经甲方催告,乙方在3日内仍未交清的甲方有权单方解除合同。甲、乙双方不得任意解除合同,甲方如在本合同

[1] (2019)粤0306刑初5986号。

期限内擅自解除合同或违反合同条款,甲方应支付一年租金作为违约金赔偿乙方,乙方如在本合同期限内擅自解除合同或违反合同条款,则乙方已交的租金和保证金将不获返还,并应赔偿甲方一年租金总额。若甲方依据上述情形提前解除本合同的,应书面通知乙方,通知送达乙方之日起本合同自动解除;合同解除后,乙方应在接到通知后10日内依照合同有关规定搬出该租赁房屋,并不予退还乙方所交押金,若乙方逾期搬出租赁房屋的,则甲方有权要求按原租金支付占用费,并有权要求乙方赔偿因此遭受的其他直接或间接经济损失。乙方逾期交付租金的,还应按日支付每月租金3‰的违约金。2017年2月24日,双方签订一份《补充协议》,修改了租赁期限、免租期,保证金为27,500元,约定了已缴纳租金的抵扣问题。自2017年7月21日起按原合同约定继续履行,原合同其他条款不变。合同签订后,廖某某交付房屋,凌某某支付保证金。2018年7月因凌某某拖欠租金超15日,廖某某诉至法院,请求解除合同,支付违约金。

【裁判结论】

一审法院认为,逾期交付租金,按日支付每月租金3‰的违约金酌定按日支付每月租金的5‱的标准计算。考虑到一年租金的违约金与前述逾期支付租金的违约金均为带有惩罚性质的条款,均系对凌某某逾期支付租金这一违约行为的惩罚,且凌某某尚有保证金在廖某某处,故对一年租金的违约金诉求,不予支持。一审判决解除《房屋租赁合同》、凌某某返还房屋并支付租金、凌某某按拖欠租金每日5‱的标准支付违约金。

廖某某不服一审判决,提起上诉。

二审法院认为,按日支付每月租金3‰的违约金,按照此标准计算,该租金所产生的月利率达9%,远高于民间借贷最高上限,超出出租人可能受到的损失,调整标准并无不当。违约金是按照当事人约定或法律规定,在一方当事人违约时,向对方当事人支付的金钱,具有担保债务履行并兼具惩罚违约方和补偿无过错方损失的目的。在出租方可以提前解除租赁合同,同时没收保证金的情况下,再约定由违约方支付一年租金的违约金,显然属于对同一违约行为进行重复性的否定评价,有失公平。二审法院判决维持原判。

【律师评析】

《民法典》第585条第1款规定了违约金："当事人可以约定一方违约时应当根据违约情况向对方支付一定数额的违约金，也可以约定因违约产生的损失赔偿额的计算方法。"违约金同时具有赔偿性和惩罚性特征。所谓的赔偿性，就是以填平守约方因违约方违约造成的损失为限；所谓的惩罚性，就是当事人可以约定略高于实际损失之外的违约金，或约定一方迟延履行，除继续履行外还要向守约方支付迟延履行违约金。

《民法典》第585条第2款规定："约定的违约金低于造成的损失的，人民法院或者仲裁机构可以根据当事人的请求予以增加；约定的违约金过分高于造成的损失的，人民法院或者仲裁机构可以根据当事人的请求予以适当减少。"即在违约金和实际损失不匹配的情况下，经当事人申请，法院或仲裁机构可以适当调整。注意：申请增加违约金的条件是"违约金低于造成的损失"，用的是"低于"；而申请减少违约金的条件是"违约金过分高于造成的损失"，用的是"过分高于"。这是由于法律侧重于保护守约方的权益，只要违约金低于造成的损失，守约方就有权要求增加；对于违约方，必须达到违约金过分高于造成的损失，才有权要求减少。怎样才算过分高于呢？根据《合同法解释（二）》第29条的规定，违约金超过造成损失的30%的，可以认为"过分高于"。申请增加和减少用词的不同隐含着另外一层意思：守约方可以获得实际损失外的30%的违约金，体现了违约金以赔偿性为原则，惩罚性为辅。违约金明显过高或过低时，依照公平原则法院或仲裁机构也可以依职权进行调整，一方面防止守约方的损失得不到弥补而显失公平，另一方面防止一方利用违约金条款获取暴利。

违约金的多少并非以实际损失为唯一标准，还要兼顾合同的履行情况、当事人的过错程度，以及预期利益等综合因素，需要法官发挥自由裁量权，根据公平原则和诚实信用原则予以综合衡量。

当事人处分其自身实体权利和程序权利是原则，而法院主动调整过高违约金属例外，必须有合理的正当考量因素。在个案中，如果合同约定的过高违约金对当事人权益会产生明显的实质性影响，而被告方又未出庭抗辩或提出反诉时，若法院简单依据合同约定判罚，将导致案件处理结果明显偏离社会公众的普遍认知和朴素的社会公平正义观念，难以取得法律效果、社会效果的有机统一。遇此情形，法院就可以适用公平原则对过高违约金予以调整，以平衡各方当事人利益，这也正是法院依职权调整过高违约金的正当考量因素。[1]

本案中，当事人既约定了迟延履行违约金，又约定了保证金，还约定了违约金，显然是对同一违约行为的重复评价和重复惩罚，有失公平，因而对“支付一年租金作为违约金”的诉求不予支持。另外，对于金钱债务，迟延履行的主要损失是资金占用费损失，法官比照民间借贷利率标准上限判定违约金过高而调整违约金标准合情合理。

【法律依据】

《民法典》

第五百八十四条 当事人一方不履行合同义务或者履行合同义务不符合约定，造成对方损失的，损失赔偿额应当相当于因违约所造成的损失，包括合同履行后可以获得的利益；但是，不得超过违约一方订立合同时预见到或者应当预见到的因违约可能造成的损失。

第五百八十五条 当事人可以约定一方违约时应当根据违约情况向对方支付一定数额的违约金，也可以约定因违约产生的损失赔偿额的计算方法。

约定的违约金低于造成的损失的，人民法院或者仲裁机构可以根据当事人的请求予以增加；约定的违约金过分高于造成的损失的，人民法院或者仲裁机构可以根据当事人的请求予以适当减少。

当事人就迟延履行约定违约金的，违约方支付违约金后，还应当履行债务。

七、承租人优先权纠纷

优先承租权是指租赁期届满后，出租人愿意继续出租且原承租人愿意继续

---

〔1〕 参见刘勇：《法院依职权调整过高违约金的正当性考量》，载人民法院报 2018 年 12 月 26 日，https://www.chinacourt.org/article/detail/2018/12/id/3630774.shtml。

租用，在同等条件下，原承租人有优先于其他承租人的承租权利。在《民法典》出台前，我国法律并没有对房屋承租人优先承租权的明确规定，只能通过在出租人和承租人双方签订的房屋租赁合同中的约定赋予承租人优先承租权，因此优先承租权不是法律的强制性规范。处于改革前沿的广东先行一步，于 1994 年 7 月 1 日施行的《广东省城镇房屋租赁条例》第 21 条率先规定了优先承租权；此后 2000 年 7 月 1 日施行的《上海市房屋租赁条例》第 44 条也规定了优先承租权。

随着社会生活和生产经营活动的发展，社会经验告诉承租人"优先承租权的重要性"，承租人往往要求在合同中约定该项权利。在司法实践中，有关优先承租权纠纷的案件日益增多，法官面临无法可依的尴尬局面，只能充分运用自由裁量权，判断承租人是否享有优先承租权，是否具备行使优先承租权的各种要件，引用民法上的公平原则、诚实信用等原则来平衡当事人利益。在此背景下，2021 年 1 月 1 日起实施的《民法典》填补了这个空白，第 734 条第 2 款明确规定，"租赁期限届满，房屋承租人享有以同等条件优先承租的权利"，从而使优先承租权从以前的约定权利转变为法定权利。

案例 14　合同约定统一招租而承租人不参加招租，丧失优先承租权

——北京金雁飞鸣教育科技有限公司与北京首邮实业发展总公司房屋租赁合同纠纷案

【裁判要旨】

合同约定承租人须参加统一招租，同等条件下享有优先租赁权。承租人未参加出租人组织的统一招租，违反了双方协议约定，因而丧失优先承租权。

【案号】

(2018)京 0105 民初 97256 号

(2019)京 03 民终 10424 号

(2019)京民申 6927 号

【案情简介】

2012年,北京首邮实业发展总公司(以下简称首邮公司,出租人、甲方)与北京金雁飞鸣教育科技有限公司(以下简称金雁飞鸣公司,承租人、乙方)签订了《北京邮政实业集团公司房屋租赁协议》(以下简称租赁协议),约定租赁涉案房屋,房屋租赁期自2012年10月30日起至2017年10月29日止。租赁协议第3条第3.3款约定,承租人于租赁合同期满1~3个月前将续租意向以书面形式告知出租人,否则视为无意向续租;承租人在已全面适当履行本合同条款的前提下,有续租意向,须参加出租人组织的统一招租,同等条件下有优先承租权。

2017年,北京科技园拍卖招标有限公司接受委托对涉案房屋5年承租权进行拍卖。拍卖文件(四)拍卖规则第7条第5款载明:"正式开始竞价。场上最高出价出现,拍卖师询问优先权人,如优先权人放弃行权出价,出价最高的竞买人成为买受人;如优先权人选择行权,场上竞买人继续竞价,直至优先权人放弃或行权后场上再无人加价为止。"

2017年5月22日,首邮公司向金雁飞鸣公司发出了《关于参加统一招租的函》,告知"需参加出租人组织的统一招租,同等条件下有优先租赁权"。2017年6月2日,金雁飞鸣公司回函表示:对要求参加租赁拍卖,并在场内行权的说明不予接受。金雁飞鸣公司未参加统一招租。金雁飞鸣公司向一审法院起诉,请求:(1)确认其对涉案房屋享有优先承租权;(2)首邮公司协助其行使优先租赁权。

【裁判结论】

一审法院认为,租赁协议约定,原告有续租意向的,须参加出租人组织的统一招租,同等条件下享有优先租赁权。原告未参加被告组织的统一招租即项目招投标,违反了双方协议约定,因而丧失优先承租权。判决驳回金雁飞鸣公司的全部诉讼请求。

金雁飞鸣公司不服一审判决,提起上诉。

二审法院认为,金雁飞鸣公司的上诉请求不能成立,一审判决认定事实清楚，适用法律正确，判决驳回上诉，维持原判。

金雁飞鸣公司依旧不服二审判决，提起再审申请。

再审法院认为，一、二审法院认定事实清楚，适用法律正确，金雁飞鸣公司申请再审的理由不能成立，驳回再审申请。

【律师评析】

《民法典》第734条第2款规定："租赁期限届满，房屋承租人享有以同等条件优先承租的权利。"这是对承租优先权的规定。优先承租权的行使，既要以存在合法有效的租赁合同关系为前提，还要满足同等条件。如果因承租人违约被出租人解除合同或承租人事先放弃了优先承租权，则优先承租权消灭。同等条件包括租金标准、租金的支付方式、租赁期限、租赁用途等。当事人可以在合同中约定优先承租权行使的条件。需要注意的是，出租人负有通知的义务，既可以是口头通知，也可以是书面通知，出租人应当将意向租金标准等信息通知承租人，并给予承租人合理的答复期限。承租人亦应当在收到通知后的合理期限内作出是否行使优先承租权的答复。

《民法典》实施后，优先承租权由约定权利变成了法定权利，那么是否可以通过双方约定予以排除呢？学界存在两种不同的观点：第一种观点认为，优先承租权是法定权利，是效力性强制性规定，当事人不可以通过协议约定排除；第二种观点认为，优先承租权并非效力性强制性规定，当事人可以通过协议约定排除。笔者赞同第二种观点，权利是可以放弃的，优先承租权并非涉及自由、生命等不可让渡之权利，根据当事人意思自治原则，优先承租权可以通过双方当事人的特别约定予以排除。

本案中，从合同约定看，同等条件下享有优先承租权是有前提条件的，那就是"须参加出租人组织的统一招租"，承租人对此持异议，不参加统一招租，显然违反了合同约定，导致优先承租权丧失。因此，法院认定承租人失去优先承租权。

【法律依据】

《民法典》

第七百三十四条 租赁期限届满,承租人继续使用租赁物,出租人没有提出异议的,原租赁合同继续有效,但是租赁期限为不定期。

租赁期限届满,房屋承租人享有以同等条件优先承租的权利。

案例 15 优先承租权的形式要件之一是出租人继续出租房屋

——湖北省好助手房地产经纪有限公司与十堰市图书馆房屋租赁合同纠纷案

【裁判要旨】

优先承租权系同等条件下的优先缔约请求权,其形式要件之一是出租人继续出租房屋。

【案号】

(2015)鄂十堰中民四终字第00294号

(2016)鄂民申668号

【案情简介】

湖北省好助手房地产经纪有限公司(以下简称好助手公司)租赁十堰市图书馆房屋1000平方米,十堰市图书馆于2014年10月13日向好助手公司发出通知,声明合同到期后,十堰市图书馆将收回所租房屋。嗣后,十堰市图书馆将其中的850平方米租给胡某,另150平方米并未出租。好助手公司认为十堰市图书馆侵犯了其优先承租权,遂诉至法院。

【裁判结论】

中国裁判文书网上未上传一审和二审判决书,只有再审裁定书。

好助手公司认为应对1000平方米都享有优先承租权,并且二审法院判决超诉请,不服二审判决,申请再审。

再审法院认为,优先承租权系同等条件下的优先缔约请求权,其形式要件之一是出租人继续出租房屋。十堰市图书馆将其中的850平方米租给胡某,另150平方米并未出租,故好助手公司仅对850平方米的房屋享有优先承租权。原审法院在确认好助手公司享有优先承租权的同时,考虑该权利能否实现,为减少当事人诉累,对十堰市图书馆的违约行为一并作出评判,参照双方约定的2014年年租金8万元,酌定十堰市图书馆向好助手公司支付相当于3个月租金的违约金2万元,符合诚实信用及公平原则,且判决十堰市图书馆支付违约金系原审法院对好助手公司无法实现优先承租权的权利救济,并未损害好助手公司的权益,相反对其有利,好助手公司以该理由申请再审,本院不予支持。裁定驳回好助手公司的再审申请。

【律师评析】

通常情况下,合同期满时承租人已经经营了相当长一段时间,苦心经营所获得的营业资产,很容易因出租人在租约到期后将房屋租给他人而灭失,承租人一般不太愿意搬迁,搬迁会面临商铺重新规划、布局、装修、员工流失、市场开拓、新客户培养等一系列问题,增加很多成本和费用,这时优先承租权就显得尤为重要。《民法典》为满足社会实践的需要,将优先承租权由约定权利变成法定权利,即第734条第2款规定,租赁期限届满,房屋承租人享有以同等条件优先承租的权利。

行使优先承租权的形式要件,一是出租人继续出租房屋的意思表示,二是承租人有继续承租的意思表示,这是最基本的要件。另外,行使承租优先权还要满足其他要件:(1)租赁合同合法有效,承租人没有违约等情形,如果出租人根据合同的约定认定承租人违约,并以明示的方式行使了解除权,承租人便不再具有优先承租人。(2)优先承租权只针对原承租人,不可继承和转让。(3)同等条件是指所有的交易条件相同,包括租期、价格、租金支付方式等条件。(4)如果租赁合同中约定了行使优先承租权的期限,承租人就要在约定的期限内行使,一旦逾期权利即告灭失。

《民法典》第734条第2款规定的优先承租权,没有像第726条规定的优先购买权那样明确规定权利行使期限,出租人是否同样需要履行通知义务?在没有相关司法解释出台前，最好在房屋租赁合同中明确约定优先承租权的行使期限。合理的行使期限可以参照《民法典》第726条第2款“十五日”的期限规定。

根据《民法典》第726条第1款的规定，近亲属身份关系可以排除承租人的优先购买权，那么，近亲属身份关系是否也能排除优先承租权？笔者认为能排除，原因有二：一是近亲属的特殊身份关系，使承租人从根本上无法达到“同等条件”，即行使优先权的前提条件从根本上无法满足；二是租赁给近亲属时，其中已经包含了因身份关系而给予的优惠条件，并非真正意义上的市场价格，不能以该优惠条件作为行使优先承租权的“同等条件”。

优先承租权是一种债权请求权，如果出租人侵犯了承租人的优先承租权，直接出租给了他人，承租人也只能请求损害赔偿，主张出租人与他人签订的租赁合同无效的诉讼请求法院不予支持。损害赔偿的范围可以包括装修损失、搬迁费用、房屋中介费用、营业利润损失等。本案中，好助手公司并未主张赔偿损失，法院根据实际情况，依据诚信原则及公平原则，直接判赔3个月租金，发挥了自由裁量权的作用，使好助手公司因无法实现优先承租权而得到权利救济。

优先承租权的本质是优先缔约请求权，即使法院认定承租人享有优先承租权，执行也会遇到障碍。本案在执行阶段[1]法院即以“没有明确的给付内容，不具有执行标的的明确性，不符合受理执行案件的条件”为由，对优先承租权的执行申请予以驳回。

【法律依据】

《民法典》

第七百二十六条　出租人出卖租赁房屋的，应当在出卖之前的合理期限内通知承租人，承租人享有以同等条件优先购买的权利；但是，房屋按份共有人行使优先购买权或者出租人将房屋出卖给近亲属的除外。

出租人履行通知义务后，承租人在十五日内未明确表示购买的，视为承租人放弃优先购买权。

---

〔1〕 案号：(2018)鄂0303执139号。

第七百三十四条　租赁期限届满，承租人继续使用租赁物，出租人没有提出异议的，原租赁合同继续有效，但是租赁期限为不定期。

租赁期限届满，房屋承租人享有以同等条件优先承租的权利。

八、居住权纠纷

2021 年 1 月 1 日起施行的《民法典》在我国立法史上首次规定了居住权。《民法典》第 366 条规定："居住权人有权按照合同约定，对他人的住宅享有占有、使用的用益物权，以满足生活居住的需要。"第 371 条规定："以遗嘱方式设立居住权的，参照适用本章的有关规定。"第 366 条不仅规定了居住权的概念，而且规定了居住权的设立方式之一是合同，第 371 条规定了居住权设立的另一种方式是遗嘱。

根据《民法典》第 367 条第 1 款的规定，居住权合同是要式合同，当事人应当采用书面形式订立，而不能采用口头形式或其他形式订立；第 368 条规定了设立居住权应当向登记机构申请居住权登记，居住权自登记时设立，即登记是居住权生效的条件。设立居住权不仅需要居住权人与所有权人订立书面合同，明确合同双方当事人的权利义务，而且还需要向登记机构申请办理居住权登记，登记后才具有对抗第三人的效力。

采用书面合同方式设立居住权需要登记，遗嘱方式设立居住权是否需要登记呢？根据《民法典》第 371 条的规定，"以遗嘱方式设立居住权的，参照适用本章的有关规定"。指向第 368 条规定的"设立居住权的，应当向登记机构申请居住权登记。居住权自登记时设立"。由此可见，遗嘱只是取得居住权的一个前提条件。遗嘱应当是书面的、合法有效的，还需要住宅所有权人（继承人）配合到登记机关办理登记才能设立居住权。

采用书面合同方式设立居住权，但没有进行登记，那么居住权合同是否有效呢？根据物权和债权相区分的原则，居住权合同自签订时成立，居住权则自登记时设立。居住权是对他人的住宅享有占有、使用的用益物权，签订居住权合同后，双方当事人有义务相互配合向不动产登记中心申请办理居住权登记。

未办理居住权登记不影响居住权合同的效力，拒绝办理居住权登记的一方当事人依据居住权合同应当承担违约责任。合同一方当事人以居住权未办理登记为由主张合同不成立或无效的，不会得到支持。

同理，采用遗嘱方式设立居住权，是否进行居住权登记，也不影响遗嘱的效力。

《民法典》第367条第2款规定居住权合同一般包括5项主要条款：(1)当事人的姓名或名称和住所；(2)住宅的位置；(3)居住的条件和要求；(4)居住权期限；(5)解决争议的方法。这些是最基本的条款，当事人还可以根据具体情况进行更详细、明确的约定。

设立居住权的目的是满足全体人民"住有所居"的需求，保障特定弱势群体(老、弱、病、残等)的生存居住需要，具有人身性和专属性。因此，《民法典》第369条规定："居住权不得转让、继承。设立居住权的住宅不得出租，但是当事人另有约定的除外。""不得"即禁止，是强制性规范，如果违反，将会因违反法律的强制性规定而导致合同无效。"设立居住权的住宅不得出租"，笔者认为该规定应当包含两层意思：一是居住权人不得将该住宅出租给他人；二是所有权人不得将该住宅出租给他人。在中国审判理论研究会民事审判理论专业委员会编著的《民法典物权编条文理解与司法适用》中只解读了第一层意思，未提及第二层意思。设立居住权的目的就是要保护居住权人的居住权利不被他人侵害、干扰，未征得居住权人的同意，所有权人将已经设立了居住权的住宅出租给他人，不仅侵害了居住权人的权益，也侵害了承租人的权益，为法律所不容。因此，笔者认为所有权人未经居住权人同意不得出租为该条款的应有之义。

当事人没有"另有约定"的情况下，住宅已经出租，能否再设立居住权？笔者认为，要看租赁合同是否经过备案：如果租赁合同已经备案，登记机构将不予居住权登记；如果没有备案，登记机构予以居住权登记，后续出现纠纷由出租方向承租方承担违约责任。

《民法典》第370条规定了居住权消灭的两种情形：一是居住权期限届满，二是居住权人死亡。与居住权设立一样，采用公示要件主义，居住权消灭同样需要到登记机构办理注销登记。

对居住权的期限,法律没有最长时间限制,居住权的期限可长可短,也可以是居住权人的终生,而且还是以无偿为原则。因此,在购买房屋或租赁房屋时,应特别注意该房屋是否设立了居住权,并在签订合同时设计好合同条款加以防范:(1)购买人在签订房屋买卖合同时,要到登记机构进行查询,确保该房屋未设立居住权,以免出现"房子归你,但你住不了"的情形。在房屋买卖合同中,建议增加以下条款:①出卖人保证该房屋未设立居住权,且至不动产登记期间亦不得设立居住权。②因出卖人设立居住权对买受人权益造成损害的,买受人有权解除合同,出卖人支付相当于房屋总价值20%的违约金。(2)承租人在签订房屋租赁合同时,也要确保该房屋未设立居住权,在租赁合同中建议增加以下条款:①出租人保证该房屋未设立居住权,且在租赁期间亦不得设立居住权。②因出租人设立居住权对承租人权益造成损害的,出租人支付相当于2个月租金的违约金。承租人最好在租赁前进行查询,租赁合同签订后及时到登记机构进行登记备案。

另外,居住权与所有权分离,会产生一些新的不确定的纠纷风险。比如,设立了居住权的房子,其学位权益归谁?落户权益归谁?若征收房产税,是由居住权人缴纳还是所有权人缴纳?……关于居住权,目前缺乏相关司法解释和指导性案例可循,希望最高人民法院尽快出台相关司法解释或发布指导性案例。

居住权的特点及居住权与租赁权的区别:

作为用益物权的居住权,首先要明确"居住权"不等于"有权居住"。《民法典》规定的居住权具有以下三个特点:其一,居住权为物权,不同于基于家庭关系等产生的居住他人住宅的权利;其二,居住权为他物权,而共有为自物权,共有人虽有权居住,但非居住权人;其三,居住权为用益物权,不同于租赁、借用等具有类似内容的合同债权。[1]

---

〔1〕 参见《申卫星:民法典居住权制度的解释与适用》,北京市海淀区人民法院官方微博2020年9月29日,https://weibo.com/ttarticle/p/show?id=2309404554424595906644。

未成年人与父母共同生活，未成年人是否就理所当然地获得了居住权？无论是《民法典》第26条，还是《未成年人保护法》第15条，都规定了父母对未成年子女负有抚养的义务。父母作为监护人，为共同生活的未成年子女提供包括住所在内的一系列生活保障，是履行其法定的监护义务，该监护义务也会随着子女年满18岁成年具有独立生活能力而消失。未成年子女因父母履行监护义务获得居住权利是法定的权利，父母不履行义务构成违法；而居住权是双方当事人依法约定的权利，不履行义务则构成违约。因此，未成年人的居住权利不是法律意义上的居住权。

北京市海淀区人民法院审理的王某与王某某、张某居住权纠纷一案[1]中，房屋所有权人王某某作为王某的监护人单方承诺王某可以在涉案房屋中居住，至案发时王某已经成年，但王某与王某某始终未签订居住权合同。法院认为，监护人的单方承诺是履行监护义务，而非法律意义上的居住权。房屋产权变动后，就居住权利未签订书面合同，亦未向登记机构办理登记。作为成年人要求确认对涉案房屋享有居住权，无权利基础，法院不予支持。也就是说，居住权不是天然的，需要双方当事人书面约定并登记，才能成立法律意义上的居住权。

案例16 成年子女未与享有房屋所有权的父母签订书面居住权协议，不享有居住权

——高某1与王某某等居住权纠纷案

【裁判要旨】

设立居住权，当事人应当签订书面合同，就居住权的事宜进行明确约定。居住权的设立方式主要有两种，即签订居住权合同或以遗嘱方式设立，且居住权自登记时设立。父母为几处房屋的所有权人，子女并未就几处房屋与父母签订书面的居住权协议。子女作为成年人，要求确认对房屋享有居住权，无权利

[1] 北京市海淀区人民法院官方微博2021年1月4日，https://weibo.com/ttarticle/x/m/show/id/2309404589681932107845?_wb_client_=1。

基础，亦不符合居住权的法律规定。

【案号】

(2021)京0117民初2477号

(2021)京03民终12983号

【案情简介】

高某2与王某某原系夫妻关系，二人婚后生育一子高某1，一女高某3，均已结婚另过。2019年4月9日高某2、王某某经一审法院调解离婚。离婚时，双方未对夫妻共同财产予以处理。同年4月26日王某某诉至一审法院，要求依法分割夫妻共同财产，一审法院作出(2019)京0117民初6353号民事判决书，判决138号北正房4间和南倒座4间归王某某所有，404号院北正房4间和南倒座4间归高某2所有，该判决书已经生效。高某1无其他住所，父母拒绝高某1同住，产生纠纷，高某1诉至法院，请求确认高某2在138号、404号南倒座房屋中有居住权。一审庭审中，当事人均认可未就138号、404号南倒座房屋签订过书面居住权协议。

【裁判结论】

一审法院认为，设立居住权，当事人应当签订书面合同，就居住权的事宜进行明确约定。高某1未与王某某、高某2签订书面的居住权协议。高某1作为成年人，要求确认对138号、404号南倒座房屋享有居住权，无权利基础，亦不符合居住权的法律规定，故本院对其诉讼请求不予支持。判决驳回高某1的诉讼请求。

高某1认为自己作为家庭成员共同出资在争议房屋处修建平房，房屋所有权判归父母，房屋修建自己出资了，理应享有居住权。不服一审判决，提起上诉。

二审法院认为，居住权人有权按照合同约定，对他人的住宅享有占有、使用的用益物权，以满足生活居住的需要。居住权的设立方式主要有两种，即签订居住权合同或以遗嘱方式设立，且居住权自向登记机构登记时设立。各方未就涉案房屋签订过居住权协议，故高某1作为成年人要求确认其对涉案房屋享有居住权,缺乏事实和法律依据,本院不予支持。高某1上诉主张其对涉案房屋存在出资建设行为故应享有居住权,其该项主张明显缺乏法律依据,本院难以支持。判决驳回上诉,维持原判。

【律师评析】

《民法典》第366条规定:“居住权人有权按照合同约定,对他人的住宅享有占有、使用的用益物权,以满足生活居住的需要。”故设立居住权的方式之一是合同约定。《民法典》第367条规定,当事人应当采用书面形式订立居住权合同,即居住权合同为要式合同,不能是口头合同,也不能是单方承诺,需要通过订立书面居住权合同,明确双方当事人具体的权利义务。《民法典》第368条规定,设立居住权应当向登记机构申请居住权登记,居住权自登记时设立,即居住权采用登记公示主义,登记是居住权成立的前提条件。第367条中的“应当采用书面形式”和第368条中的“应当向登记机构申请居住权登记”均属于强制性法律规范,书面形式和登记是居住权成立的两个必备要件,缺一不可。

综上所述,本案中,高某1虽然作为家庭成员对建设房屋有出资,但并没有和作为房屋所有权人的父母签订过任何关于居住权方面的协议,也没有办理居住权登记,不满足居住权的成立条件。因此,法院驳回高某1的居住权诉讼请求。

家和万事兴,作为已经成年的家庭成员,应当处理好家庭事务,孝敬父母,关爱子女,相互理解、关心、包容,家庭和睦,居住权问题当然就迎刃而解了。如果不放心,就和房屋所有权人签份书面的居住权协议,还要去不动产登记中心办理居住权登记。

【法律依据】

《民法典》

第三百六十七条 设立居住权,当事人应当采用书面形式订立居住权合同。

居住权合同一般包括下列条款:

(一)当事人的姓名或者名称和住所;

（二）住宅的位置；

（三）居住的条件和要求；

（四）居住权期限；

（五）解决争议的方法。

第三百六十八条　居住权无偿设立，但是当事人另有约定的除外。设立居住权的，应当向登记机构申请居住权登记。居住权自登记时设立。

九、房屋征收纠纷

在城市更新、旧城改造、棚户区改造的过程中，承租人因正租用着的房屋面临征收而被迫搬离，承租人请求征收补偿便成为常见的纠纷。

《国有土地上房屋征收与补偿条例》第 2 条规定："为了公共利益的需要，征收国有土地上单位、个人的房屋，应当对被征收房屋所有权人（以下称被征收人）给予公平补偿。"由此可知，对于房屋征收进行补偿的对象是"房屋所有权人"，不包括承租人。承租人是房子的使用人，并不是房屋的所有权人，也就不是房屋拆迁补偿的对象。

租赁期内房屋被征收，承租人也受到了损失，补偿对象却是房屋所有权人，是不是太不公平了？遭受损失的承租人到底有没有权利获得补偿款？

《国有土地上房屋征收与补偿条例》第 17 条规定："作出房屋征收决定的市、县级人民政府对被征收人给予的补偿包括：（一）被征收房屋价值的补偿；（二）因征收房屋造成的搬迁、临时安置的补偿；（三）因征收房屋造成的停产停业损失的补偿。市、县级人民政府应当制定补助和奖励办法，对被征收人给予补助和奖励。"该条规定房屋征收补偿包含三个部分：第一部分是房屋自身价值的补偿，这部分补偿当然归属房屋所有权人。第二部分是因征收房屋造成的搬迁、临时安置的补偿，如果是房屋所有权人自己经营或居住，当然归房屋所有权人，但房屋所有权人用于出租，并没有这方面的损失，这部分补偿就应当归遭受实际损失的承租人。第三部分是因征收房屋造成的停产停业损失的补偿，与第二部分一样，如果是房屋所有权人自己经营，补偿款当然属于房屋所有权人；如果用于出租,应当由遭受实际损失的承租人和房屋产权人依据公平原则进行分配。但由于《国有土地上房屋征收与补偿条例》第 2 条把房屋征收补偿对象限定为“房屋所有权人”,补偿款全部归房屋所有权人,遭受损失的承租人得不到补偿,不仅不公平,而且成为引发诸多纠纷的根源。在审判实践中,最高人民法院有裁判观点:“如果用于经营的房屋被征收,承租人在行政补偿中提出的室内装修价值、机器设备搬迁、停产停业等损失,与补偿决定之间具有利害关系,此时承租人可以作为原告提起诉讼。”

此外,承租人还可以通过约定的方式获得补偿,在房屋租赁合同中直接约定:在房屋征收中房屋所有权人获得的第 2 项、第 3 项补偿款归承租人所有。如果在租赁合同中没有相关约定,遇到房屋拆迁,房屋所有权人需要提前告知承租人并与其协商解除租赁关系,返还预交的房租、租赁保证金,协商解决承租人的装修损失、扩建损失、搬迁费等,此时谈补偿双方都比较被动。

承租人在什么条件下能获得补偿呢?承租人获得补偿一般应满足以下条件:

(1)房屋所有权人与承租人存在合法有效的租赁合同,租赁的房屋不是违法建筑;

(2)租赁合同尚处在履行期间;

(3)承租人不存在导致合同解除的违约行为。

征收补偿的分配有约定从约定;没有约定的,承租人可以就装饰装修损失、搬迁补偿、临时安置补偿、停产停业补偿向房屋所有权人主张。承租人可以根据《国有土地上房屋征收与补偿条例》第 23 条的规定,“对因征收房屋造成停产停业损失的补偿,根据房屋被征收前的效益、停产停业期限等因素确定”,主张停产停业损失的补偿数额。如果协商不成,诉至法院,法院会根据涉案房屋的实际用途、剩余租赁期限、承租人实际遭受的损失等情况,确定补偿数额,一般不会超过房屋所有人实际获得的补偿额。如果在涉案房屋征收前,房屋租赁合同已经届满,承租人无法得到补偿。如果因承租人违约而提前解除租赁合同,承租人应将租赁房屋及时返还,也无权主张补偿。因房屋征收被解除合同而发生的纠纷非常多，承租人应当注意，需要在合同中明确约定违约解除的情形及程度，防止房屋所有权人任意解除合同。

案例17　承租人与房屋征收行为之间不具有利害关系，不能成为行政诉讼的原告

——海口龙华湘水源商务宾馆诉海口市龙华区人民政府行政征收案

【裁判要旨】

一般而言，承租人与房屋征收行为之间不具有利害关系，不能成为行政诉讼的原告。但是如果用于经营的房屋被征收，承租人在行政补偿中提出的室内装修价值、机器设备搬迁、停产停业等损失，与补偿决定之间具有利害关系，此时承租人可以作为原告提起诉讼。

【案号】

(2016)琼01行初393号

(2017)琼行终6号

(2017)最高法行申5387号

【案情简介】

2011年6月19日，梁某某签订《房屋租赁合同》承租房屋用于经营宾馆。合同中约定，如出现"政府征用"这一不可抗力，政府给予的不动产的补偿费用归出租方所有，动产的补偿费用归承租方所有。2012年9月19日梁某某获取《个体工商户营业执照》，经营宾馆名称为海口龙华湘水源商务宾馆(以下简称湘水源商务宾馆)。2016年8月30日，龙华区人民政府作出《关于坡博、坡巷片区棚户区(城中村)改造项目房屋征收决定》，湘水源商务宾馆的经营场所位于该征收范围内。湘水源商务宾馆认为其作为利害关系人，龙华区人民政府征收海口市龙华区坡博棚户区(城中村)集体土地及房屋行政行为违法，于2016年12月5日提起行政诉讼。请求：判决确认龙华区人民政府对坡博、坡巷棚户区(城中村)改造项目房屋征收行为违法。

【裁判结论】

一审法院认为,海口市龙华区人民政府作出征收行政行为指向的标的物房屋的承租人,并非征收行政行为所指向的房屋所有权人,也非有行政法律利害关系的其他组织。因此,起诉人不具备本案行政诉讼的主体资格条件,不是本案适格的行政诉讼原告,裁定不予立案。

湘水源商务宾馆不服一审裁定,提起上诉。

二审法院认为,上诉人不是被征收房屋的所有权人,因此上诉人不是该房屋征收行政行为的相对人,也不是与该房屋征收行政行为有利害关系的其他组织,不具备提起本案诉讼的主体资格,不是本案适格的原告。裁决维持一审裁定。

湘水源商务宾馆依旧不服,申请再审。

再审法院认为,一般而言,承租人与房屋征收行为之间不具有利害关系,不能成为行政诉讼的原告。但是如果用于经营的房屋被征收,承租人在行政补偿中提出的室内装修价值、机器设备搬迁、停产停业等损失,与补偿决定之间具有利害关系,此时承租人可以作为原告提起诉讼。本案中,实质上是对龙华区人民政府作出的征收决定不服,湘水源宾馆作为承租人,与征收决定之间不具有利害关系,不具有原告资格。裁定驳回再审申请。

【律师评析】

根据《行政诉讼法》第 49 条的规定,提起行政诉讼应当符合 4 个条件:(1)原告是符合《行政诉讼法》第 25 条规定的公民、法人或者其他组织;(2)有明确的被告;(3)有具体的诉讼请求和事实根据;(4)属于人民法院受案范围和受诉人民法院管辖。这 4 个条件必须同时满足,缺一不可。

《行政诉讼法》第 25 条第 1 款规定:“行政行为的相对人以及其他与行政行为有利害关系的公民、法人或者其他组织,有权提起诉讼。”即行政行为的相对人与行政行为之间必须有利害关系,才有权提起诉讼,成为适格的原告。判断行政行为的相对人与行政行为是否有利害关系,应当看行政行为是否对相对人的权利义务造成实质上的影响。

《国有土地上房屋征收与补偿条例》第 2 条规定："为了公共利益的需要，征收国有土地上单位、个人的房屋，应当对被征收房屋所有权人（以下称被征收人）给予公平补偿。"这里明确规定补偿的对象是"房屋所有权人"，而不包括承租人。

本案中，湘水源宾馆的诉讼请求是"确认海口市龙华区人民政府对坡博、坡巷棚户区（城中村）改造项目房屋征收行为违法"，湘水源宾馆作为承租人，不是房屋所有权人，不是法律规定补偿的对象，与房屋征收决定之间不具有利害关系，因此不是适格的原告。若湘水源宾馆承租的房屋因政府征收行政行为导致房屋租赁合同终止，可以就房屋租赁合同履行发生的争议，依据合同的约定，提起民事诉讼。

在房屋征收当中，承租人会面临停产停业、装修价值、设备搬迁等损失，承租人的合法权益通过下列两种途径可以得到保障。

（1）行政诉讼。如果用于经营的房屋被征收，承租人在行政补偿中提出的室内装修价值、机器设备搬迁、停产停业等损失，与补偿决定之间具有利害关系，此时承租人可以作为原告提起诉讼。

（2）向房屋产权人主张。可以在签订租赁合同时就约定如遇政府征收时补偿费用的分配方案（本案当事人约定的是"不动产的补偿费用归出租方所有，动产的补偿费用归承租方所有"）；如果合同没有约定，可以在房屋征收时与房屋所有权人协商，协商不成的，提起民事诉讼。

另外需要注意的是，如承租人在签署租赁合同时就已经知道可能存在拆迁风险，或双方是无固定期限租赁合同，则法院一般会认为承租人没有信赖利益而无权要求补偿；而主张装饰装修损失和扩建损失，需要承租人在装饰装修和扩建时无过错，是经出租人同意进行的装饰装修和扩建，否则得不到法院的支持。

因此，本案中，湘水源宾馆应当主张赔偿室内装修价值损失和停产停业损失，而非确认征收土地和房屋的具体行政行为违法。

【法律依据】

《行政诉讼法》

第二条 公民、法人或者其他组织认为行政机关和行政机关工作人员的行政行为侵犯其合法权益，有权依照本法向人民法院提起诉讼。

前款所称行政行为，包括法律、法规、规章授权的组织作出的行政行为。

第二十五条 行政行为的相对人以及其他与行政行为有利害关系的公民、法人或者其他组织，有权提起诉讼。

有权提起诉讼的公民死亡，其近亲属可以提起诉讼。

有权提起诉讼的法人或者其他组织终止，承受其权利的法人或者其他组织可以提起诉讼。

人民检察院在履行职责中发现生态环境和资源保护、食品药品安全、国有财产保护、国有土地使用权出让等领域负有监督管理职责的行政机关违法行使职权或者不作为，致使国家利益或者社会公共利益受到侵害的，应当向行政机关提出检察建议，督促其依法履行职责。行政机关不依法履行职责的，人民检察院依法向人民法院提起诉讼。

第四十九条 提起诉讼应当符合下列条件：

（一）原告是符合本法第二十五条规定的公民、法人或者其他组织；

（二）有明确的被告；

（三）有具体的诉讼请求和事实根据；

（四）属于人民法院受案范围和受诉人民法院管辖。

案例 18 租赁的房屋被政府征收造成的损失已经从出租人处得到补偿，不能再向政府主张赔偿停产停业损失

——郑某某与海南省海口市龙华区人民政府房屋征收补偿案

【裁判要旨】

房屋征收补偿的对象是房屋所有权人，而不是承租人。承租人因租赁的房屋被政府征收而造成的损失已经从出租人处得到补偿，再向政府主张赔偿停产

停业损失的，法院不予支持。

【案号】

(2017)琼01行初1098号

(2018)琼行终566号

(2019)最高法行申6951号

【案情简介】

郑某某于2013年8月28日签订合同租赁涉案房屋用于开办商店，租期至2018年9月30日。2016年9月1日，海南省海口市龙华区人民政府(以下简称龙华区政府)发布《房屋征收决定》，涉案房屋位于征收范围内。2016年10月，房屋产权人与征收实施部门签订了安置协议。郑某某与房屋产权人于2017年9月9日达成调解协议，房屋产权人因涉案房屋被征收向郑某某一次性补偿5万元，并约定互不相欠。郑某某要求龙华区政府赔偿其停产停业损失，诉至法院。

【裁判结论】

一审法院认为，被征收人将房屋出租后因房屋征收产生的补偿费用应归属于所有权人，法律并未就对承租人进行补偿作出规定。作为涉案被征收房屋的承租人，对房屋征收造成的停产停业损失、装修费用诉请补偿无法律依据，依法不予支持。

郑某某不服一审行政判决，提起上诉。

二审法院认为，承租人不属于《国有土地上房屋征收与补偿条例》规定的被征收人，其请求政府对其予以补偿，不予支持，维持原判。

郑某某依旧不服，申请再审。

再审法院认为，郑某某因其承租的房屋被征收而受到的损失，已得到了相应补偿。郑某某提起本案诉讼要求龙华区政府赔偿停产停业损失，明显没有事实根据，驳回再审申请。

【律师评析】

根据《国有土地上房屋征收与补偿条例》第2条的规定，房屋征收的补偿对象是房屋所有权人,而不是房屋承租人。本案中,郑某某作为房屋承租人,无权获得房屋征收补偿。但郑某某承租的房屋因政府征收行政行为导致房屋租赁合同终止,造成的停产停业损失、装修费用等损失可以以房屋租赁合同履行发生争议为由向房屋产权人主张。

房屋所有权人可以获得的补偿款由3部分组成:(1)被征收房屋的自身价值补偿;(2)因被征收房屋造成的搬迁、临时安置的补偿;(3)因被征收房屋造成的停产停业损失的补偿。如果房屋所有权人对征收工作配合得好,还可以获得额外的"补助和奖励"。承租人作为房屋的实际使用人和实际遭受停产停业损失的人之一,可以向房屋所有权人主张参与分配补偿款中的停产停业损失补偿。

因租赁的房屋被政府征收而受到的损失赔偿,应适用填平原则。填平原则,即损失多少,赔偿多少。权利人要求赔偿经济损失还要负举证责任,不能举证的,不能获得赔偿,损失数额在填补损失前是确定的;赔偿损失是以弥补权利人的全部损失为目的,是具有补偿性质的赔偿,全部赔偿即填平,权利人在经济上的损失消失。

《民法典》第584条规定:"当事人一方不履行合同义务或者履行合同义务不符合约定,造成对方损失的,损失赔偿额应当相当于因违约所造成的损失,包括合同履行后可以获得的利益;但是,不得超过违约一方订立合同时预见到或者应当预见到的因违约可能造成的损失。"条文中所强调的"相当于"和"不得超过"就是填平原则的体现。本案中,郑某某与房屋产权人达成调解协议,郑某某获得一次性补偿5万元,并约定互不相欠。郑某某的损失已经得到补偿,再向龙华区政府主张赔偿停产停业损失,无异于基于同一法律事实主张双份赔偿,没有法律依据,得不到法院支持。

【法律依据】

《国有土地上房屋征收与补偿条例》

第二条 为了公共利益的需要,征收国有土地上单位、个人的房屋,应当对被征收房屋所有权人(以下称被征收人)给予公平补偿。

第十七条　作出房屋征收决定的市、县级人民政府对被征收人给予的补偿包括：

（一）被征收房屋价值的补偿；

（二）因征收房屋造成的搬迁、临时安置的补偿；

（三）因征收房屋造成的停产停业损失的补偿。

市、县级人民政府应当制定补助和奖励办法，对被征收人给予补助和奖励。

第二十三条　对因征收房屋造成停产停业损失的补偿，根据房屋被征收前的效益、停产停业期限等因素确定。具体办法由省、自治区、直辖市制定。

第三节　合同解除纠纷

一、情势变更

情势变更，是指合同有效成立后，因不可归责于双方当事人的事由发生重大变化而使合同的基础动摇或者丧失，若继续维持合同会显失公平，因此允许变更合同内容或解除合同的原则。[1]

《合同法解释（二）》第26条规定："合同成立以后客观情况发生了当事人在订立合同时无法预见的、非不可抗力造成的不属于商业风险的重大变化，继续履行合同对于一方当事人明显不公平或者不能实现合同目的，当事人请求人民法院变更或者解除合同的，人民法院应当根据公平原则，并结合案件的实际情况确定是否变更或者解除。"在《民法典》的编纂过程中，该条司法解释被立法者吸收、修改后转化成了《民法典》的条文，即第533条："合同成立后，合同的基础条件发生了当事人在订立合同时无法预见的、不属于商业风险的重大变化，

---

〔1〕参见中国审判理论研究会民事审判理论专业委员会编著：《民法典总则编条文理解与司法适用》，法律出版社2020年版，第125页。

继续履行合同对于当事人一方明显不公平的，受不利影响的当事人可以与对方重新协商；在合理期限内协商不成的，当事人可以请求人民法院或者仲裁机构变更或者解除合同。人民法院或者仲裁机构应当结合案件的实际情况，根据公平原则变更或者解除合同。”该条便是关于情势变更的规定，它源于司法解释，是司法实践的经验总结。

（一）不可抗力是否属于情势变更的适用事由

我们先来简单了解一下不可抗力与情势变更的区别与联系。

1. 根据《民法典》第 180 条第 2 款的规定，不可抗力是不能预见、不能避免且不能克服的客观情况；而情势变更强调“无法预见的、不属于商业风险”的重大变化。

2. 不可抗力的来源既有自然现象，如地震、台风，也包括社会现象，如战争、政变；情势变更的来源包括自然灾害、意外事故、国家法律法规、经济政策及社会经济环境的重大变化等。不可抗力与情势变更的来源有重叠部分。

3. 情势变更与不可抗力在主观上各方当事人都没有过错，客观上都对合同履行造成重大障碍，都可能造成合同履行不能和导致合同的变更或解除。但情势变更主要表现为履行合同的社会经济形势和环境发生变化，不可抗力一般表现为影响合同履行的自然灾害、大规模流行疾病、政府政策调整等。

4. 从后果来看，根据《民法典》第 180 条第 1 款和第 590 条的规定，因不可抗力不能履行民事义务的，不承担民事责任；当事人一方因不可抗力不能履行合同的，根据不可抗力的影响，部分或者全部免除责任。根据《民法典》第 533 条的规定，情势发生变更，继续履行合同对于当事人一方明显不公平的，受不利影响的当事人可以与对方重新协商；在合理期限内协商不成的，当事人可以请求人民法院或者仲裁机构变更或者解除合同。即发生不可抗力时，可以部分或者全部免除责任；发生情势变更时，先协商，协商不成，可以变更或解除合同。

5. 从《合同法解释（二）》第 26 条和《民法典》第 533 条的对比看，《合同法解释（二）》明确将不可抗力排除在适用情势变更事由之外，《民法典》则删除了“非不可抗力”，即不可抗力可以作为适用情势变更的事由。

综上，情势本身就是一个比较宽泛的概念，泛指一切与合同有关的客观事实，当然包括不可抗力情形。因此，不可抗力可以作为情势变更的适用理由。

(二)情势变更的限制

为保护交易安全，人民法院对情势变更的认定一向是比较严格的，2009 年 7 月 7 日最高人民法院印发的《关于当前形势下审理民商事合同纠纷案件若干问题的指导意见》中要求，人民法院要慎重适用情势变更原则，应当依法把握情势变更原则的适用条件，严格审查当事人提出的“无法预见”的主张；合理区分情势变更与商业风险，在判断某种重大客观变化是否属于情势变更时，应当注意衡量风险类型是否属于社会一般观念上的事先无法预见、风险程度是否远远超出正常人的合理预期、风险是否可以防范和控制、交易性质是否属于通常的“高风险高收益”范围等因素，并结合市场的具体情况，在个案中识别情势变更和商业风险。同时，人民法院应遵循侧重于保护守约方的原则，充分注意利益均衡，公平合理地调整双方利益关系；在诉讼过程中，人民法院要积极引导当事人重新协商，改订合同；重新协商不成的，争取调解解决。

在高收益的商业冒险中，不能适用情势变更。商业风险指在商业活动中，由于各种不确定因素引起的，给商业主体带来获利或损失的机会或可能性的一种客观经济现象。商业风险往往带有高风险高收益的属性，但由于商业风险在签订合同时是可以预见的，如果当事人应当预见到而没有预见，或者当事人过于自信甘愿冒险的，不能适用情势变更，法律不会支持当事人冒险失败时将不利后果转嫁他人。到底是情势变更，还是商业风险，在浙江省金华市中级人民法院审理的詹某某与义乌市再生资源日用杂品有限公司合同纠纷二审判决书[1]中法院认为：“在判断某种重大客观变化是否属于情势变更时，需要考虑衡量风险类型是否属于社会一般观念上的事先无法预见、风险程度是否远远超出正常人的合理预期、风险是否可以防范和控制、交易性质是否属于通常的‘高风险高收益’范围等因素。”

---

[1] 浙江省金华市中级人民法院民事判决书，(2015)浙金商终字第 01611 号。

（三）适用情势变更需要审查的要点

情势变更制度具有根据情势变化而对当事人的权利义务予以平衡的功能，涉及对合同效力的变更、限制或否定，与我国合同法维护有效合同的法律效力、促进交易安全的目标和宗旨相违背，因此适用情势变更要持审慎、严格的态度，防止对该制度的滥用，主要审查以下几点。

1. 审查情势变更的事实，即合同赖以存在的客观情况确实发生变化。“情势”即作为合同法律行为基础的一切客观事实，包括政治、经济、法律及商业上的种种客观状况，具体如国家政策、法律规定、行政措施、政府行为、物价。

2. 审查情势变更是否是双方当事人不能预见的，且均没有过错。情势变更必须是双方当事人不能预见的且均没有过错，这也是情势变更与商业风险的主要区别。如果当事人在订立合同时能够预见到客观情况变化，即表明其也已经预见到客观情况变化所产生的风险，并甘愿承担，那么产生的责任就应由其自负，在这种情况下情势变更制度就不适用。如果可归责于当事人，则应由其承担风险或承担违约责任，也不适用情势变更制度。

3. 审查继续履行原合同是否显失公平。情势变更发生以后，如继续按原合同规定履行义务，将会导致利益的失衡，对一方当事人产生显失公平的结果。这种情况下才能适用情势变更制度，赋予一方当事人变更或解除合同的权利，从而消除合同因情势变更所产生的显失公平。如果在签订合同时，一方当事人利用优势或者利用对方没有经验，致使合同约定显失公平，那么明显也不属于情势变更，而应认定为《民法典》第151条规定的显失公平。[1]

即使合同赖以存在的客观情况确实发生变化，继续履行合同显失公平时，能用变更合同解决，就不宜用解除合同解决。基于保障合同的稳定性和交易秩序，保护双方当事人的自由意思表示，首先应当考虑合同变更，调整当事人之间的风险承担，使双方失衡的利益关系得到修补，继续履行合同不会导致双方当

---

〔1〕 宋文华、衣红蕾：山东法院民法典适用典型案例47《情势变更及合同解除时间的认定》，载澎湃政务2021年11月5日，https://m.thepaper.cn/baijiahao_15248137。

事人的利益显失公平。其次可以考虑调整价格高低、履行期限延期或分期等方式。若通过变更合同亦不能修复双方失衡的利益，就只能解除合同。简言之，合同履行困难的，变更合同；合同目的不能实现的，解除合同。

案例19　对特殊行业已有导向的国家政策的变化，从业者对其风险应有一定的预判，不适用情势变更

——丽水市尧帝足道保健服务有限公司与丽水市四季阳光酒店管理有限公司房屋租赁合同纠纷案

【裁判要旨】

基于服务行业的特殊性，对于相应的商业风险在从业之初就应该有一定的预判，政府依据相关政策对行业进行整顿管理，不能成为其规避商业风险的理由，不会对双方的合同效力产生影响，不适用情势变更。

【案号】

(2019)浙1102民初91号

(2019)浙11民终876号

【案情简介】

被告丽水市尧帝足道保健服务有限公司（以下简称足道保健公司）因经营需要向原告丽水市四季阳光酒店管理有限公司（以下简称阳光酒店公司）承租房屋，双方于2015年4月15日签订《租赁合同》，该合同约定，被告承租原告位于丽水市莲都区现代广场大酒店丽华大楼附楼，租期为8年（自2015年1月20日起至2023年4月19日止），第1年、第2年的年租金为82万元，以后每年租金在前年的基础上递增5%，先交租金后使用租赁场地，租金每半年支付一次，逾期支付的，每日加收2%的滞纳金，无正当理由或未经原告同意逾期超过1个月的，原告有权单方面解除合同并另行招租，且被告进行的装修（含动产、不动产）无偿归原告所有，同时，原告有权要求被告承担违约责任等。合同签订后，原告按照合同约定向被告交付房屋，被告在承租的房屋内经营足浴保健。2017年1月23日，原告、被告双方签订《补充协议》，该协议约定，2017年4月20日

至2019年4月19日，年租金改为70万元，租金半年一付，赠送38,000元消费券，其他条款按照原合同执行。按照双方的合同约定，2018年10月1日之前，被告应支付其承租房屋2018年10月20日至2019年4月19日的6个月房租35万元。案涉租赁房产系由原告从案外人丽水市现代广场大酒店有限公司租赁而来，租赁期限自2013年7月1日起至2028年1月31日止，被告租赁房屋后对该房屋进行了装修。后因被告足道保健公司拖欠租金、水电费，原告阳光酒店公司诉至法院，要求解除合同。被告足道保健公司辩称，拖欠了部分租金的事实是客观存在的，但是拖欠租金的原因是扫黑除恶政策问题导致对该类行业以“一刀切”的方式进行整顿，并非恶意违约，而是存在客观情况导致无法按原约定履行义务，符合情势变更情形。

【裁判结论】

一审法院认为，被告(反诉原告)未按约定支付租金，构成违约应承担相应的违约责任，原告(反诉被告)的诉请合理合法，本院予以支持。判决解除合同、腾退房屋，支付拖欠的租金及滞纳金等。

足道保健公司不服一审判决，提起上诉。

二审法院认为，所谓情势变更，是指合同有效成立后，因不可归责于双方当事人的原因发生情势变更，致合同之基础动摇或丧失基础，继续维持合同原有效力显失公平，允许变更合同或解除合同。结合本案查明的事实，基于上诉人所从事服务行业的特殊性，其对于相应的商业风险在从业之初就应该有一定的预判，政府依据相关政策对行业进行整顿管理，不能成为其规避商业风险的理由，亦不会对双方当事人之间的合同效力产生影响。上诉人以情势变更为由，主张系政策原因导致其经营困难进而违约，显然不能成立。判决驳回上诉，维持原判。

【律师评析】

根据《民法典》第533条的规定，只有发生了在订立合同时无法预见的、不属于商业风险的重大变化，继续履行合同对于当事人一方明显不公平的情况下，才可以结合案件实际情况适用情势变更，明确把商业风险排除在适用情势变更之外。

商业风险指在商业活动中,由于各种不确定因素引起的,给商业主体带来获利或损失的机会或可能性的一种客观经济现象。合同成立后,在商业活动中,由于外部存在各种各样的不确定因素,会给商业主体带来机遇与调整,可能会盈利也可能会亏损。商业风险是当事人在缔约时可以预见、可以承受的客观环境变化,只要是在当事人可预见、可承受的范围之内,就不能适用情势变更,属于商业风险,由当事人自行承担。

2018 年 1 月,中共中央、国务院发出《关于开展扫黑除恶专项斗争的通知》,为期 3 年的扫黑除恶专项斗争在全国范围内启动。电视、报纸、各类媒体等都在竞相报道宣传,并且扫黑除恶斗争向各行各业发展,并趋于严格、常态化,KTV、足浴等服务行业向来都是政府整治的重点。

本案中,虽然签订租赁合同是在扫黑除恶之前,但谁都知道,KTV、足浴等服务行业是"黄赌毒"的温床,普遍认为是藏污纳垢的地方,历来都是政府治理的重点场所,从业者更是心知肚明。合同履行中,当事人从事该行业不可能不知道日益收紧的管理政策及扫黑除恶这一大趋势,也不可能预见不到当地政府会对其所属服务行业进行整顿管理,上诉人也有足够的时间采取调整、转行、退出等应对风险的措施。政策风险是否属于商业风险,关键在于当事人签订合同时对未来政策变化是否可以预见,以及当事人对其所处特殊行业未来政策的大体趋势是否可以预见。能预见到的,属于商业风险;不能预见到的,才可以适用情势变更。法院会参照合同约定、可预见性、归责性及产生的后果等因素综合考量。因此,法院认定基于上诉人所从事服务行业的特殊性,其对于相应的商业风险在从业之初就应该有一定的预判,政府依据相关政策对行业进行整顿管理,不能成为其规避商业风险的理由。

【法律依据】

《民法典》

第五百三十三条　合同成立后,合同的基础条件发生了当事人在订立合同时无法预见的、不属于商业风险的重大变化,继续履行合同对于当事人一方明显不公平的，受不利影响的当事人可以与对方重新协商；在合理期限内协商不成的，当事人可以请求人民法院或者仲裁机构变更或者解除合同。

人民法院或者仲裁机构应当结合案件的实际情况，根据公平原则变更或者解除合同。

二、合同解除

合同解除，是指合同有效成立后，因一方或双方的意思表示，使基于合同发生的债权债务关系归于消灭的行为。依法成立的合同受法律保护，双方当事人应当诚信履行、全面履行，但是在出现合同约定或者法律规定的合同解除事由时，当事人可以依照合同的约定或者法律的规定行使合同解除权，解除合同，及时摆脱合同的束缚。

根据《民法典》第 562 条和第 563 条的规定，合同解除分为约定解除和法定解除。约定解除是按照合同当事人的意思自治原则，在合同中自行约定解除的条件，只要不违反法律、行政法规的强制性规范，解除合同的事由发生时，解除权人就可以依据合同约定行使解除权解除合同。法定解除权是法律直接规定解除合同的条件，无须当事人在合同中约定，在条件成就时，解除权人就可以直接援引法律规定行使解除权解除合同。

《民法典》第 563 条规定了 5 种法定的合同解除情形：(1) 因不可抗力致使不能实现合同目的；(2) 在履行期限届满前，当事人一方明确表示或者以自己的行为表明不履行主要债务；(3) 当事人一方迟延履行主要债务，经催告后在合理期限内仍未履行；(4) 当事人一方迟延履行债务或者有其他违约行为致使不能实现合同目的；(5) 法律规定的其他情形。由此可见，法定的合同解除情形，主要包括三种情况：第一种是因“不可抗力”，导致合同目的不能实现的，即该条第 1 项的规定；第二种是因一方“违约”，并且违约程度要求达到合同目的不能实现的程度，包括“拒绝履行（包括以行为表明拒绝履行）主要债务”“迟延履行主要债务”“迟延履行或其他违约行为，致使不能实现合同目的”；第三种是因“法律规定的其他情形”，这是一个兜底性条款，以弥补前 4 项列举式规定的不足。

例如，《城镇房屋租赁解释》第6条规定："承租人擅自变动房屋建筑主体和承重结构或者扩建，在出租人要求的合理期限内仍不予恢复原状，出租人请求解除合同并要求赔偿损失的，人民法院依照民法典第七百一十一条的规定处理。"将处理办法指向《民法典》第711条，该条规定："承租人未按照约定的方法或者未根据租赁物的性质使用租赁物，致使租赁物受到损失的，出租人可以解除合同并请求赔偿损失。"

合同解除是否有期限限制？为了防止解除权人怠于行使权利使合同关系处于不确定状态，《民法典》第564条规定了解除权的行使期限。该条第1款是有法律规定或者当事人约定的情形，期限届满当事人不行使的，解除权权利消灭；第2款是法律没有规定或者当事人没有约定的情形，自解除权人知道或者应当知道解除事由之日起一年内不行使，或者经对方催告后在合理期限内不行使的，解除权权利消灭。

因一方当事人的违约行为而导致合同目的不能实现时，法律赋予了守约方解除权，该权利是基于违约方不能全面履行合同致使守约方遭受损害时对其的一种救济，合同解除权归守约方。在司法实践中，特殊情况下也会允许违约方解除合同。

江苏省南京市中级人民法院审理的新宇公司诉凤某梅商铺买卖合同纠纷一案[1]中，在合同不具备继续履行条件时，允许违约方解除合同，法院认为，有违约行为的一方当事人请求解除合同，没有违约行为的另一方当事人要求继续履行合同，在违约方继续履约所需的财力、物力超过合同双方基于合同履行所能获得的利益，合同已不具备继续履行的条件时，为平衡双方当事人的利益，可以允许违约方解除合同，但必须由违约方向对方承担赔偿责任，以保证对方当事人的现实既得利益不因合同解除而减少。

《民法典》第563条概括性地规定了5种合同的法定解除情形，下面笔者总结一下出租人和承租人在什么情况下可以解除合同。

---

〔1〕 新宇公司诉冯玉梅商铺买卖合同纠纷案，载《最高人民法院公报》2006年第6期（总第116期）。

(1)根据《民法典》第724条、第729条、第730条、第731条的规定，出现下列情况的承租人可以依法解除合同：

①不是由于承租人原因租赁物被司法机关或者行政机关依法查封、扣押而无法使用的；

②租赁物权属有争议而无法使用的；

③租赁物具有违反法律、行政法规关于使用条件的强制性规定情形而无法使用的；

④因不可归责于承租人的事由，租赁物部分或者全部毁损、灭失，致使合同目的不能实现；

⑤不定期租赁；

⑥租赁物危及承租人的安全或者健康。

(2)根据《民法典》第711条、第716条、第722条、第730条的规定，出现下列情况出租人可以依法解除合同：

①承租人未按照约定的方法或者未根据租赁物的性质使用租赁物，致使租赁物受到损失的；

②承租人未经出租人同意转租的；

③承租人无正当理由未支付或者迟延支付租金的，出租人可以请求承租人在合理期限内支付，承租人逾期不支付的；

④不定期租赁。

依法成立的合同，受法律保护，双方当事人应当全面履行、诚信履行，即使出现解除合同的法定事由或约定事由，也不是想解除就能马上解除的。解除合同，需要经过一定的程序，《民法典》第565条规定："当事人一方依法主张解除合同的，应当通知对方。合同自通知到达对方时解除；通知载明债务人在一定期限内不履行债务则合同自动解除，债务人在该期限内未履行债务的，合同自通知载明的期限届满时解除。对方对解除合同有异议的，任何一方当事人均可以请求人民法院或者仲裁机构确认解除行为的效力。当事人一方未通知对方，直接以提起诉讼或者申请仲裁的方式依法主张解除合同，人民法院或者仲裁机构确认该主张的,合同自起诉状副本或者仲裁申请书副本送达对方时解除。”需要注意的是:(1)通知是法定的义务,没有通知不产生合同解除的法律效力;(2)通知必须是享有解除权的当事人发出,不享有解除权的当事人发出的解除通知不产生合同解除的法律效力;(3)如果不通知,起诉也能产生合同解除的法律效力,但前提是享有解除权并得到人民法院或仲裁机构的确认。

另外还需要注意的事项:(1)解除通知的形式法律没有规定,无论是书面形式还是口头形式,只要能证明对方确实收到了解除合同的通知即可。当然,往往因口头通知事后举证困难,最好采取书面形式的通知,并让对方签收,如果对方拒绝签收,可以采用邮寄方式通知,将解除通知邮寄到合同约定的送达地址,邮寄单上备注上“解除合同通知书”。(2)合同自解除通知到达对方时解除,不必征得对方同意即发生解除合同的效力,如果法律、行政法规规定解除合同应当办理批准、登记等手续的,依照其规定。(3)如果对方当事人有异议,可以请求人民法院或者仲裁机构确认解除合同的效力,解除权人应对产生合同解除权的原因和解除通知已经送达对方的事实承担相应的举证责任。

关于合同解除后的法律后果,根据《民法典》第566条的规定:合同解除后,尚未履行的,终止履行;已经履行的,根据履行情况和合同性质,当事人可以请求恢复原状或者采取其他补救措施,并有权请求赔偿损失。合同因违约解除的,解除权人可以请求违约方承担违约责任,但是当事人另有约定的除外。主合同解除后,担保人对债务人应当承担的民事责任仍应当承担担保责任,但是担保合同另有约定的除外。

案例20 单方解除权会因当事人怠于行使或主动放弃而消灭

——温岭市城东街道高园村等六村村民委员会与蔡某某、林某某、蔡某清、陈某某土地租赁合同纠纷案

【裁判要旨】

单方解除权会因当事人怠于行使或主动放弃的形式消灭。在行使约定解

除权条件具备后出具收据的行为，应当认定为对双方合同付款期限作出相应的变更，放弃了合同约定的解除权，愿意继续履行合同。

【案号】

(2015)台温民初字第897号

(2016)浙10民终2104号

(2017)浙民申1812号

【案情简介】

2006年1月23日，原告温岭市城东街道高园村等六村村民委员会(以下简称六村村委会)与案外人吴某某签订场地租赁协议书，约定该六原告将上述村留地出租给吴某某，租赁期限为2006年2月10日至2018年2月10日，约定了租金及支付方式，还约定了违约条款：若延期支付租金超过3日，收取日滞纳金为应付租金的5‰；若延期支付超过半个月的，视为吴某某违约，六原告有权按照本协议第7条第9款(在租赁期内，乙方中途自行退出经营，场地上的一切建筑设施均由甲方无偿接管，乙方不得拆带)处理。2008年10月20日，六原告、吴某某及四被告(蔡某某、林某某、蔡某清、陈某某)签订了场地租赁转让协议一份，约定吴某某将其原租赁协议的权利义务一并转让给四被告，土地租赁费由四被告共同支付给六原告。自2008年2月10日起，原合同相对人吴某某及四被告逾期向高园村支付租金共计15次，逾期天数共计1357天；逾期向山河村支付租金共计15次，逾期天数共计753天；逾期向林家村支付租金共计11次，逾期天数共计397天；被告逾期向汪家村支付租金共计15次，逾期天数共计1753天；被告逾期向前黄村支付租金共计13次，逾期天数共计665天；被告逾期向蔡家村支付租金共计15次，逾期天数共计1172天。原告六村村委会在收取被告吴某某支付的租金后，出具了收据。六村村委会向法院提起诉讼，要求解除合同。在原告起诉后，被告已经全额支付到期租金。

【裁判结论】

一审法院认为，原告的单方解除权会因当事人怠于行使或主动放弃的形式消灭。被告存在大量逾期支付租金超过半个月的行为，原告未能提供证据证明在起诉前已经向四被告表达拒绝继续履行合同的意思,并继续收取了下一期的租金,此前已发生的单方解除权当然消灭。原告在行使约定解除权条件具备后出具收据的行为,应当认定为对双方合同付款期限作出相应的变更,原告放弃了合同约定的解除权,并作出同意继续履行合同的意思表示。在原告起诉后,被告也已经全额支付到期租金,原告要求与被告解除场地租赁协议的诉讼请求不予支持。判决继续履行合同。

六村村委会不服一审判决,提起上诉。

二审法院认为,在合同履行过程中多次存在逾期支付租金超过半个月的行为,约定解除权条件曾多次成就,但没有提供证据证明逾期支付租金的时候曾通知解除合同,且在逾期支付后,上诉人还是多次接受了该逾期支付的租金并出具了相关的收据。可以认定是其放弃了合同约定的解除权,愿意继续履行合同。判决维持原判。

六村村委会依旧不服,申请再审。

再审法院认为申请再审的理由不成立,裁定驳回再审申请。

【律师评析】

《民法典》第564条第1款规定:“法律规定或者当事人约定解除权行使期限,期限届满当事人不行使的,该权利消灭。”在有法律规定或当事人约定的情况下,要按照法律规定或当事人约定的期限内行使解除权,过期作废。第564条第2款规定:“法律没有规定或者当事人没有约定解除权行使期限,自解除权人知道或者应当知道解除事由之日起一年内不行使,或者经对方催告后在合理期限内不行使的,该权利消灭。”既无法律规定也无当事人约定的情况下,解除权分两种情况行使:一是解除权人不知道解除事由的情况,自解除权人知道或者应当知道解除事由之日起一年内行使。此处的“知道或者应当知道”应理解为有证据表明权利人知道解除事由,或者根据一般规律推定权利人知道解除事由。二是对方催告后的情况,经相对人催告,权利人当然就知道了解除事由,应当在给出的合理期限内尽快作出决定,以免使合同关系处于不确定状态,给对方造成损失。超出了合理期限,解除权消灭。应当注意,该条中的“一年”为除斥期间,即无法定或约定的行使期限,则适用1年的除斥期间,自权利人知道或者应当知道权利产生之日起计算,不适用有关时效中止、中断和延长的规定。除斥期间届满,解除权权利消灭。

本案中,被告多次违约,约定的解除权多次成就,原告本应该及时提出异议,并通知对方解除合同,但原告没有作出解除合同的意思表示,反而是继续收取租金、出具收据,实质上默认了付款期限的变更,法院据此认定原告放弃了解除权。

【律师提醒】

在出现约定的合同解除事由后,如果决意要解除合同,应当及时通知对方,解除通知最好采用书面形式,解除通知要让对方签收或邮寄至合同约定的送达地址,并且要注意保存相关送达证据。

【法律依据】

《民法典》

第五百六十四条 法律规定或者当事人约定解除权行使期限,期限届满当事人不行使的,该权利消灭。

法律没有规定或者当事人没有约定解除权行使期限,自解除权人知道或者应当知道解除事由之日起一年内不行使,或者经对方催告后在合理期限内不行使的,该权利消灭。

案例21 因道路改造给生活和生产经营带来的不利影响,应当承担一定的容忍义务,不能以此为由单方解除合同

——黎某某与施某某房屋租赁合同纠纷案

【裁判要旨】

道路改造是改善交通运输条件,提升城市发展水平,促进经济发展的必然要求。因道路改造给生活和生产经营带来的不利影响,相关的主体应当承担一定的容忍义务,承租人不能以此为由单方解除合同。

【案号】

(2020)赣0803民初304号

(2020)赣08民终1664号

【案情简介】

2017年2月8日,原告黎某某与被告施某某签订《房屋租赁合同》,约定了租期、租金及支付方式。2018年7月8日,黎某某扩大生产经营与施某某又签订《房屋租赁协议》,约定了租期、租金及支付方式。协议签订后,黎某某依约交付涉案场地,施某某支付楼房、厂房租金。2018年6月28日,青原区丹青路改造工程项目指挥部发布通告:丹青路道路改造工程,工期约为6个月,预计2018年7月初开工,2018年12月30日完工。施工期间交警部门将根据施工进程,适时采取交通管制措施。2018年9月,相关部门下发通知:"案涉土地和房屋将由政府进行征收,计划于2019年1月31日前全面完成梅林工业园退园还城签约工作,凡在园区内租赁他人厂房从事生产经营的企业,请务必提前与出租人进行协商,尽早做好搬迁计划,以免经营受损……"2018年10月11日,相关部门在井冈山报刊登了《公告》。为此被告施某某于2018年11月搬离涉案租赁场地,并要求与原告解除租赁关系。因双方无法就合同解除及被告在搬迁中造成租赁场地的毁损等事宜达成一致意见,黎某某诉至法院,要求施某某支付租金、水电费,赔偿厂房维修损失等。

【裁判结论】

一审法院认为,涉案租赁场地已被政府部门纳入征收范围,被告作为经营者,应该认识到征收行为会对其生产经营产生巨大影响,其本应与原告合理协商或通过诉讼等途径解决双方的分歧,但在未与原告就合同解除达成一致意见的情况下擅自搬离租赁场地,且未与原告办理交接手续,导致本案纠纷发生,其具有一定过错,应承担相应的违约责任。一审判决施某某支付租金、水电费、厂房维修费。

黎某某和施某某均不服一审判决,提起上诉。

二审法院认为,道路改造是改善交通运输条件,提升城市发展水平,促进经济发展的必然要求。因道路改造给生活和生产经营带来的不利影响,相关的主体应当承担一定的容忍义务。施某某作为租赁房屋的使用人,对因道路改造给生产经营造成的不利影响,也应当承担一定的容忍义务,而不能以此为由单方解除合同。二审判决调整了租金、厂房修复费的金额。

【律师评析】

《民法典》第562条规定,当事人协商一致,可以解除合同。当事人可以约定一方解除合同的事由。解除合同的事由发生时,解除权人可以解除合同。该条是关于合同约定解除的规定,包含两层含义:第一层含义即第1款规定的协商解除,根据当事人意思自治原则,合同生效后、履行完毕前的整个过程中,只要当事人协商一致,就可以解除合同;未协商一致,就不能单方解除合同,否则,会构成违约。第二层含义即第2款规定的约定解除权,当事人可以约定合同解除的条件,在解除合同的条件出现时,享有解除权的当事人就可以单方行使解除权解除合同,无须再与对方当事人协商。第563条规定了合同法定解除的5种情形,法定解除只要符合该条列举的5种情形之一,享有解除权的当事人就可以解除合同。本案中,承租人以自己的擅自搬离行为表明不履行合同主要债务,构成违约,合同解除权在出租人一方。

我国《民法典》中的相邻关系制度也是以容忍义务为核心构建起来的。《民法典》第290条规定了用水、排水产生的相邻关系,第291条规定了通行产生的相邻关系,第292条规定了利用相邻土地建造、修缮或铺设管线产生的相邻关系,第293条规定了通风、采光和日照产生的相邻关系,第294条规定了污染物排放产生的相邻关系。从《民法典》物权编在多个条款提到有"提供必要的便利"的表述(第290~292条),以及"不得违反规定"或"不得危及安全"的表述(第293~295条)来看,这些都是相邻不动产权利人之间为他人不动产利用受到容忍义务限制的表现。从这些表述可知,《民法典》从容忍的范围和他人不得逾越的界限这两个正反的角度,将容忍义务作为相邻关系中权利行使边界的判断标准。不仅如此,《民法典》第288条对处理相邻关系的一般原则进行了规定:"不动产的相邻权利人应当按照有利生产、方便生活、团结互助、公平合理的原则，正确处理相邻关系。”其中的“团结互助”体现了协作原则，即相邻双方应当互相协作实现不动产利益。可以说，综观《民法典》物权编的相邻关系制度，从具体规范到一般原则，均反映出容忍义务的核心地位。[1]

本案中，因市政施工等公益工程影响到承租人生活，给承租人的生产经营造成经济损失时，承租人应当积极地与出租方协商要求减少租金，协商不成，可以通过诉讼方式要求减少租金，法院会根据损失大小、影响时间长短、关联性强弱等实际情况酌情予以支持。

【法律依据】

《民法典》

第五百六十三条　有下列情形之一的，当事人可以解除合同：

（一）因不可抗力致使不能实现合同目的；

（二）在履行期限届满前，当事人一方明确表示或者以自己的行为表明不履行主要债务；

（三）当事人一方迟延履行主要债务，经催告后在合理期限内仍未履行；

（四）当事人一方迟延履行债务或者有其他违约行为致使不能实现合同目的；

（五）法律规定的其他情形。

以持续履行的债务为内容的不定期合同，当事人可以随时解除合同，但是应当在合理期限之前通知对方。

案例22　违约行为尚不符合合同约定和法定的解除条件，双方仍应继续履行合同

——中拓国际经贸集团有限公司与北京清意成物业管理有限公司房屋租赁合同纠纷案

【裁判要旨】

违约行为未达到严重程度，尚不符合合同约定的解除条件，在具体考量是

〔1〕参见王利明：《论相邻关系中的容忍义务》，载《社会科学研究》2020年第4期。

否符合法定解除条件时应考虑违约程度的因素。既不符合双方合同关于解除条件的约定,也不属于法定解除权的情形,其通知解除的行为,不发生解除合同的效力,双方仍应继续履行合同。

【案号】

(2017)京03民初760号

(2019)京民终844号

【案情简介】

2017年3月3日,中拓国际经贸集团有限公司(以下简称中拓公司,甲方、出租人)与北京清意成物业管理有限公司(以下简称清意成公司,乙方、承租人)签订了《物业租赁合同》,约定:(1)租赁标的物为92号院35栋建筑和场地,租期10年。(2)乙方允许甲方无偿使用园区内的A3和A11两栋建筑,甲方同意乙方将其他租赁物业转租,除A11外,其他用于园区物业管理用房的5栋建筑由乙方用于物业管理及园区配套设施……(4)乙方在开始对承租物业进行装修前10日内,须向甲方提供装修设计所需的内部装修、设备安装及陈设的设计图和详细说明,供甲方备案。如涉及建筑主体结构的装修和改造供水、供电、供热系统,乙方需提前30日向甲方提供具有相应设计资质的设计单位的设计图纸,经甲方租赁物业原设计单位的书面确认,甲方书面同意后方可施工……(6)发生下列情形之一,甲方有权在乙方违约行为未于甲方书面通知后15日内改正的情况下,立即终止本合同:①乙方拖欠租金,并拖欠时间达30日以上;②未经甲方同意及有关部门批准,乙方擅自改变承租物业在本合同约定的使用用途……⑤乙方严重违反本合同第11条约定,未经甲方同意及有关部门批准,擅自违法装修给甲方造成重大损失。(7)如乙方未按本合同之约定交付租金,自逾期的第7个工作日起,每逾期一天应支付甲方相当于当年月租金2‰的滞纳金;符合21.1条情形时,甲方有权解除合同。双方还约定了其他事项。

2018年7月20日,朝阳区城管执法局向清意成公司发出《责令改正通知书》,要求其针对院内正在建设的钢架结构及其他停止建设。

2018年9月2日,中拓公司向清意成公司发送联系函,表示清意成公司存在未经批准改建、增建、私搭乱建行为，房屋装修亦未备案；合同约定由中拓公司自用的A3号（新A8－2）建筑已经被清意成公司出租给他人使用，无产权证房屋B9号（A7－4）由第三方使用，要求清意成公司停止建设、装修，收回A3号、B9号房屋。

同日，中拓公司向清意成公司发出《租金催缴函》要求清意成公司支付2017年6月15日至2018年2月的租金及迟延支付租金期间的滞纳金。2018年9月6日，中拓公司向清意成公司发出《解除物业管理委托的通知》，解除物业管理委托。2018年9月13日，清意成公司向中拓公司发送《回复函》，表示不同意中拓公司解除合同。清意成公司向法院提起诉讼，要求继续履行合同、赔偿损失等。中拓公司提出反诉请求，要求解除合同、赔偿损失等。

【裁判结论】

一审法院认为，关于约定解除权：(1)装修、改建未经报批是否构成合同解除条件成就问题，清意成公司存在违约情形，但结合案涉《物业租赁合同》，合同约定解除的条件为相关违约行为严重违反该合同第11条且给甲方造成重大损失，中拓公司提交的相关行政管理部门的行政公文仅有照片，真实性难以核实，其中究竟涉及92号院内哪栋建筑物、存在何种违法情形、具体发生时间均难以确认，且经一审法院与相关部门核实，亦无法进一步明确相关情况，综合全案而言，亦尚不构成给甲方造成严重损失的情形，故合同约定解除的条件尚未成就。(2)2018年7月13日之前，中拓公司并无证据证明其曾向清意成公司催缴租金。《物业租赁合同》约定的清意成公司于每月25日前支付下月租金的履行期限，清意成公司于2018年7月11日开始正常支付租金，并未达到案涉《物业租赁合同》约定的迟延支付租金达到30天的解除条件。(3)合同约定清意成公司应当为中拓公司无偿提供A3号、A11号楼供其使用，A3号房屋被出租，但清意成公司已经为中拓公司另行提供了A1号房屋，应当视为双方就合同具体履行方式协商一致予以变更，不能认定清意成公司违反合同约定。

关于法定解除权：承租人未经出租人同意转租的，出租人可以解除合同。案涉《物业租赁合同》租期长、租金高，当事人就合同履行投入了大量人力、物力,对于此类合同原则上应以保持稳定为宜;现双方履行合同仅一年有余,且涉及的B9号楼也仅占92号院总体面积的极小部分,仅以此就将案涉《物业租赁合同》整体一并解除,既有违公平原则,亦有违法律规制的经济性原则,故解除合同的主张不予支持。一审判决继续履行合同。

中拓公司不服一审判决,提起上诉。

二审法院认为,(1)关于清意成公司未经同意擅自装修、改建、扩建的行为,未满足《物业租赁合同》第21.1条约定的通知后15日内未予改正的条件,故中拓公司无权解除合同。(2)逾期支付租金的行为,中拓公司发出函件后,清意成公司在15日内即补缴了相应租金,不具备解除合同的条件。(3)清意成公司未经同意转租的违约行为及存在改变房屋使用用途的行为,均未满足《物业租赁合同》第21.1条约定的书面通知后15日内未予改正的条件,故中拓公司无权以此为由解除合同。(4)清意成公司存在变动建筑主体和承重结构以及扩建的行为且未予改正,因案涉承租标的物并非单一独立的房屋,而系由若干房屋及场地组成的大规模的园区,清意成公司尽管存在未经中拓公司允许加建房屋的行为,但该行为涉及的房屋面积相对于整体承租的标的物面积来说属于其中的一小部分,故在具体考量是否符合法定解除条件时应考虑违约程度的因素。本案不符合合同约定解除条件,中拓公司无权解除合同。二审判决维持一审判决。

【律师评析】

1. 违约

一般违约:是指合同成立后当事人一方不履行合同义务或者履行合同义务不符合约定。一般违约仅指合同一方当事人违反合同约定,但并不导致该合同目的不能实现,可以通过继续履行、采取补救措施或者赔偿损失等方式进行弥补;其构成要件:(1)存在违约行为;(2)不存在法定和约定的免责事由。一般违约,如果合同没有特别约定,不会产生合同解除的法律后果。

根本违约:从《民法典》第563条第4款的规定可知,根本违约就是当事人一方迟延履行债务或者有其他违约行为致使不能实现合同目的时,另一方当事人可以解除合同的制度。根本违约的构成要件：(1)存在违约行为；(2)该违约行为致使合同目的不能实现；(3)违约方在违约时对其违约行为的后果能够预见到将给对方当事人带来重大损害。根本违约在违约程度上更重，必须达到能使合同目的不能实现或不可期待的程度，守约一方当事人才可以解除合同。

2. 合同解除

约定解除权是按照当事人意思自治原则，在合同中自行约定解除的条件，只要不违反法律、行政法规的强制性规范，约定的条件成就时，解除权人就可以依据合同约定行使解除权解除合同。

法定解除权是法律直接规定解除合同的条件，无须当事人在合同中约定，在条件成就后，解除权人就可以直接援引法律的规定行使解除权解除合同。《民法典》第563条规定了5种法定的合同解除情形：(1)因不可抗力致使不能实现合同目的；(2)在履行期限届满前，当事人一方明确表示或者以自己的行为表明不履行主要债务；(3)当事人一方迟延履行主要债务，经催告后在合理期限内仍未履行；(4)当事人一方迟延履行债务或者有其他违约行为致使不能实现合同目的；(5)法律规定的其他情形。另外，如果是以持续履行的债务为内容的不定期合同，当事人可以随时解除合同，但是应当在合理期限之前通知对方，通知义务是法定的，解除合同的意思到达对方，合同解除；没有通知，不产生合同解除的效力。

民法领域遵循约定优先即当事人意思自治原则，当事人在法律允许的范围内，可以按照自己的意志从事民事活动，创设自己的权利和义务。因此，约定解除权和法定解除权可以并存，约定解除权可以对法定解除权作出具体的补充，也可以改变法定解除权的适用。

3. 非根本违约不能解除合同

如果违约行为未实质性影响守约方合法权益，则守约方不得据此解除合同。在益硕控股有限公司与中汇同创(北京)投资有限公司股权转让纠纷一案[1]中，最高人民法院认为，一方存在违约行为，守约方以此为由请求解除合同，人民法院应根据合同严守及诚实信用原则审查相关违约行为是否严重且影响守约方合同目的的实现，如违约行为未实质性影响守约方合法权益，则守约方不得据此解除合同。

综上，违约并不必然导致合同解除，只有达到了合同目的不能实现的程度，法律才赋予守约方解除合同的权利，并且在有些情况下解除合同对守约方是不利的，道理很简单，如果任何违约行为都能导致合同被解除，将会使守约方被迫接受对其不利的后果。因此，要严格把握合同解除的条件，只有在符合合同约定或法律规定的条件的情况下，才能解除合同；在不符合解除条件的情况下，即使发出解除通知，也不能产生合同解除的法律效力；相反，会构成违约。另外，在合同履行过程中，合同当事人之间还应当承担适度的容忍义务，有了适度的容忍、互谅互让，才能维系双方合作及经营活动的稳定性，保障合同的顺利履行。

【法律依据】

《民法典》

第五百七十七条　当事人一方不履行合同义务或者履行合同义务不符合约定的，应当承担继续履行、采取补救措施或者赔偿损失等违约责任。

案例23　不可抗力导致的损失由出租方和承租方共同分担

——尹某某与傅某某房屋租赁合同纠纷案

【裁判要旨】

新冠肺炎疫情导致公共卫生突发事件，系不可抗力；鉴于公平原则，不可抗力导致的损失由出租方和承租方共同分担。

【案号】

(2020)川0683民初446号

---

[1] 最高人民法院民事判决书，(2019)最高法民申6719号。

(2020)川06民终674号

【案情简介】

2015年3月10日,尹某某和傅某某签订《房屋租赁合同》,双方约定了房屋面积、年租金,合同期限为2015年3月10日至2020年3月10日(共5年)。同时还约定,尹某某承租房屋后对房屋自行进行装修,合同期满后,对房屋的装修不作任何补偿。合同签订后,尹某某使用该房屋进行餐饮与棋牌经营。2020年1月25日德阳市应对新冠肺炎疫情应急指挥部启动公共卫生事件一级响应,为防止交叉感染,自2020年1月25日起,停止一切餐饮、棋牌营业。2020年3月20日,德阳市应对新冠肺炎疫情应急指挥部发出第10号通告,全面恢复酒店、餐饮,在具有一定防控措施的前提下开放茶楼、棋牌室。2020年3月10日,租赁合同期限届满,尹某某、傅某某因续签合同未达成一致而发生纠纷。傅某某向一审法院提出诉讼请求,请求判令解除与尹某某之间的《房屋租赁合同》,腾出房屋;请求判令被告尹某某赔偿合同到期后拒不搬离产生的经济损失。

【裁判结论】

一审法院认为,新冠肺炎疫情导致公共卫生突发事件,系不可抗力。不可抗力导致被告在房屋租赁期间不能进行正常营业,原告、被告均不具有过错。公共卫生突发事件一级响应时间自2020年1月25日起,通告恢复餐饮、棋牌营业时间为2020年3月20日,该期间为56天。基于公平原则,不可抗力导致的损失由出租方和承租方共同分担。一审判决被告可在通告恢复营业起算延长28天,即2020年4月17日为归还房屋时间,该期限内原告不再收取房屋租金。

被告不服,提起上诉。

二审判决维持一审判决。

【律师评析】

1. 不可抗力

《民法典》第180条第2款规定:"不可抗力是不能预见、不能避免且不能克服的客观情况。"不可抗力主要包括自然灾害(如台风、洪水、泥石流、地震)、政府行为(如征收、征用)、社会异常事件(如战争、骚乱、罢工)三种情形。

2020年4月16日，最高人民法院印发《关于依法妥善审理涉新冠肺炎疫情民事案件若干问题的指导意见（一）》，要求依法准确适用不可抗力规则，严格把握适用条件。对于具体案件，要综合考量新冠肺炎疫情对不同地区、不同行业、不同案件的影响，准确把握疫情或者疫情防控措施与合同不能履行之间的因果关系和原因力大小，分别处理：（1）导致合同不能履行的，适用不可抗力的规定部分或者全部免除责任。（2）仅导致合同履行困难的，协调协商，继续履行合同，如一方请求变更合同履行期限、履行方式、价款数额等事项，法院可以视情况支持。（3）导致合同目的不能实现，当事人请求解除合同的，人民法院应予支持。

2020年5月15日，最高人民法院又发布《关于依法妥善审理涉新冠肺炎疫情民事案件若干问题的指导意见（二）》，第5条明确规定因新冠肺炎疫情导致承租人资金周转困难或营业收入明显减少，出租人以承租人没有按照约定的期限支付租金为由请求解除租赁合同，由承租人承担违约责任的，人民法院不予支持。为展览、会议、庙会等特定目的而预订的临时场地租赁合同，疫情或者疫情防控措施导致该活动取消，承租人请求解除租赁合同，返还预付款或者定金的，人民法院应予支持。第6条明确了承租人请求国企及行政事业单位按照国家有关政策免除一定期限内的租金的，人民法院应予支持。承租非国有房屋的承租人，可以参照有关租金减免的政策进行调解；调解不成的，根据公平原则变更合同。

2. 归责原则

《民法典》第180条第1款规定："因不可抗力不能履行民事义务的，不承担民事责任。法律另有规定的，依照其规定。"第590条规定："当事人一方因不可抗力不能履行合同的，根据不可抗力的影响，部分或者全部免除责任，但是法律另有规定的除外。因不可抗力不能履行合同的，应当及时通知对方，以减轻可能给对方造成的损失，并应当在合理期限内提供证明。当事人迟延履行后发生不可抗力的，不免除其违约责任。"这两条是关于不可抗力免责的规定。需要注意的是，发生不可抗力和履行合同障碍必须有因果关系，还要根据影响程度，才能部分或者全部免除责任，即不可抗力造成合同履行障碍范围内所对应的责任免除。如果当事人迟延履行后发生不可抗力，不可抗力与违约行为不具有因果关系，则不能免除其违约责任。

公平原则是民法的一项基本原则，它要求当事人在民事活动中应以社会正义、公平的观念指导自己的行为、平衡各方的利益，要求以社会正义、公平的观念处理当事人之间的纠纷。根据《关于依法妥善审理涉新冠肺炎疫情民事案件若干问题的指导意见（二）》第6条的规定，关于承租非国有房屋的承租人，可以参照有关租金减免的政策进行调解；调解不成的，根据公平原则变更合同。即租金减免政策只对国有房屋的出租人具有强制力，对非国有房屋的出租人没有强制力，只具有参照作用，结合实际情况适用公平原则平衡各方利益。

本案中，因新冠肺炎疫情这一不可抗力导致承租人不能营业56天，法院根据公平原则，损失由出租人和承租人共同承担，各承担28天的损失。

案例24 因业主收回房屋，承租人要求解除与次承租人的租赁合同，构成违约

——SC公司与HS公司、HSXY公司房屋租赁合同纠纷案

【裁判要旨】

当事人签订租赁合同时明知房产性质，对于相关政策可能的变更或变化应当有所预见，不属于情势变更。当事人一方由于第三人原因造成违约的，应当向对方承担违约责任。因上一手出租方收回房产而无法继续履行合同约定要求解除合同的，构成违约。

【案号】

（2019）粤0305民初4359号、4360号

（2019）粤03民终23435号、23436号

【案情简介】

2017年6月，HS公司、HSXY公司（甲方）分别与SC公司（乙方）签订了《仓储合同》，约定：进货入仓、提货出仓、库存管理均由甲方负责，乙方为甲方提

供所在库区货物的装卸服务;乙方提供的仓储区域,乙方拥有管理权,位于深圳市南山区××路物流中心,面积分别为900平方米和1000平方米;约定了租赁单价;租赁期限自2017年6月1日起至2018年11月20日止;费用每月结算一次,乙方于每月5日前提供上月费用结算清单给甲方核实;如不继续租用该仓库,乙方应当在仓库合同到期前两个月书面通知甲方,以便甲方即时安排;在本合同期限内,任何一方不能正常履行本合同,违约方应当赔偿另一方最少一个月租金,以弥补另一方因此造成的损失;双方还约定了其他内容。2018年8月17日,SC公司收到《解除租赁合同通知书》,内容为:SC公司承租的物业属于军队房地产,现因中央军委"军队和武警部队全面停止对外有偿服务"的重要战略决策,将对此物业收回,故限SC公司于2018年9月10日之前搬离。2018年8月18日,SC公司向HS公司出具仓储地点变更通知书,内容为:双方于2017年6月1日签订了《仓储合同》,约定SC公司提供物业给HS公司进行货物存储,现因中央军委"军队和武警部队全面停止对外有偿服务"的重要战略决策,将收回物业,SC公司的出租人已向SC公司发出解除合同通知书,明确提出将于2018年9月30日前收回该物业;现通知HS公司在2018年9月30日之前,SC公司将启用新的物业继续履行该合同,为HS公司提供仓储服务,请HS公司于2018年9月30日之前配合SC公司将物业内的物品进行转移。HS公司和HSXY公司不同意仓储点变更并诉至法院,请求SC公司支付违约金、退还押金等。

【裁判结论】

一审法院认为,签订租赁合同时明知涉案房产系军队房产,其对于相关政策可能的变更或变化应当有所预见,故本案情况不属于不可抗力,也不属于情势变更。《合同法》第121条规定:"当事人一方因第三人原因造成违约的,应当向对方承担违约责任。"本案中,SC公司因上一手出租方收回房产而无法继续履行合同约定要求解除合同,构成违约,应当向HS公司、HSXY公司承担违约责任。最后,HS公司、HSXY公司与SC公司并未在合同中约定出现因部队政策调整或部队收回房地产导致合同不能继续履行的免责条款,SC公司要求免责并无合同依据，故对于SC公司的抗辩理由一审法院不予采信。一审法院判决SC公司支付违约金，退还押金。

SC公司不服一审判决，以构成情势变更可以免责为由提起上诉。

二审法院认为，SC公司明确表示不能正常履行与HS公司及HSXY公司于2017年6月签订的《仓库租赁合同》。根据合同相对性原则，SC公司因业主方收回房产而无法正常履行合同约定，构成违约。二审判决驳回上诉，维持一审判决。

【律师评析】

《民法典》第465条规定："依法成立的合同，受法律保护。依法成立的合同，仅对当事人具有法律约束力，但是法律另有规定的除外。"该条是对依法成立的合同效力和合同相对性原则的规定。合同相对性原则包含3层含义：(1)主体相对性。"仅对当事人"限定了合同效力所及的主体范围，只对合同当事人产生约束力，不能为合同当事人之外的人设定强制履行合同的义务，除非法律另有规定。只有合同当事人一方才能够基于合同向另一方当事人提出请求或提起诉讼，而不能向与其没有合同关系的当事人之外的人提出合同上的请求及诉讼。(2)内容相对性。只有合同当事人才能享受合同所规定的权利、承担合同所规定的义务，除非法律另有规定。合同当事人以外的任何人都不能主张合同上的权利。(3)责任相对性。合同的内容是对当事人权利和义务的约定，不履行合同义务构成违约，就要承担相应的责任，合同内容的相对性决定了合同责任的相对性，违约责任也只能在具有合同关系的当事人之间发生，对合同关系以外的人，无约定，无责任。因此，根据合同相对性原则，业主方与SC公司解除合同的理由不能成为SC公司对HS公司、HSXY公司违约的抗辩理由。

本案中，中央军委印发《关于军队和武警部队全面停止有偿服务活动的通知》、开展相关工作发生在2016年3月，诉争当事人的租赁合同签订于2017年7月，情势变更原则要求合同成立后，合同的基础条件发生了当事人在订立合同时无法预见的、不属于商业风险的重大变化。从时间上看，明显不符合《民法典》第533条关于适用情势变更原则的时间条件。当事人签订租赁合同时就已经明知房产性质是军队房地产，对于相关政策可能的变更或变化应当有所预见，不属于情势变更。因此，一审中 SC 公司以上一手出租方收回房产而无法继续履行合同为抗辩，要求解除合同的理由不属于法定解除的情形。

根据《民法典》第 562 条的相关规定，当事人签订合同时经协议一致，可以约定一方解除合同的事由，在解除合同的事由发生后，解除权人可以解除合同。本案中，承租人与次承租人并没有在合同中约定因部队收回房产导致合同不能继续履行可以免责的条款，故 SC 公司提出解除合同并要求免责无合同依据。

【法律依据】

《民法典》

第四百六十五条 依法成立的合同，受法律保护。

依法成立的合同，仅对当事人具有法律约束力，但是法律另有规定的除外。

第五百九十三条 当事人一方因第三人的原因造成违约的，应当依法向对方承担违约责任。当事人一方和第三人之间的纠纷，依照法律规定或者按照约定处理。

三、装饰装修物和扩建物的归属与补偿

承租人按照自己的喜好和使用需要对租赁的房屋进行装饰装修成为普遍现象；尤其是商业用途的物业，承租人不仅需要做好基本的产品和服务，还要注重消费空间的颜值竞争、品味竞争、用户体验竞争上的设计规划，承租人往往会不惜重金打造全新的商业空间，装饰装修需要体现企业文化或经营理念，以吸引、迎合消费者。承租人在装修设计和使用中，还可能存在对租赁房屋的扩建行为。

如果房屋租赁合同无效、履行期限届满或者解除，承租人对租赁房屋的装饰装修及扩建部分的权属问题和补偿问题就会成为纠纷的争议焦点。下文分情况进行分析。

（一）扩建

1. 承租人未经出租人同意的扩建

《城镇房屋租赁解释》第 6 条规定："承租人擅自变动房屋建筑主体和承重

结构或者扩建,在出租人要求的合理期限内仍不予恢复原状,出租人请求解除合同并要求赔偿损失的,人民法院依照民法典第七百一十一条的规定处理。”这里的“擅自”就是未经出租人同意的意思。扩建不属于对房屋的正常使用,而是为了增加房屋的使用功能而对房屋进行的改造,应当征得出租人的同意。承租人擅自扩建又拒不恢复原状,是严重的违约行为,法律赋予出租人可以根据《民法典》第711条的规定解除合同的权利,如果扩建行为致使租赁房屋受到损失的,出租人还可以一并请求赔偿损失。

《城镇房屋租赁解释》第11条规定:“承租人未经出租人同意装饰装修或者扩建发生的费用,由承租人负担。出租人请求承租人恢复原状或者赔偿损失的,人民法院应予支持。”即承租人未经出租人同意而扩建是违约行为,根据过错责任原则,扩建发生的费用由承租人自己负担,并且还赋予出租人选择请求承租人恢复原状或者赔偿损失的权利。

2. 承租人经出租人同意的扩建

(1)双方对扩建费用的处理有约定的,按照当事人意思自治原则,从其约定。

(2)双方对扩建费用的处理没有约定的,分两种情形分别处理:

①办理合法建设手续的,扩建造价费用由出租人负担;

②未办理合法建设手续的,扩建造价费用由双方按照过错分担。

这里需要注意的是,“合法建设手续”指的是需要取得建设工程规划许可证;“扩建造价费用”指的是扩建时承租人实际支付的工程造价费用。承租人需要保存好扩建时的各项支出凭证,防止在发生争议时举证困难。

(3)承租人经出租人同意扩建,租赁合同被认定为无效,分两种情况分别处理:

①有约定的,可以参照约定处理;

②没有约定的,又可以分两种情况分别处理:

第一,出租人同意利用的,可以折价归出租人所有;

第二,出租人不同意利用的,按照双方的过错程度分担现值损失。

（二）装饰装修

承租人未经出租人同意而对租赁的房屋进行装饰装修，属于侵权行为，产生的损失由承租人自行承担，不能要求出租人对其装饰装修的投入损失进行补偿，出租人可以请求承租人恢复原状或者赔偿损失。

承租人经出租人同意装饰装修分不同情况进行处理：

1. 未形成附合的

（1）合同有效的情况下

①承租人经出租人同意装饰装修，租赁期间届满或者合同解除时，对未形成附合的装饰装修物按照双方的约定处理；

②承租人经出租人同意装饰装修，租赁期间届满或者合同解除时，未形成附合的装饰装修物，可由承租人拆除。因拆除造成房屋毁损的，承租人应当恢复原状。

（2）合同无效的情况下

①承租人经出租人同意装饰装修，出租人同意利用的，可以折价归出租人所有；

②承租人经出租人同意装饰装修，出租人不同意利用的，可由承租人拆除，因拆除造成房屋毁损的，承租人应当恢复原状。

2. 形成附合的

（1）合同有效的情况下

①承租人经出租人同意装饰装修，合同解除时，双方对已形成附合的装饰装修物的处理有约定的按照双方的约定处理；

②承租人经出租人同意装饰装修，合同解除时，双方对已形成附合的装饰装修物的处理没有约定的，人民法院按照下列情形分别处理：

A. 因出租人违约导致合同解除，承租人请求出租人赔偿剩余租赁期内装饰装修残值损失的，应予支持。

B. 因承租人违约导致合同解除，承租人请求出租人赔偿剩余租赁期内装饰装修残值损失的，不予支持。但出租人同意利用的，应在利用价值范围内予以适当补偿。

C. 因双方违约导致合同解除，剩余租赁期内的装饰装修残值损失，由双方根据各自的过错承担相应的责任。

D. 因不可归责于双方的事由导致合同解除的，剩余租赁期内的装饰装修残值损失，由双方按照公平原则分担。法律另有规定的，适用其规定。

(2)合同无效的情况下

①出租人同意利用的，可折价归出租人所有；

②出租人不同意利用的，由双方各自按照导致合同无效的过错分担现值损失。

需要注意的是，这里的“现值损失”是指已经形成附合的装饰装修物在房屋租赁合同被确认无效时尚存在的实际价值。房屋租赁合同无效，出租人和承租人关于房屋租赁的约定全部无效，包括租赁期限。在这种情况下，不能按照合同约定的租赁期限分摊装饰装修费用。在确认房屋租赁合同无效时，承租人可能已实际使用了租赁房屋，因此应当按照承租人已使用的时间对该装饰装修予以折旧。

还有一种特殊情况，就是合同约定的租赁期间届满后，合同被认定为无效，承租人能要求赔偿装饰装修损失吗？

有观点认为，房屋租赁合同租期届满但被认定为无效合同的，因承租人在装修投入时对租赁期限及期满后不续约的风险有预估，且承租人在租赁期间已享有全部装饰装修的利益，其租赁目的业已实现，故其装修投入不应再列入合同无效的损失范围。对于承租人以租赁合同无效而主张装饰装修损失的，一般不予支持。

笔者赞同这个观点，承租人已经在约定的租赁期间享用了装饰装修利益，成本已经摊销，合同目的已经实现，如果允许承租人再以合同无效为由要求出租人赔偿装饰装修损失，承租人将获得额外的利益，有违诚信原则和公平原则。除非显失公平，一般不补偿，那么在什么情况下会显失公平呢？比如，双方有较长意向租期，由于其他原因只签订较短租期的合同，承租人按照较长租期的使用标准进行装饰装修，较短的租期合同期满后被认定无效，如果不补偿承租人的装饰装修损失就会明显不公平。实践中，我们经常会遇到这样的合同，有的是因对未来租金价格升降幅度不确定，约定一个意向租期，合同一年一签，如此循环；有的是因出租人（此时是二房东）与业主有合同期的限制，出租人无法与承租人签较长期限合同，只能签订较短期限的合同，以便与业主的合同期限同步；还有的是因出租人的上级管理要求不能签长期合同，以短期合同连续签的方式规避，如本书案例33中双方签订的租赁合同就约定“因陈某某涉及建设资金投入，拟承租意向20年，每五年为一个租赁期”，如果陈某某按20年租期的标准建设投入，第一个租赁期满合同被认定无效，对陈某某的装饰装修损失不补偿显然是不公平的。

关于承租人对租赁的房屋实施的扩建和装饰装修在租赁期届满或者解除后以及合同被认定为无效等不同情况下的处理方法见表1－1。

表1－1　扩建和装饰装修在不同情况下的处理方法

名称	条　件					处理方法
扩建	未经同意扩建					合理期限内不恢复原状，出租人可以解除合同并要求赔偿损失
	经同意扩建		租赁合同有效	有约定		按约定处理
				无约定	办理了合法建设手续	扩建造价费用由出租人负担
					未办理合法建设手续	扩建造价费用由双方按照过错分担
			租赁合同无效	有约定		按约定处理
				无约定	出租人同意利用	可折价归出租人所有
					出租人不同意利用	按过错分担造价损失

续表

<table>
<tr><th>名称</th><th colspan="5">条　件</th><th>处理方法</th></tr>
<tr><td rowspan="15">装饰装修</td><td>未经同意装饰装修</td><td></td><td></td><td></td><td></td><td>承租人自行承担,出租人可以要求恢复原状或赔偿损失</td></tr>
<tr><td rowspan="14">经同意装饰装修</td><td rowspan="6">未形成附合</td><td rowspan="2">租赁合同有效</td><td>有约定</td><td></td><td>按约定处理</td></tr>
<tr><td>无约定</td><td></td><td>可由承租人拆除,因拆除造成房屋毁损的,应恢复原状</td></tr>
<tr><td rowspan="3">租赁合同无效</td><td>有约定</td><td></td><td>按约定处理</td></tr>
<tr><td rowspan="2">无约定</td><td>出租人同意利用</td><td>可折价归出租人所有</td></tr>
<tr><td>出租人不同意利用</td><td>可由承租人拆除,因拆除造成房屋毁损的,应恢复原状</td></tr>
<tr><td rowspan="1" style="display:none"></td></tr>
<tr><td rowspan="8">形成附合</td><td rowspan="5">租赁合同有效</td><td>有约定</td><td></td><td>按约定处理</td></tr>
<tr><td rowspan="4">无约定</td><td>出租人违约</td><td>赔偿出租人剩余租赁期内装饰装修残值损失</td></tr>
<tr><td>承租人违约</td><td>不赔偿出租人剩余租赁期内装饰装修残值损失,但出租人同意利用的,适当补偿</td></tr>
<tr><td>双方都违约</td><td>按各自过错承担</td></tr>
<tr><td>双方都无过错</td><td>按公平责任承担</td></tr>
<tr><td rowspan="3">租赁合同无效</td><td>有约定</td><td></td><td>按约定处理</td></tr>
<tr><td rowspan="2">无约定</td><td>出租人同意利用</td><td>可折价归出租人所有</td></tr>
<tr><td>出租人不同意利用</td><td>按过错分担现值损失</td></tr>
</table>

案例25 对已形成附合的装饰装修物实际利用的，视为同意利用，折价归出租人所有

——深圳市前进股份合作公司与林某城、林某勇房屋租赁合同纠纷案

【裁判要旨】

租赁合同被认定无效，对已形成附合的装饰装修物及设备，出租人没有证据证明拆除了装饰装修物及设备，房屋已对外出租且实际利用，视为出租人同意利用，应折价归出租人所有。

【案号】

(2021)粤0307民初8181号

【案情简介】

2016年1月18日深圳市前进股份合作公司（以下简称前进公司，原告（甲方）与第三人华南昌平公司（乙方）签订了一份《房屋租赁合同》，约定：(1)甲方将涉案物业出租给乙方，租期从2016年3月1日至2024年2月29日，2019年3月1日至2022年2月28日每月租金为11.5万元，每月10日前支付当月租金；(2)乙方知道甲方出租的房屋属于历史遗留问题，无法提供红本房屋产权证件。2020年3月30日，原告（甲方）与第三人华南昌平公司（乙方），两被告林某城、林某勇（丙方）签订了一份《关于新风南街71号物业租赁有关事项协议书》，约定：(1)乙方承租涉案物业后，将涉案物业交予丙方使用，丙方为涉案物业的实际使用人；(2)乙方拖欠甲方2019年7月至2020年3月租金共计1,040,000元；(3)2020年4月1日至2020年7月31日丙方代乙方履行租金交纳义务，每月15日前向甲方缴纳当月租金11.5万元，乙方应于2020年4月1日起至2020年7月31日止将拖欠的2019年7月至2020年3月租金1,040,000元支付给甲方，每月应付260,000元，最晚2020年7月31日付清全部拖欠租金；(4)如丙方按照上述第3项约定履行了义务，而乙方未能在2020年7月31日前支付全部拖欠租金，则甲乙双方签订的《房屋租赁合同》中乙方的权利义务自动转让给丙方，由丙方继续履行并缴纳相应租赁保证金给甲方，

乙方与丙方之间的协议自动解除且乙方将所收取的丙方的租赁保证金退还给丙方,乙方自愿无条件配合甲、丙方办理合同继续履行的相关手续。此后,甲方和丙方产生纠纷,甲方作为原告向法院诉请确认合同无效、支付拖欠的租金等。丙方作为两被告向法院提出反诉,请求确认合同无效,原告向两被告支付装修、设备损失等。原告和两被告确认自2020年8月1日起第三人华南昌平公司退出,由原告与两被告直接建立合同关系,并履行原来与华南昌平公司签订的《房屋租赁合同》。原告确认该物业未取得产权证书,也未取得建设工程规划许可证。法院委托资产评估公司对两被告主张的装修及设备价值进行了评估。

【裁判结论】

一审法院认为,涉案房屋未取得产权证书和建设工程规划许可证,原告和两被告均主张案涉《房屋租赁合同》及《关于新风南街71号物业租赁有关事项协议书》无效,符合法律规定。关于两被告主张的装修、设备损失:《城镇房屋租赁解释》第7条第2款规定:"已形成附合的装饰装修物,出租人同意利用的,可折价归出租人所有;不同意利用的,由双方各自按照导致合同无效的过错分担现值损失。"没有证据显示原告拆除了涉案房屋原来的装修和设备,且涉案房屋大部分面积已对外出租,原告已实际利用了涉案房屋装饰装修及设备,合同无效造成的装修和设备损失,应折价归原告所有。判决确认合同无效,原告补偿两被告装修和设备损失。

原告和两被告均未上诉,一审判决生效。

【律师评析】

当事人签订的《房屋租赁合同》中明确说明了案涉房屋属于历史遗留问题,无法提供红本房屋产权证件,根据《城镇房屋租赁解释》第2条的规定,出租人就未取得建设工程规划许可证的房屋,与承租人订立的租赁合同无效。

根据《城镇房屋租赁解释》的规定,对装饰装修损失在合同有效和合同无效两种不同情形下,分别采用残值损失(第9条第1~4项)和现值损失(第7条第2款)两种不同的认定标准。残值损失是指合同解除时,装饰装修的残余价值,残值损失法认定标准是根据该装饰装修的工程造价扣减房屋使用已经消耗掉的装饰装修价值进行认定。现值损失就是合同无效时装饰装修的现存价值,现存价值的认定可采用现存价值评估法确定,即对合同无效时现存装饰装修的价值进行工程造价鉴定。本案中,因合同无效,法院委托资产评估公司对两被告主张的装修和设备进行了现值评估,又因原告实际利用了装修和设备,可以视为同意利用,因此法院判决以评估价值补偿被告,所有权归原告所有。

法院审理租赁合同纠纷时,如果租赁合同被认定为无效,法院应当向承租人释明合同效力及相应法律后果,询问是否就装饰装修损失提出反诉请求,承租人坚持不反诉或只提出抗辩的,就装饰装修损失,法院不予处理,告知承租人可以另行起诉。如果法院没有向承租人进行释明并询问是否就装饰装修损失提出反诉请求,也就不会进一步查明涉案房屋的装饰装修情况,上级法院会以"基本事实认定不清"为由发回重审。[1] 另外,法院判决承租人腾退房屋的,也应当告知承租人可以就装饰装修物申请采取必要的证据保全措施以及相应的法律风险。

租赁合同无效,除有关解决争议方法的条款有效外,其他约定的租赁期限、违约责任、保证责任等统归无效。租赁合同无效的赔偿采用过错责任归责原则,违约方承担的是缔约过失责任,且以履行利益为限。租赁合同无效的损失赔偿范围仅限直接损失,如装饰装修费用损失、扩建费用损失等;而不包括间接损失,承租人要求赔偿搬迁费、停产停业补偿费、员工遣散费等诉求得不到法院支持。

【法律依据】

《城镇房屋租赁解释》

第二条 出租人就未取得建设工程规划许可证或者未按照建设工程规划许可证的规定建设的房屋,与承租人订立的租赁合同无效。但在一审法庭辩论终结前取得建设工程规划许可证或者经主管部门批准建设的,人民法院应当认

---

[1] 深圳市罗湖区 B 学校与深圳市 A 公司等租赁合同纠纷案,广东省深圳市中级人民法院民事裁定书,(2021)粤 03 民终 12641 号。

定有效。

第七条　承租人经出租人同意装饰装修，租赁合同无效时，未形成附合的装饰装修物，出租人同意利用的，可折价归出租人所有；不同意利用的，可由承租人拆除。因拆除造成房屋毁损的，承租人应当恢复原状。

已形成附合的装饰装修物，出租人同意利用的，可折价归出租人所有；不同意利用的，由双方各自按照导致合同无效的过错分担现值损失。

第四节　长租公寓

一、利好政策背景

2014 年年底，互联网领军人物之一的雷军投资 You +，掀起了资本进军公寓租赁市场的狂潮。各大品牌公寓依靠“融资—高价包租—快速扩张规模—再融资”的方式疯狂扩张。与此同时，国家也出台了一系列房屋租赁市场的利好政策。

2015 年首次提出购租并举的制度，租赁市场的发展开始受到极大关注。

2016 年 6 月 3 日，国务院办公厅印发《关于加快培育和发展住房租赁市场的若干意见》（国办发〔2016〕39 号），明确指出“实行购租并举，培育和发展住房租赁市场，实现住有所居”。积极支持租赁住房建设，允许将商业用房等按规定改建为租赁住房，允许将现有住房按照国家和地方的住宅设计规范改造后出租。同时也加大了政策支持力度，对依法登记备案的住房租赁企业、机构和个人，给予税收优惠政策支持。支持符合条件的住房租赁企业发行债券、不动产证券化产品，稳步推进房地产投资信托基金试点。

2017 年 7 月 10 日，广州市人民政府办公厅印发《广州市加快发展住房租赁市场工作方案的通知》（穗府办〔2017〕29 号），提出了中国住房租赁史上具有里程碑意义的措施——租购同权。租房人也能和业主一样，其子女享有同等就近入学的权利。

2017 年 7 月 18 日，住房和城乡建设部等九部门联合印发《关于在人口净流入的大中城市加快发展住房租赁市场的通知》(建房〔2017〕153 号)，明确指出，鼓励国有、民营的机构化、规模化住房租赁企业发展，鼓励房地产开发企业、经纪机构、物业服务企业设立子公司拓展住房租赁业务。加大对住房租赁企业的金融支持力度，拓宽直接融资渠道，支持发行企业债券、公司债券、非金融企业债务融资工具等公司信用类债券及资产支持证券，专门用于发展住房租赁业务。鼓励地方政府出台优惠政策，积极支持并推动发展房地产投资信托基金。支持金融机构创新针对住房租赁项目的金融产品和服务。

2017 年 10 月，党的十九大报告提出，坚持房子是用来住的、不是用来炒的定位，加快建立多主体供给、多渠道保障、租购并举的住房制度，让全体人民住有所居。

二、野蛮生长后“暴雷”

在政策的引领下，房屋租赁市场行市一片大好，自如、龙湖、万科、中骏、保利、碧桂园等企业纷纷进军长租公寓市场。多家金融机构也宣布进军住房租赁市场，建设银行深圳分行推出了其首创的个人住房租赁贷款产品“按居贷”。[1]

进入 2020 年，“盈利危机”在整个行业蔓延。无论是分散式的蛋壳公寓、青客公寓，还是集中式如湾流国际公寓，都陷入了现金流危机，行业备受打击。新冠肺炎疫情之下，行业恢复及招租难度增大，许多品牌公寓不得不宣告倒闭。

下文以蛋壳公寓为例，简单介绍长租公寓从成立到“暴雷”的过程。

2015 年 1 月，蛋壳公寓成立。蛋壳公寓是紫梧桐(北京)资产管理有限公司旗下的高端白领公寓品牌，该公司于 2015 年 1 月在北京成立。

2015 年蛋壳公寓获数百万元天使轮融资和数千万元 A 轮融资。

---

〔1〕 该产品面对符合条件、有长租需求的个人发放，贷款时间最长 10 年，单户最高额度 100 万元人民币，且利率低于购房贷款。参见张国栋:《“按居贷”意义大于争论》，载中国经济网，http://views.ce.cn/view/ent/201711/12/t20171112_26833625.shtml。

2017 年 6 月，蛋壳公寓获亿元 A + 轮融资。

2018 年 2 月，蛋壳公寓获 1 亿美元 B 轮融资，由华人文化产业投资基金、高榕资本联合领投，酉金资本、元璟资本、BAI 跟投，A + 轮投资方愉悦资本继续投资，易凯资本担任财务顾问。

自此，蛋壳公寓开启对房东"高收低租"、对租客"长收短付"的疯狂扩张模式。

2019 年 3 月，蛋壳公寓宣布完成 5 亿美元 C 轮融资，此轮融资由老虎环球基金（Tiger Global）、蚂蚁金服联合领投，春华资本跟投，同时，愉悦资本、CMC 资本、高榕资本等老股东继续跟投。此轮融资结束后，蛋壳公寓的估值已超过 20 亿美元。

2020 年 1 月 17 日，蛋壳公寓成功登陆美国纽交所。

2020 年 2 月，蛋壳公寓疑似出现资金链断裂，出现欠租。

2020 年 2 月，蛋壳公寓以新冠肺炎疫情为由强制房东们免租，却不给租户免租，深圳蛋壳公寓业主聚众维权。

2020 年 11 月，蛋壳公寓再次陷入资金链断裂风波，新华社发表的新华时评《绝不能让"割韭菜者"一跑了之》一文透露，2018 年至今（2020 年 11 月 30 日），长租公寓已陆续"暴雷"超过 170 家。[1]

三、长租公寓"暴雷"后的处理

长租公寓"暴雷"后，把租赁矛盾留给了房东和租客，业主收不到租金要求解除租赁合同、收回房屋；租户面临被强制退租且已交租金和押金无法退还的房钱两空局面，集体维权开始上演，严重影响到社会的和谐稳定。各地政府都高度重视，相继出台了一系列应对措施。

2020 年 11 月 17 日，深圳市住房和建设局发布的《关于切实规范住房租赁

---

〔1〕 参见郑钧天：《新华时评：绝不能让"割韭菜者"一跑了之》，载新华网 2020 年 11 月 30 日，https://baijiahao.baidu.com/s?id=1684790514192654762&wfr=spider&for=pc。

企业经营行为的紧急通知》对住房租赁企业提出了“十不准”:(1)不准无证经营、超范围经营;(2)不准发布虚假广告、虚假房源等不实信息;(3)不准从业人员私自承接住房租赁业务;(4)不准实施价格违法行为;(5)不准合同欺诈;(6)不准强制交易;(7)不准随意涨价、乱收费;(8)不准通过“高进低出”“长收短付”方式侵害权利人的合法权益;(9)不准违规采用“租金贷”;(10)不准违规驱逐承租人。将违规者纳入诚信系统,实施联合惩戒。

2020 年 11 月 24 日,深圳市住房和建设局发布的《关于做好蛋壳公寓租客稳定工作的紧急通知》,要求物业服务企业将涉及蛋壳公寓的租赁纠纷及不稳定因素主动上报街道办,为业主和租户搭建沟通协商平台,引导合法解决纠纷。对已与蛋壳公寓签订租赁合同、尚处租赁期内且已足额支付租金的租户,不得通过停水、停电、停气等方式驱赶,违者责令立即改正,并给予警告、罚款等行政处罚。

为化解矛盾,解决“租金贷”问题,在深圳市消费者委员会的支持和推动下,2020 年 12 月 4 日,深圳前海微众银行股份有限公司(以下简称微众银行)公告了该行与租客“租金贷”解决方案:租客与蛋壳公寓解除租赁合同后,可与微众银行签署《贷款抵偿协议》,将租客要求蛋壳公寓退款的权利转让给微众银行,以抵销租客在微众银行的未结清贷款,协议签署贷款即结清,租客无须再偿还贷款,相应款项由微众银行向蛋壳公寓追偿。同时给出自助办理贷款结清手续的操作指引,登录“微众银行租住消费贷款”公众号按提示操作即可。该方案使向微众银行申请过“租金贷”的租客,摆脱了被扫地出门还要继续还贷的悲惨局面。

2021 年 2 月 2 日,北京市住建委、市市场监管局、市金融局、市委网信办、北京银保监局联合印发《关于规范本市住房租赁企业经营活动的通知》,明确禁止“长收短付”,严控“租金贷”拨付对象,承租人申请的“租金贷”资金不得拨付给住房租赁企业,只能拨付给个人。

案例 26 法院立案后发现案件涉嫌犯罪的，应当驳回起诉

——胡某某与杭州青客公寓管理有限公司、上海青客公共租赁住房租赁经营管理股份有限公司房屋租赁合同纠纷案

【裁判要旨】

人民法院立案后，发现案件涉嫌犯罪，应当驳回起诉，并将有关线索、材料移送有关司法机关。杭州青客公司和上海青客公司的行为，均涉嫌诈骗等违法犯罪，应当将材料移送有关公安机关处理。

【案号】

（2020）浙 0109 民初 15321 号

【案情简介】

2019 年 7 月，胡某某与杭州青客公寓管理有限公司（以下简称杭州青客公司）签订了《住宿服务合同》，约定胡某某向杭州青客公司租赁位于杭州市萧山区的某房屋，租赁期限为 2018 年 7 月 18 日至 2020 年 9 月 30 日。合同签订后，胡某某支付押金 2718 元，并足额缴纳了租金。2020 年 3 月 17 日，胡某某被迫退房，杭州青客公司却一直未退还押金，胡某某诉至一审法院，要求被告退还押金并支付违约金等。

【裁判结论】

一审法院认为，人民法院立案后，发现案件涉嫌犯罪，应当驳回起诉，并将有关线索、材料移送有关司法机关。本院在受理本案胡某某与杭州青客公司、上海青客公司房屋租赁合同纠纷一案后，同时又受理张某某等起诉杭州青客公司房屋租赁合同纠纷多起。经查，杭州青客公司与萧山区江南国际城、丰润家园等小区的多名业主签订《房屋托管租赁合同》，之后将托管的房屋出租给各承租人。其间，部分承租人的房租系经过杭州青客公司的推荐，向上海华瑞银行和支付宝的网商贷贷款后一次性年付，租客每个月归还贷款，上述贷款及各承租人支付的房租全部进入上海青客公司的对公账户。2019 年年底开始，杭州青客公司开始不同程度地拖欠业主的房租，但是仍旧正常收取各承租人的房租；

之后，杭州青客公司又以新冠肺炎疫情影响、不可抗力为由要求业主无责解约，租客基本都是未到合同期被迫腾退，部分涉及贷款的租客因为杭州青客公司未能及时解除贷款，为了不影响征信，在腾退后仍旧被迫归还贷款。故向本院起诉要求杭州青客公司退还押金及多交的租金，部分涉及贷款的租客要求杭州青客公司退还多还的贷款并解除贷款合同；部分房东起诉要求杭州青客公司支付拖欠的房租并承担相应的违约责任。杭州青客公司和上海青客公司的上述行为，均涉嫌诈骗等违法犯罪，应当将材料移送有关公安机关处理。裁定驳回起诉。

【律师评析】

法院在审理经济纠纷案件中发现刑事犯罪应当如何处理呢？根据相关事实和法律关系，有下列两种处理方式：

一种是依据《民事诉讼法》第 153 条第 1 款第 5 项的规定，裁定中止诉讼，将有关材料移送公安机关或检察机关，等待刑事程序终结后再恢复诉讼。

另一种是依据最高人民法院《关于在审理经济纠纷案件中涉及经济犯罪嫌疑若干问题的规定》第 11 条的规定，裁定驳回起诉，将有关材料移送公安机关或检察机关。

两种处理方式，一个是中止诉讼，另一个是驳回起诉，两者有什么区别呢？关键是看该经济纠纷与经济犯罪案件是否为“同一法律事实”和“同一法律关系”。

如果该经济纠纷与经济犯罪案件不是同一法律事实也不是同一法律关系，分属于两种不同性质的案件，仅具有一定的关联关系，经济纠纷案件需要以经济犯罪案件的审理结果为依据的，适用第一种方式，裁定中止诉讼。如果没有关联关系，当然是继续审理。

如果该经济纠纷与经济犯罪案件是同一法律事实、同一法律关系，即最高人民法院《关于在审理经济纠纷案件中涉及经济犯罪嫌疑若干问题的规定》第 11 条所指的“不属经济纠纷案件而有经济犯罪嫌疑的”时候才应当裁定驳回起诉。从该条规定可以看出，该条所指的“经济纠纷案”并不是真正的经济纠纷案，而是用合法形式掩盖非法目的的经济犯罪案，因此应当遵循“先刑后民”原则，对以经济纠纷为由提起的民事诉讼，裁定驳回起诉。

本案中，青客公司采用“长收短付”的手段聚揽财富，尤其是已无力向房东支付租金明知要解约时，还在正常收取租客租金，诈骗意图明显，已经涉嫌诈骗等犯罪，需要刑事立案追究相关责任人的刑事责任。因此，法院适用“先刑后民”原则，裁定驳回起诉。

“先刑后民”原则指在民事诉讼活动中，发现涉嫌刑事犯罪的，应当在侦查机关将涉嫌刑事犯罪的事实查清后，由法院先对刑事犯罪进行审理，后就涉及的民事责任进行审理，或者由法院在审理刑事犯罪的同时，附带审理民事责任部分。强调民事诉讼要在刑事诉讼启动后才能进行，在此之前不应当单独就其中的民事责任进行审理判决。

采取“先刑后民”这一原则，是基于公权优于私权及效率优先，在司法实践中，公权所保护的社会利益并非总与被害人的利益一致，对社会利益的过分关注，可能导致对被害人的利益淡漠。强调“先刑后民”原则，在刑事追究迟迟不能启动，公权无法行使时，私权也无法请求救济，给被害人带来的是双重损失，即刑事追究与民事上赔偿的要求均无法实现。[1]

【法律依据】

《民事诉讼法》

第一百五十三条　有下列情形之一的，中止诉讼：

（一）一方当事人死亡，需要等待继承人表明是否参加诉讼的；

（二）一方当事人丧失诉讼行为能力，尚未确定法定代理人的；

（三）作为一方当事人的法人或者其他组织终止，尚未确定权利义务承受人的；

（四）一方当事人因不可抗拒的事由，不能参加诉讼的；

---

〔1〕参见陈训达：《“先刑后民”原则如何正当适用》，载中国法院网2010年9月25日，https://www.chinacourt.org/article/detail/2010/09/id/428900.shtml。

（五）本案必须以另一案的审理结果为依据，而另一案尚未审结的；

（六）其他应当中止诉讼的情形。

中止诉讼的原因消除后，恢复诉讼。

最高人民法院《关于在审理经济纠纷案件中涉及经济犯罪嫌疑若干问题的规定》

第十一条 人民法院作为经济纠纷受理的案件，经审理认为不属经济纠纷案件而有经济犯罪嫌疑的，应当裁定驳回起诉，将有关材料移送公安机关或检察机关。

案例27 合同提前解除，合同无约定，法院不支持赔偿免租期内的租金，但支持赔偿空置租金损失

——林某与杭州青客公寓管理有限公司房屋租赁合同纠纷案

【裁判要旨】

在没有明确约定的情况下，合同提前解除，出租人要求承租人赔偿免租期内的租金，无合同及法律依据，法院不予支持。对于出租人主张的空置租金损失，实际为承租人原因导致合同提前解除后的寻租期的租金损失，法院予以支持。

【案号】

（2020）浙0104民初3136号

【案情简介】

2018年6月10日，林某与杭州青客公寓管理有限公司（以下简称青客公司）签订了《房屋托管租赁合同》，约定林某将位于杭州市江干区碧桂园某房屋出租给青客公司，并约定了月租金及租赁期限，付三押零；起租日期为2018年10月9日，租金按月支付，于每月25日前青客公司将租金支付至林某账户；租赁期内房屋的空置风险由青客公司承担，房屋托管租赁后的租金和使用费标准由青客公司决定。同日，双方签订《补充协议一》一份，约定了解除房屋托管合同的条件。合同签订后，林某向青客公司交付了租赁房屋。青客公司自2020

年1月25日起逾期支付租金。林某多次联系青客公司催讨租金并于2020年2月24日向青客公司快递寄送催款函及解除合同通知书，该快递于2020年3月5日被退回，林某诉至法院，请求解除合同，要求青客公司赔偿免租期租金损失，赔偿空置租金损失等。

【裁判结论】

一审法院认为，被告逾期支付租金，经原告多次催讨后仍未支付，后原告于2020年2月24日向被告寄送催款函及解除合同通知书，该快递于2020年3月5日被退回，故2020年3月5日应视为案涉房屋托管租赁合同的法定解除之日。对于原告要求被告赔偿4个月免租期内租金的请求，无合同及法律依据，本院不予支持。对于原告主张的空置租金损失，实际为被告原因导致合同提前解除后的寻租期的租金损失，原告主张一个月租金损失，符合实际情况，本院予以支持。

【律师评析】

1. 房屋空置问题

在出现承租人提前退租的违约行为时，出租人就要另行出租，房屋空置会给出租人造成预期租金损失。房屋空置损失是出租人损失的一部分，赔偿损失需要举证证明，出租人要求承租人赔偿空置损失时，法院会综合考虑租赁合同解除的原因、过错程度、是否及时止损、合理的招租期、市场行情及双方利益平衡等因素认定是否支持、支持多少。

填平原则是民事赔偿的基本原则之一，即损失多少，赔偿多少。《民法典》第584条规定："当事人一方不履行合同义务或者履行合同义务不符合约定，造成对方损失的，损失赔偿额应当相当于因违约所造成的损失，包括合同履行后可以获得的利益；但是，不得超过违约一方订立合同时预见到或者应当预见到的因违约可能造成的损失。"条文中强调的"相当于"和"不得超过"就是填平原则的体现。因此，如果承租人已经承担的违约责任足以弥补出租人损失的，法院就不再支持空置损失赔偿的主张。另外，出租人负有防止损失扩大的义务，如果没有采取适当措施致使损失扩大的，不得就扩大的损失要求赔偿。根据司法实践,即使法院支持空置赔偿诉求,也最高不超过相当于 6 个月租金的赔偿金。本案中,合同履行了仅仅 1 年零 3 个月,而免租期长达 4 个月,并且没有提前解约免租期赔偿的约定,也没有押金,免租期赔偿没有合同和法律上的依据,无法得到支持,而空置赔偿是出租人损失的一部分,法院通过支持空置赔偿,让出租人的利益得到弥补,使双方当事人的利益不至于严重失衡。

为避免空置赔偿的不确定性风险及减少举证责任,出租人应尽量使用违约金条款,提高违约金比例,让违约金覆盖损失。出租人可以在合同中约定"承租人须向出租人支付相当于____个月租金的履约保证金",并约定履约保证金不予退还的情形,或者约定"承租人违约提前退租的,须向出租人支付相当于____个月租金的违约金"。

2. 免租期问题

需要装修的房屋一般都会有装修免租期的约定,装修免租期从几天到数月都很常见,如果没有任何约定,或者是简单地表述为"免租期____天(或月)",却没有规定承租人提前退租或违约的情况下,是否要补偿免租期租金,这就为后续纠纷解决埋下隐患。如果出租人给了承租人较长的免租期,承租人又在较短时间内就开始违约或提前退租,此时出租人索要免租期租金法院是不予支持的,但对于出租人来说,显然是不公平的。出租人可以在租赁合同中约定承租人违约或提前退租时,取消免租期优惠,以避免自己不必要的损失。本案中,双方签订的合同中没有约定免租期赔偿问题,出租人要求赔偿免租期租金的主张,就没有合同依据和法律依据,法院不予支持。

【律师建议】

签订房屋租赁合同时可以在合同中增加以下条款:

A. 免租期:____天,即自______年____月____日起至______年____月____日止。

B. 免租期内只免租金,不免水电费、管理费及其他费用,自房屋交付之日起计算。

C. 租赁期内,如承租方提前退租、存在违法行为或严重违约行为(含一般违约____次)，出租方有权取消承租方免租期待遇，承租方应当按照本合同约定的租金标准补交免租期租金。

总之，自长租公寓“暴雷”以来，受损最严重的就是租客，“钱房两空”，有的租客甚至流落街头。虽然后面政府采取了一系列措施化解了房东和租客之间的矛盾，但一定要吸取惨痛的教训，不要重蹈覆辙。再次提醒广大租客，租赁协议最好直接找房东签署，不要和第三方托管公司签署。如果只能和托管公司签署，也要尽量选择租金一月一付，不要一次性交纳整年租金。最好不要选择租金贷，因为托管公司在拿到这笔资金后的使用如果缺乏监管，则存在资金链断裂的风险。如果有托管公司以免收押金等优惠诱导你签署租金贷，你要果断地拒绝、投诉或举报。

【法律依据】

《民法典》

第五百六十六条　合同解除后，尚未履行的，终止履行；已经履行的，根据履行情况和合同性质，当事人可以请求恢复原状或者采取其他补救措施，并有权请求赔偿损失。

合同因违约解除的，解除权人可以请求违约方承担违约责任，但是当事人另有约定的除外。

第二章　军产房租赁合同纠纷

第一节　军产房概述

一、军产房的概念

1985 年 5 月 4 日，国务院、中央军委批转《关于军队从事生产经营和对外贸易的暂行规定》，要求军队生产经营和对外贸易，要严格遵守党和国家的政策、法令以及军队的有关规定，在保证完成军队各项任务的前提下，为军队建设服务，为国家现代化建设作贡献。[1] 军队对空余房地产进行开发经营活动就是在这样的背景下开始的。

国家政策允许军队经商时期，1990 年 4 月 20 日，由中央军委发布施行的《中国人民解放军房地产管理条例》规定了当时军队房地产开发经营的主要方式有：(1)利用空余房屋或者场地租赁；(2)办理空余房屋出售；(3)军用土地有偿转让、合作经营；(4)与地方换建及合资建房；(5)开办经济实体。1993 年 7 月 7 日，由财政部、国家土地管理局、中国人民解放军总后勤部[2]发布实施的《关于军队有偿转让空余军用土地有关问题的通知》(〔1993〕财综字第 159 号)规定了军队转让、出租土地使用权的具体形式包括以土地使用权为条件与地方合建、换建房屋，兴办合资合作企业，出售、出租地上建筑物、其他附着物等。

---

〔1〕《中国共产党大事记(1985 年)》，载中央政府门户网站，http://www.gov.cn/test/2007-09/04/content_736838_2.htm。

〔2〕2016 年 1 月 10 日中国人民解放军总后勤部改名为中国共产党中央军事委员会后勤保障部，下同。

1998年7月中共中央决定,军队和武警部队停止一切经商活动。在总结吸收了10年军队房地产管理改革的经验基础上,2000年6月26日中央军委发布《军产房管理条例》,标志着军队房地产法治化管理进入新的阶段。

《军产房管理条例》共9章55条,涵盖了军队房地产管理与保障的主要方面和基本环节。其中,第2条规定了军队房地产的范围,军队房地产是指依法由军队使用管理的土地及其地上地下用于营房保障的建筑物、构筑物、附属设施设备,以及其他附着物。第3条规定了军队房地产的权属,军队房地产的权属归中央军委,其土地使用权和建筑物、构筑物以及其他附着物的所有权,由总后勤部代表行使。第14条规定了军用土地转让实行许可证制度,经批准转让军用土地的军队单位,必须按照有关规定,申领军用土地转让许可证,并到当地县级以上地方人民政府办理土地转让手续。第22条规定了对空余营区的处置方式,空余营区必须优先保证军队内部调整利用;也可以按照有关规定采取储备看管、拆房用地、有偿转让、免租代管、计价移交或者国家和军队政策、法律法规允许的其他方式进行处置。第44条规定了有偿转让军队房地产(含合建、换建、兑换)由总后勤部审批。

《城镇驻军营房产权转移和房屋现状变更登记实施细则》第8条规定:"军队房屋产权属军委、总部,所有权性质属军产,'产权单位'填总后勤部。其营房变更登记委托住用单位(即产权管理单位)全权办理,使用住用单位印章,但必须按《中国人民解放军房地产管理条例》规定的房地产转移、变更批准权限,持有总后勤部或各军区、军兵种、国防科工委等大单位的批件。不符合上述规定的,产权转移无效,并不得进行营房变更登记。"该条对军队房屋变更登记中权属填写及所需审批手续等作了详细规定。

综上,狭义的军产房就是指军队享有房屋所有权的房屋,可以是军队自己建造的房屋,也可以是由部队提供用地、开发商出资建造的房屋,房屋产权属中央军委,所有权性质属军产,所有权由总后勤部代表行使,此类房屋的统称。

二、军队经商整顿

1985 年，国家出台政策允许军队经商、参与市场经济建设，以弥补国防经费不足，确实在一定程度上支援了地方经济建设、弥补了国防经费的不足，同时也暴露出许多问题，如安全问题、腐败问题。其中，大家熟知的两个事件，一个是魏则西事件，另一个是浙江省军区门口聚集事件，都严重影响了军队的形象。中共中央当然也意识到这些问题的严重性，从 1991 年开始逐步收缩经商范围。

1991 年，中央军委规定师（含）以下作战部队不准经营企业。

1993 年，中央军委决定军以下作战部队不准经商。

1996 年，中央军委决定进一步清理整顿全军的生产经营，剥离地方挂靠企业。

1998 年 3 月，中央军委又决定非作战部队也不再搞生产经营。

1998 年下半年，在全国范围集中开展打击走私活动，彻底调查、停止军队、武警部队的一切经商活动。

2009 年 11 月，解放军总参谋部[1]、总政治部[2]、总后勤部、总装备部[3]下发《关于加强军队单位对外有偿服务管理若干问题的意见》，严格控制范围和规模、改革完善对外有偿服务项目审批和监督管理、加强和完善经费收支管理、严格落实管理责任，成立全军对外有偿服务管理工作领导小组，协调建立军地共管工作机制。

2010 年 7 月，全军对外有偿服务管理工作会议在京召开，会议强调，“要进一步加强和规范军队对外有偿服务管理，按照压缩规模、控制范围、从严管理的要求，扎实推进对外有偿服务管理各项工作落实”。

---

〔1〕 2016 年 1 月 10 日中国人民解放军总参谋部、总政治部、总装备部改为中国共产党中央军事委员会联合参谋部、政治工作部、装备发展部，下同。

〔2〕 2016 年 1 月 10 日中国人民解放军总参谋部、总政治部、总装备部改为中国共产党中央军事委员会联合参谋部、政治工作部、装备发展部，下同。

〔3〕 2016 年 1 月 10 日中国人民解放军总参谋部、总政治部、总装备部改为中国共产党中央军事委员会联合参谋部、政治工作部、装备发展部，下同。

2015年1月，总政治部、总后勤部、军委纪委联合印发《关于进一步从严规范空余房地产租赁管理有关问题的通知》，要求全军依法加强空余房地产租赁管控，有效遏制违规违纪问题发生，严格管控租赁范围、租赁项目，要求停止各级机关军事行政区空余房地产租赁项目，停止军以下作战部队空余房地产租赁项目等。

2016年3月27日，中央军委印发《关于军队和武警部队全面停止有偿服务活动的通知》，中央军委计划用3年左右的时间，分步骤停止军队和武警部队一切有偿服务活动。自该通知下发之日起，所有单位一律不得新上项目、新签合同开展对外有偿服务活动，凡已到期的对外有偿服务合同不得再续签，能够协商解除军地合同协议的项目立即停止。

2017年3月，最高人民法院印发《关于做好为军队和武警部队全面停止有偿服务提供司法保障工作的通知》，要求各级法院要畅通立案绿色通道，及时受理和审查涉全面停止有偿服务纠纷案件；要加强办案力量，提高办案效率；裁判生效后，当事人申请强制执行的，要加大执行力度，尽快执结案件。

2017年10月，司法部印发《关于做好为军队和武警部队全面停止有偿服务提供法律服务工作的通知》，要求各省（区、市）司法厅（局）组织引导优秀律所和律师为部队停偿工作提供诉前法律咨询，代理因停偿工作引发的诉讼纠纷等。

2018年6月，中共中央办公厅、国务院办公厅、中央军委办公厅印发《关于深入推进军队全面停止有偿服务工作的指导意见》。

2019年7月12日，中共中央政治局常委、国务院副总理韩正在全面停止军队有偿服务工作总结表彰大会上宣布全面停止军队有偿服务任务基本完成，军队不从事经营活动的目标基本实现。

至此，军民之间直接的有偿服务关系基本结束。

但是，军队房地产在长达34年的生命周期里，必然会产生历史遗留问题，对一些复杂敏感项目，不可能简单地“一刀切”，需要变通执行。在2018年6月中共中央办公厅、国务院办公厅、中央军委办公厅印发的《关于深入推进军队全面停止有偿服务工作的指导意见》中就关注到了这一点，并给出了多种指导性处理意见。该指导意见明确指出，军队全面停止有偿服务后空余房地产、农副业生产用地、大型招待接待资产，全部由中央军委集中管理、统筹调控。对复杂敏感项目，区分不同情况，主要采取委托管理、资产置换、保障社会化等方式进行处理，国家和地方政府在政策上给予支持。对已融入驻地城市发展规划，直接影响社会经济发展和民生稳定，合同协议期限较长、承租户投资大，有潜在军事利用价值，确实难以关停收回的项目，可以实行委托管理。对独立坐落或者能够与在用营区相对分离，军事利用价值不高，已经形成事实转让的项目，由中央军委审批确定后，可以采取置换等方式处理。对部队营区内引进社会力量服务官兵工作、生活的房地产租赁项目，纳入保障社会化范围，规范准入条件、运行方式、优惠措施、经费管理等，更好地服务部队、惠及官兵。该指导意见中所指的委托管理，就是军方委托第三方代为管理军队资产，将原合同权利义务转移给第三方，军方退出原合同关系，由第三方变通执行原合同。

第二节　政策变化产生的法律后果

上文阐述了军队经商从逐步收紧到全面停止的发展历程，国家发布了各项规定，但对外有偿服务合同面临着不续签或提前终止的情形，势必会影响承租人的利益而产生纠纷。

一、管理政策调整不构成情势变更

案例28　管理政策调整不构成解除合同的条件

——中国人民解放军68307部队与张掖市润星生物科技有限公司土地租赁合同纠纷案

【裁判要旨】

军队相关政策发生了调整，只是为进一步加强军队空余房地产租赁管理，强化了安全管理，并未禁止军队利用空余房地产开展的租赁活动，以军队房地产租赁管理政策调整为由，主张解除合同条件已成就，法院不予支持。

【案号】

(2013)甘民初字第4067号

(2014)张中民终字第461号

(2015)甘民申字第220号

【案情简介】

2003年3月29日，原告中国人民解放军68307部队（以下简称68307部队）与被告张掖市润星生物科技有限公司（以下简称润星公司）签订土地承包合同一份，约定原告将其位于张掖市甘州区张大公路12千米处的部队农场土地3100亩及营房、建筑、果园等附属设施出租给被告经营使用，承包期限为2003年3月29日至2028年3月28日，承包费为每年20万元。2004年3月2日，原、被告签订补充合同一份，将承包土地变更为3490亩，对承包费进行了变更。2004年9月30日，原、被告签订土地承包补充合同，双方对抵押、转让等事项作出约定。合同签订后，原告依约将土地交付被告使用。2013年，因军队政策发生调整变化，原告68307部队根据《军队空余房地产租赁管理规定》、陆军第四十七集团军《关于切实抓好空余房地产管理使用问题整改的通知》及下发的四份传真电报，认为双方解除合同的条件已成就，要求解除合同，被告润星公司执意不肯，双方遂发生争议。2013年11月1日，68307部队以军队相关政策调整为由起诉到法院，要求解除双方签订的土地承包合同。

31674部队和润星公司的纠纷很曲折，分别以两种事由提起两场诉讼。在本案诉讼中31674部队以“军队内部管理规范调整”为由诉请解除合同，一审法院认为解除条件已成就，判决解除合同；二审法院法院认为不构成情势变更，解除条件未成就，改判合同继续履行；再审法院也认为解除条件未成就，支持了二审法院判决。在另案诉讼中31674部队以“国家军队政策重大调整”为由再次起诉解除合同，一审和二审法院根据中央军委《关于军队和武警部队全面停止有偿服务活动的通知》这一新情况，均认定构成情势变更，判决解除合同。现将整个过程梳理如下：

2003年3月29日，68307部队与润星公司签订土地承包合同，出租部队农场土地3100亩及营房、建筑、果园等附属设施。

2013年，68307军队内部管理规范发生调整变化。

2013年11月1日，68307部队起诉要求解除合同，张掖市甘州区人民法院作出（2013）甘民初字第4067号民事判决书，判决解除合同。

润星公司不服提起上诉，张掖市中级人民法院作出（2014）张中民终字第461号民事判决书，判决驳回了68307部队要求解除合同的诉讼请求。

68307部队不服判决，向甘肃省高级人民法院申请再审，2015年10月22日，甘肃省高级人民法院作出（2015）甘民申字第220号民事裁定书，裁定驳回68307部队的再审申请。

2016年，68307部队向甘肃省人民检察院申请监督，2017年4月17日甘肃省检察院作出甘检民（行）监（2016）62000000043号决定书，不支持监督申请。

本案法律程序结束，但在本案诉讼过程中，又出现新情况。

2015年1月17日，中国人民解放军总政治部、中国人民解放军总后勤部、中央军委纪律检查委员会联合下发《关于进一步从严规范空余房地产租赁管理有关问题的通知》，该通知规定严禁出租军以下作战部队的房地产，未按照规定批准的项目，2015年年底前全部停止。

2016年2月26日，中国共产党中央军事委员会下发《关于军队和武警部队全面停止有偿服务活动的通知》，该通知要求全面停止军队有偿服务活动。自此，轰轰烈烈的停偿工作强势启动。

2017年5月17日，68307部队认为国家军队政策发生重大调整变化，再次起诉要求解除合同。张掖市甘州区人民法院（2017）甘0702民初4955号判决书判决解除合同，返还土地及附属设施。

润星公司不服提起上诉。

2017年10月，张掖市中级人民法院（2017）甘07民终862号民事判决书判决驳回上诉，维持原判。

历时 4 年，31674 部队和润星公司之间的租赁合同纠纷终于尘埃落定。

【裁判结论】

一审法院认为，军队相关政策发生了调整，68307 部队与润星公司之间的土地租赁合同解除的条件已成就。判决解除合同。

润星公司不服一审判决，提起上诉。

二审法院认为，解除合同的条件未成就，判决驳回了 68307 部队要求解除合同的诉讼请求。

68307 部队不服二审判决，申请再审。

再审法院认为，军队相关政策发生了调整，只是为进一步加强军队空余房地产租赁管理，理顺军地业务关系，使其健康有序地发展，进一步完善了管理制度，调整了审批权限，改进了发证方式，强化了安全管理，并未禁止军队利用空余房地产开展的租赁活动，发挥空余房地产的资源效益，支援地方经济建设，弥补国防经费不足的积极作用。因此，认为双方解除合同的条件已成就的主张，法院不予支持。裁定驳回再审申请。

本案结束后，31674 部队以"国家军队政策重大调整"为由另案起诉，请求解除合同，一审和二审法院均认定中央军委《关于军队和武警部队全面停止有偿服务活动的通知》构成情势变更，判决解除合同。

【律师评析】

合同解除是指合同关系成立以后，在具备合同解除条件时，因当事人一方或双方的意思表示而使合同关系自始消灭或向将来消灭的一种行为。根据《民法典》第 562 条和第 563 条的规定，合同的解除可以分为约定解除和法定解除。简单地说，约定解除是当事人通过行使约定的解除权或者双方协商决定而进行的合同解除；法定解除是指根据法律规定而解除合同。《民法典》第 563 条规定了 5 种法定解除条件，法定的解除条件成就时，当事人可以直接行使解除权解除合同，无须征得对方当事人同意。

本案中，《军队空余房地产租赁管理规定》及陆军第四十七集团军《关于切实抓好空余房地产管理使用问题整改的通知》都是军队对空余房地产进行规范管理的内部文件，虽然和合同履行具有一定程度的关联性，但并不涉及法律、法规或政策的调整，单方的管理规范对相对方不具有约束力，内部的管理规定和整改通知不能上升为国家和军队政策、法规的重大调整，不会引起合同履行的客观情况发生重大变化，不构成情势变更。

从合同履行能力上，加强管理和问题整改，并未造成合同履行的客观不能，因此不能作为解除合同的事由。

根据《民法典》第 533 条的相关规定，合同成立后，合同的基础条件发生了当事人在订立合同时无法预见的、不属于商业风险的重大变化，构成情势变更，当事人协商不成的，可以诉请变更或者解除合同。因此，在另案诉讼中，一审和二审法院均认定中央军委下发《关于军队和武警部队全面停止有偿服务活动的通知》构成情势变更，判决解除合同。

本案诉讼和另案诉讼因 31674 部队以两种不同的事由诉请解除合同，得到两种不同的判决结果：本案诉讼中 31674 部队以“军队内部管理规范调整”为由诉请解除合同，因军队内部管理规范调整不构成情势变更，解除合同的条件未成就，法院判决继续履行合同；另案诉讼中 31674 部队以“国家军队政策调整”为由再次诉请解除合同，全面停止有尝服务的军队改革政策构成情势变更，解除合同的条件已成就，法院判决解除合同。

【法律依据】

《民法典》

第五百六十二条 当事人协商一致，可以解除合同。

当事人可以约定一方解除合同的事由。解除合同的事由发生时，解除权人可以解除合同。

二、停偿构成情势变更

案例 29 停偿构成情势变更，可以解除合同

——中国人民解放军 71345 部队与淄博市周村瑞丰丝绸厂土地租赁纠纷案

【裁判要旨】

中央军委下发的《关于军队和武警部队全面停止有偿服务活动的通知》构成《合同法解释(二)》第 26 条规定的“合同成立以后客观情况发生重大变化”的情形，法院判决解除合同。

【案号】

(2018)鲁 03 民初 35 号

(2018)鲁民终 636 号

(2018)最高法民申 5938 号

【案情简介】

2002 年 9 月 11 日，中国人民解放军 71345 部队(以下简称 71345 部队)与淄博市周村瑞丰丝绸厂(以下简称瑞丰丝绸厂)签订了一份《军队房地产租赁合同》，双方约定了将 71345 部队所属的土地、房屋及供电设备出租给瑞丰丝绸厂使用，租期 50 年，租赁费共计 60 万元等内容。合同签订当日一方交付租金，另一方交付租赁物，租赁合同实际履行。租赁合同履行期间，因中央军委印发《关于军队和武警部队全面停止有偿服务活动的通知》，2017 年 12 月 15 日 71345 部队向瑞丰丝绸厂、孙某某及次承租户发出停止租赁通知，述明：根据有关军队及武警部队全面停止有偿服务的政策要求，停止涉案营区对外租赁，解除租赁合同。瑞丰丝绸厂认为 71345 部队于 2003 年将诉争土地及地上附着物等转让给案外人瑞丰公司所有，双方早已不存在租赁关系，瑞丰丝绸厂拒绝了 71345 部队的要求。71345 部队诉至法院，请求解除合同，返还土地及房产等。

【裁判结论】

一审法院认为,71345部队与瑞丰丝绸厂签订的《军队房地产租赁合同》系双方真实意思表示,并未违反法律强制性规定,属于有效合同且已得到实际履行。现因中央军委印发《关于军队和武警部队全面停止有偿服务活动的通知》,本案《军队房地产租赁合同》的履行发生重大情形变更,已经不能继续履行,71345部队据此主张解除本案租赁合同具有事实和法律依据,法院予以支持。判决解除合同,瑞丰丝绸厂返还土地及房产。

瑞丰丝绸厂不服一审判决,提起上诉。

二审法院认为,中央军委印发《关于军队和武警部队全面停止有偿服务活动的通知》,本案《军队房地产租赁合同》的履行发生重大情形变更,已经无法继续履行。判决驳回上诉、维持原判。

瑞丰丝绸厂依旧不服,申请再审。

再审法院认为,涉案租赁合同在履行期间,因中央军委下发《关于军队和武警部队全面停止有偿服务活动的通知》而发生重大情形变更,无法继续履行,原判决解除涉案合同并要求瑞丰丝绸厂返还租赁物并无不当。驳回瑞丰丝绸厂的再审申请。

【律师评析】

《民法典》第533条规定:“合同成立后,合同的基础条件发生了当事人在订立合同时无法预见的、不属于商业风险的重大变化,继续履行合同对于当事人一方明显不公平的,受不利影响的当事人可以与对方重新协商;在合理期限内协商不成的,当事人可以请求人民法院或者仲裁机构变更或者解除合同。人民法院或者仲裁机构应当结合案件的实际情况,根据公平原则变更或者解除合同。”

由此可见,情势变更是指合同成立以后客观情况发生了当事人在订立合同时无法预见的、非不可抗力造成的不属于商业风险的重大变化。发生情势变更时,受不利影响的一方当事人请求人民法院变更或者解除合同的,人民法院应当根据公平原则,并结合案件的实际情况确定是否变更或者解除。“客观情况发生重大变化”源于情势变更原则,其立法本意在于发生订立合同时无法预见的重大变化时,应均衡双方利益,不至于显失公平,维护受不利影响一方当事人的利益。

军队停偿适用情势变更原则需要具备下列条件。

(1)情势变更的客观事实。自从军队经商以来,军队在一定程度上支援了地方经济建设、弥补了国防经费的不足,起到了一定的积极作用。随着时代的变化和经济发展,军队经商也暴露出各种弊端,中央军委果断作出决定,要求军队全面停止有偿服务。对于军民、军地合作项目而言,中央军委从允许军队开展有偿服务到要求军队全面停止有偿服务,合同订立时的客观情况确实发生了重大变化。

(2)情势变更发生在合同有效履行期内。军队依法以土地使用权为条件与地方合建、换建房屋,兴办合资合作企业,出售、出租地上建筑物、其他附着物,部分项目由于投资大,合同期限长,在中央军委印发《关于军队和武警部队全面停止有偿服务活动的通知》时,许多合同还处于有效履行期内。

(3)情势变更的发生不可预见,不可归责于双方当事人。中央军委印发《关于军队和武警部队全面停止有偿服务活动的通知》,要求全面停止有偿服务,是全军范围内管理政策的重大变化,下级单位订立合同时是无法预见到的,主观上不存在故意或重大过失。

(4)继续履行合同显失公平。民法学家梁慧星教授认为显失公平应依一般人看法,包括债务人履行困难和债权人受领不足及其履行对债权人无利益。军队全面停止有偿服务,收回土地和物业的使用权,造成租赁合同中出租人履行不能。在合同履行基础丧失的情况下,如果要求继续履行合同,对承租人来说是不公平的,不仅不能获得利益,甚至还会造成重大损失。

发生情势变更时,受不利影响一方有两种处理方法:一种是协商解决;另一种是请求法院或仲裁机构变更或解除合同。本案中显然是协商不成,71345部队只能以情势变更为由请求法院解除合同,有充分的法律依据。但法院在依据情势变更解除合同的同时,也应当对合同各方利益予以保护,做到不偏不倚、公平合理。71345部队以情势变更为由单方面解除合同,虽然不必承担违约责任,但对于因合同不能继续履行而造成地方企业或个人一方损失的,应当作出适当补偿,达到公平公正的效果。

【法律依据】

《民法典》

第五百三十三条 合同成立后,合同的基础条件发生了当事人在订立合同时无法预见的、不属于商业风险的重大变化,继续履行合同对于当事人一方明显不公平的,受不利影响的当事人可以与对方重新协商;在合理期限内协商不成的,当事人可以请求人民法院或者仲裁机构变更或者解除合同。

人民法院或者仲裁机构应当结合案件的实际情况,根据公平原则变更或者解除合同。

第三节 合同解除或到期后的补偿问题

实务中,房屋租赁合同解除或到期后,往往会出现解约问题、装饰装修补偿问题、扩建自建补偿问题等引发的诉讼纠纷。

《民法典》第733条规定:“租赁期限届满,承租人应当返还租赁物。返还的租赁物应当符合按照约定或者根据租赁物的性质使用后的状态。”因此,租赁合同终止后,承租人应当腾退,这是承租人的主要义务。无论是租赁房屋、租赁土地,还是租赁土地之上的自建房屋,在租赁合同终止后,承租人均无权继续占有。如果承租方经催告后在合理的期限内拒不搬离,出租方可以依据《民法典》第236条“妨害物权或者可能妨害物权的,权利人可以请求排除妨害或者消除危险”之规定诉请承租人腾退。承租人既不是土地的使用权人,也不是房屋的所有权人,因此实践中租赁期满后部队要求腾退的诉讼请求基本都会得到法院的支持。

下面我们探讨部队腾退活动是否需要对承租人自建房屋进行补偿的问题。

由于存在较大的争议，全国各地的判决结果也存在较大差异，本书通过一些典型的案例，归纳梳理出在不同情况下的一般裁判规律，为读者提供参考。

一、有约定情况下的补偿问题

《民法典》第5条规定："民事主体从事民事活动，应当遵循自愿原则，按照自己的意思设立、变更、终止民事法律关系。"可见法律尊重当事人的意思自治。因此，对于承租人是否可以自建、对自建房屋的处理、自建房屋的补偿有约定的从约定，只要不违反法律、不违背公序良俗，都是有效的。对当事人明确约定不补偿的，法院一般会认定不补偿，但有例外，根据具体情况，若不补偿明显显失公平的，则应当适当补偿。

案例30 未经同意自建房屋，约定不补偿的就不补偿

——中国人民解放军73202部队与程某土地租赁纠纷案

【裁判要旨】

承租人未经出租人同意而自建房屋，合同约定权属归出租人所有，租赁期满后或者解除合同时无偿移交给出租人，承租人要求补偿的请求法院不予支持。

【案号】

(2017)苏0706民初7431号

(2018)苏07民终1029号

(2018)苏民申5323号

【案情简介】

1989年中国人民解放军73202部队（以下简称73202部队）取得涉案租赁场地使用权，2014年6月25日73202部队（甲方）与程某（乙方）签订了《军队房地产租赁合同》（以下简称合同），合同约定：甲方自愿将某新村路房屋560平方米、场地4200平方米出租给乙方使用，租赁用途为钢模板；租赁期限自2014

年1月1日起至2014年12月31日止。合同第8条约定:“……(三)在租赁期内,乙方不得对所承租的房屋进行影响使用安全的改造、装修或者增扩固定设施,在不影响使用安全的前提下,确需进行改造、装修或者增扩固定设施的,必须征得甲方书面同意,费用自理,权属归甲方所有,租赁期满后或者解除合同时,必须无偿移交给甲方;不得擅自在承租的场地上新建和添建各种建筑物、构筑物,确实需要新建和添建的,必须向甲方提供建设方案,在甲方按规定报经军队主管部门批准并由甲方出具书面同意书后实施,费用由乙方自理,权属归甲方所有,租赁期满后或者解除合同时,必须无偿移交给甲方。”租赁合同存续期间,程某在租赁场地经营钢模板,已足额交纳租金。租赁合同期满后,73202部队不愿继续出租并拒收租金,于2016年3月发出停止租赁通知书,但程某一直占用租赁场地,此后双方又因停水停电发生纠纷,73202部队诉至法院,请求判令程某搬离租赁场地、拆除违建,支付场地占有使用费等。

【裁判结论】

一审法院认为,合同第8条第3项明确约定不得擅自在承租的场地上新建和添建各种建筑物、构筑物,确实需要新建和添建的,必须向部队提供建设方案,经军队主管部门批准并由部队出具书面同意书后实施,权属归部队所有,租赁期满后或者解除合同时无偿移交给部队。程某未举证证明自建房屋经过部队同意,且按上述约定租赁期满后权属归部队所有,故程某要求给予补偿缺乏依据,不予支持。一审判决程某搬离场地,支付占有使用费。

程某不服一审判决,提起上诉。

二审法院认为,程某的上诉请求及理由均不能成立,判决驳回上诉,维持原判。

再审法院认为,因案涉租赁合同是当事人真实意思表示,意思明确,没有理解上的歧义。程某主张应对该条款作出有利于其解释的理由不能成立。裁定驳回程某的再审申请。

【律师评析】

真实意思表示是有效民事法律行为的必备条件之一,也就是我国民法基本原则中的自愿原则,民事主体在法律允许的范围内有完全的意志自由,可以根据自己的意愿参加民事活动，作出民事行为，并自主地决定民事法律行为的形式与内容。

本案中，双方当事人签订并履行合同两年多时间，对合同内容并无异议，可以认为合同内容是双方当事人的真实意思表示。根据《民法典》第142条的规定，有相对人的意思表示的解释，应当按照所使用的词句，结合相关条款、行为的性质和目的、习惯以及诚信原则，确定意思表示的含义。双方所签合同第8条的约定是明确的，也不存在欺诈、胁迫、乘人之危及重大误解等情形。根据《民法典》第509条的相关规定，合同当事人应当按照约定全面履行自己的义务。因此，双方签订的合同合法有效，应当诚信履行、全面履行。

程某存在违约行为，按照合同约定，自建房屋应当经过部队同意后方可进行，而程某未能举证证明自建房屋经过部队同意，对自建房屋的损失存在过错，应当自担损失。

根据《民法典》第733条的相关规定，租赁期限届满后，承租人应当返还租赁物，这也是合同期满后承租人的主要义务，除非租赁物已经毁损、灭失而导致承租人无法返还租赁物。此外，返还的租赁物还应当符合按照约定或者根据租赁物的性质使用后的状态。也就是合同有约定的，要按照约定的状态返还；没有约定的，要按照符合承租人正常使用收益后的合理损耗状态返还。程某租赁的是土地使用权，并且在租赁的土地上进行了新建，租赁期满后，因双方有明确的约定，故应当按照双方的合同约定对地上建筑物进行处理。

根据约定优先适用原则，当事人在合同中对相关事项有约定的，要从约定，本案中，合同明确约定了“费用由乙方自理，权属归甲方所有，租赁期满后或者解除合同时，必须无偿移交给甲方”，程某要求部队补偿的请求与合同约定不符，缺乏合同依据和法律依据，法院不予支持。

【法律依据】

《民法典》

第一百四十三条　具备下列条件的民事法律行为有效：

（一）行为人具有相应的民事行为能力；

（二）意思表示真实；

（三）不违反法律、行政法规的强制性规定，不违背公序良俗。

《城镇房屋租赁解释》

第十三条 房屋租赁合同无效、履行期限届满或者解除，出租人请求负有腾房义务的次承租人支付逾期腾房占有使用费的，人民法院应予支持。

案例31 经同意自建房屋，约定不补偿的就不补偿

——空军大连房管处与金某某土地租赁纠纷案

【裁判要旨】

承租人经出租人同意而自建房屋，合同约定权属归出租人所有，租赁期满后或者解除合同时，必须完好地无偿移交给出租人，法院认定不补偿。

【案号】

（2017）辽0213民初5410号

（2018）辽02民终4772号

【案情简介】

2014年7月空军大连房管处与金某某签署了《军队房地产租赁合同》，第1条约定"甲方（空军大连房管处）自愿将位于某村场地面积5500平方米出租给乙方（金某某）使用"；第2条约定"租赁用途：机械加工"；第3条、第4条约定了租赁期限及年租金；第8条约定："租赁期内，乙方应当履行下列义务：……（三）不得擅自在承租的场地上新建和添建各种建筑物、构筑物，确实需要新建和添建的，必须向甲方提供建设方案，在甲方按规定报经军队主管部门批准并由甲方出具书面同意书后实施，费用由乙方自理，权属归甲方所有，租赁期满后或者解除合同时，必须完好地无偿移交给甲方。"

《军队房地产租赁合同》约定的租赁期届满后，原告、被告双方在原合同的基础上增加附加条款，附加条款约定："乙方租赁场地面积5500平方米，租期为2013年11月1日至2016年11月1日，现合同已到期，根据军委全面停止有偿

服务活动有关精神,双方暂时不能续签租赁合同,考虑乙方短期内难以搬迁的实际困难,乙方同意参照2016年度周边项目租金标准及2015年租赁整改时经评估的租金标准,以18元/平方米向甲方缴纳场地实际占用费99,000元,延续使用场地至2017年11月1日。乙方投资自建的6560平方米房屋,合同到期后无偿归甲方所有。”约定的租赁期届满后,金某某继续占有租赁场地。空军大连房管处诉至法院,请求判令金某某腾退土地及房屋、支付占有使用费。金某某提起反诉,请求确认租赁合同无效,赔偿地上建筑物的损失。

【裁判结论】

一审法院认为,双方在合同中约定金某某在承租的场地上新建和添建各种建筑物、构筑物,租赁期满后或者解除合同时,应当完好无损地无偿移交给空军大连房管处,又在合同附加条款中明确金某某投资自建的房屋,合同到期后无偿归空军大连房管处所有,故金某某要求空军大连房管处赔偿其地上建筑物损失的诉讼请求,无事实及法律依据,不予支持。

金某某认为其修建的房屋应归其所有,不服一审判决,提起上诉。

二审法院认为,双方明确约定金某某投资自建的6560平方米房屋,合同到期后无偿归空军大连房管处所有。二审判决驳回上诉,维持原判。

【律师评析】

合同的履行是实现合同目的的关键所在,在合同履行过程中,合同的当事人应当依照全面履行原则和诚实信用原则行使权利、履行义务。《民法典》第509条第1款是全面履行原则的规定:“当事人应当按照约定全面履行自己的义务。”全面履行原则要求当事人按合同约定的标的及其质量、数量、履行期限、履行地点、适当的履行方式,全面完成合同约定的义务。第2款是诚实信用原则的规定:“当事人应当遵循诚信原则,根据合同的性质、目的和交易习惯履行通知、协助、保密等义务。”诚实信用原则要求人们在市场活动中应当以善意的心理状态履行合同,诚实守信,恪守诺言,诚实不欺,善意地行使权利、履行义务,严格履行合同,不得擅自变更或解除合同,在不损害他人利益和社会公共利益的前提下追求自己的利益。此外,还应当履行基于诚实信用产生的随附义务,如通知、协助、保密等义务。本案中，合同期满后空军大连房管处明确告知金某某，因中央军委印发《关于军队和武警部队全面停止有偿服务活动的通知》，故不能续约，但还是考虑到金某某短期内搬迁困难，允许金某某延续使用场地至2017年11月1日，双方明确约定金某某自建的建筑物在合同到期后无偿归空军大连房管处所有。到期后金某某继续占有场地，并要求空军大连房管处赔偿建筑物损失，很明显违反了全面履行原则和诚实信用原则。

约定优先原则是指当事人在不违反法律强制性规定的情况下，可以自由订立合同处分自己的权利。在合同中，有约定的，按约定处理，没有约定或者约定不明确的，才由法律进行认定和调整。

本案中，无论是合同第8条，还是附加条款，都约定了自建房屋的费用由金某某自理，合同到期后无偿归空军大连房管处所有。根据全面履行原则、诚实信用原则、约定优先原则，金某某应当按照合同的约定按时腾退土地、移交房屋，要求对自建房屋损失进行赔偿的诉求，既没有合同依据，也无法律依据，自然得不到法院支持。

【法律依据】

《民法典》

第五百零九条 当事人应当按照约定全面履行自己的义务。

当事人应当遵循诚信原则，根据合同的性质、目的和交易习惯履行通知、协助、保密等义务。

当事人在履行合同过程中，应当避免浪费资源、污染环境和破坏生态。

案例32 经同意自建房屋，租赁合同约定不补偿，不存在显失公平的，不补偿

——三亚龙兴实业有限公司与中国人民解放军92810部队租赁合同纠纷案

【裁判要旨】

承租人经出租人同意添建建筑物，双方约定合同期满或者解除合同时，新

添建建筑物完好无偿地移交出租人。承租人已享受到投资建设建筑物而产生的利益，未出现利益上的显失公平，法院认定不补偿。

【案号】

(2018)琼0271民初5141号

(2018)琼02民终1700号

【案情简介】

1983年南航海口机场扩建，三亚龙兴实业有限公司(以下简称龙兴公司)法定代表人吴某荣受托逐家逐户做工作，并协调当时的各大队和生产队，妥善解决了海口机场扩建中与村民的用地纠纷，帮助海口机场收回了被村民侵占的200多亩土地，保障了海口机场扩建工作的顺利完成。2003年年末，南航部队领导要求吴某荣出面收回三亚机场被村民占用埋坟、建房、开店等的一块约4亩军用三角土地，2004年5月南航部队收回了该地(经测量准确面积为2709.26平方米，合4.06亩)。2004年9月2日海军海口房管处函复龙兴公司，同意龙兴公司建设围墙及办公用房等生活设施，守住土地以防再被侵占流失。龙兴公司立即投资600余万元清理地面，开始新建酒店办公用房及员工宿舍等，2005年获得三亚市规划局三亚建设字〔2005〕59号批复。2005年12月海军南海舰队航空兵后勤部(以下简称南航后勤部)委托评估机构对收回的三角土地进行了评估，4.06亩土地估值为420.5万元，并以该估值作为办理军转民价格的依据，于2006年11月23日请示海军后勤部对外转让。2008年龙兴公司追加投资800余万元建成望海楼酒店。龙兴公司用地期间，按南航部队要求先与南航部队一年一签《军队房地产租赁合同》，向南航部队交租金。龙兴公司、中国人民解放军92810部队(以下简称92810部队)签订《军队房地产委托经营管理协议书》，约定：92810部队将位于三亚市三亚湾路金海酒店路口的房屋、场地租给龙兴公司进行使用管理；龙兴公司不得擅自在受托场地新建和添建各种建筑、构筑物，确实需要新建和添建的，必须向甲方(92810部队)提供建设方案，在甲方按规定报经军队管理部门批准并由甲方出具书面意见后实施，费用由乙方(龙兴公司)承担，权属归甲方所有，委托管理期满或者解除协议时，必须完好无偿地移交给甲方。委托管理期限自2014年8月18日起至2015年8月18日止。2015年8月5日，龙兴公司、92810部队签订《终止合同协议书》，约定上述委托经营协议于2015年8月18日解除。后国家军改，要求军队全面停止有偿服务，并且必须在2018年4月30日全面强制关停有偿服务项目。双方协商，龙兴公司先关停撤离，将资产移交92810部队，然后通过司法程序解决赔偿问题。2018年4月16日，龙兴公司与92810部队签署《搬离腾退协议》，约定在2018年4月20日92810部队先行进驻，龙兴公司腾退撤离，结清租金，就龙兴公司投资损失赔偿另案向法院起诉。协议签订后，龙兴公司履行了协议约定，按时完成了人员撤离，资产移交给92810部队。龙兴公司诉至法院，请求依据公平原则赔偿其投资损失。

【裁判结论】

一审法院认为，合同是按军队改革的国家政策解除，双方都没有过错，按照约定，龙兴公司必须将资产完好无偿地移交给92810部队，投资损失的赔偿请求不予支持。一审判决驳回龙兴公司的诉讼请求。

龙兴公司不服一审判决，提起上诉。

二审法院认为，双方签署的书面合同已经到期，根据合同约定，龙兴公司在租赁期间新添建的建筑物应当无偿交付给92810部队。至于何时收回，龙兴公司继续使用是否要收取费用，权利在于92810部队。不能因92810部队未立刻收回新添建的建筑物便倒推部队放弃了权利，龙兴公司对涉案建筑已经用于居住或自行经营或出租获取收益，其已享受到了因投资建设涉案建筑物而产生的利益，其在利益上已得到了弥补，并未出现利益上的显失公平，故龙兴公司主张依据公平原则予以补偿的请求亦不成立。二审判决驳回上诉，维持原判。

【律师评析】

《民法典》第6条规定："民事主体从事民事活动，应当遵循公平原则，合理确定各方的权利和义务。"该条是关于公平原则的规定。所谓的公平原则，是指民法要求民事主体以社会公认的公平观念实施民事法律行为，合理设定民事法律关系，均衡实现各方的民事利益。

公平原则的具体表现:(1)民事主体有同等机会参与民事活动,行使和实现自己合法的民事权益。(2)民事主体享有的权利和承担的义务具有对应性,不得显失公平。(3)民事主体合理承担民事责任,在通常情况下适用过错责任,过错与承担的责任应相适应。双方都无过错的,应由双方对损失合理分担。(4)在实际情况发生显著变化导致维持原法律关系效力显失公平时,其民事法律关系的内容也应得到相应的变更。[1]

依法成立的合同,对当事人具有法律约束力。《城镇房屋租赁解释》第10条规定:"承租人经出租人同意装饰装修,租赁期间届满时,承租人请求出租人补偿附合装饰装修费用的,不予支持。但当事人另有约定的除外。"也就是说,承租人在出租人的财产上增添附属物,经出租人同意增添,并就财产返还时附属物如何处理有约定的,应当按约定办理。龙兴公司租赁期满后提出添建房屋补偿,法院不予支持,该条款但书中的"另有约定",其约定的就是"无偿地移交给92810部队",法院当然认定不予补偿。

本案中,龙兴公司添建的房屋其投资回报应属于商业风险,合同已经期满两年多时间,龙兴公司已享受了投资收益,未提供证据证明受到了损失,未出现利益上的显失公平,合同也明确约定了合同到期后添建房屋无偿地移交给92810部队,即使龙兴公司合同期内未收回添建房屋成本,有亏损,也属于商业风险范畴,不适用公平原则。因此,龙兴公司主张依据公平原则予以补偿的请求法院不支持。

【法律依据】

《城镇房屋租赁解释》

第十条 承租人经出租人同意装饰装修,租赁期间届满时,承租人请求出租人补偿附合装饰装修费用的,不予支持。但当事人另有约定的除外。

---

[1] 参见中国审判理论研究会民事审判理论专业委员会编著:《民法典总则编条文理解与司法适用》,法律出版社2020年版,第24页。

案例33 经同意自建房屋，约定不补偿，但显失公平的，酌情补偿

——中国人民解放军原沈阳军区兴隆台农副业基地与陈某某租赁合同纠纷案

【裁判要旨】

承租人经出租人同意而自建房屋设施，双方约定合同期满，自建房屋设施无偿移交出租人，但承租人投资较大，不补偿违反公平原则，法院认定可酌情给予补偿。

【案号】

(2018)辽0113民初79号

(2018)辽01民终4135号

【案情简介】

2013年1月1日原告中国人民解放军原沈阳军区兴隆台农副业基地（以下简称军区农副基地）、被告陈某某签订《租赁合同》，约定："（一）军区农副基地自愿将军区农副基地北营区西侧房屋建筑面积2308平方米，场地面积81,500平方米，出租给陈某某使用。（二）租赁用途：加工业、餐饮、养殖、设施农业。（三）租赁期限：共五年……（六）在租赁期内，陈某某必须履行下列义务：(1)负责所承租的房地产及附属设施设备的看管维护……(4)对租赁场地及原有建筑进行改造或新建必须书面报请军区农副基地同意，经军区农副基地书面同意后方可施工，并符合相关建筑质量要求……(8)必须在租赁期满时将所承租的房地产完好无损地无条件交还给军区农副基地。需要继续承租时，应在租赁期满前三个月提出，经双方同意后，重新签订租赁合同。（七）合同的解除与终止。(1)因军事需要、国家和军队政策调整及地方城市规划建设需提前终止合同的，陈某某必须自接到军区农副基地通知之日起三十日内无条件地将所承租的房地产交还军区农副基地，军区农副基地按实际使用时间计收租金，其他互不补偿。(2)军区农副基地确因提前终止合同，应提前三个月通知陈某某，陈某某自接到通知之日起三个月内将所承租的房地产及按本合同约定权属归军区农副

基地,陈某某新建和改造部分补偿以经军区农副基地书面确认的数据为准(扣除使用折旧年限),军区农副基地对陈某某进行补偿,另补偿六个月的租金给陈某某作为搬迁费。(3)陈某某确因需要提前终止合同的……(4)因不可抗力原因(在本合同中指战争、军事需要、国家和军队政策法规调整、地震)所造成本合同无法履行的,军区农副基地、陈某某双方均不承担责任……(十四)双方承认的附加条款如下:(1)因陈某某涉及建设资金投入,拟承租意向20年,每五年为一个租赁期,在没有发生本合同第七条第(四)款'因不可抗力原因(在本合同中指战争、军事需要、国家和军队政策法规调整、地震)所造成本合同无法履行的,军区农副基地、陈某某双方均不承担责任'所涉事项的情况下,重新签订合同。满足陈某某承租意向年限时,陈某某新建和改造建筑无条件归军区农副基地所有。(2)如地方政府规划建设拆迁,土地和军区农副基地原有建筑补偿归军区农副基地所有,陈某某新建建筑补偿归陈某某所有。"《租赁合同》签订后,被告陆续对所承租的房屋进行了修缮及安装,自建了猪舍,种植了果树,挖掘了鱼塘、水井,铺设了甬道,围圈了栅栏、围墙等,按约定交纳租金,进行养殖与种植经营。《租赁合同》到期后,双方未重新续签合同。2016年2月26日,中央军委下发《关于军队和武警部队全面停止有偿服务活动的通知》,要求全面停止军队开展对外有偿服务。军区农副基地诉至法院,请求判令陈某某腾退承租土地及房产、支付占用使用费、拆除新建房屋和建筑物、恢复场地等。陈某某提起反诉,要求补偿添附物损失。

【裁判结论】

一审法院认为,双方对终止合同均不存在过错,按照《租赁合同》约定,终止合同后,双方互相不补不赔,但考虑被告投资较大,如果责令被告完全拆除添附物,而不予补偿,有违公平原则。被告添附的财产应当属于养殖业及设施农业范畴,符合合同约定的用途。对添附物的归属问题除应按法律规定外,还应考虑物的经济价值、物的合理利用等因素,按照公平原则,原告应按照添附物鉴定总价值的50%对被告予以补偿。

军区农副基地和陈某某均不服一审判决,提起上诉。

二审法院认为,虽然2013年双方签订的《租赁合同》明确约定租期为5年,提前终止合同的,互不补偿。《租赁合同》第14条附加条款的约定应视为对《租赁合同》第7条第1款的修改,即虽然合同每5年为一个租赁期,但双方承租意向为20年,承租方基于20年的租赁使用权而对承租标的进行使用、投资、经营。《租赁合同》第7条第4款约定,因不可抗力原因合同无法履行的,甲乙双方均不承担责任,即双方均无过错,但不意味着对于承租方的投资利益不予补偿。现因中央政策调整,无法履行合同,承租方基于合理预期,对承租标的投入大量资金,故一审法院判决军区农副基地向陈某某支付补偿款正确。但一审给付比例较高,应予调整,二审酌定按照添附物鉴定总价值的30%对陈某某予以补偿。

【律师评析】

《民法典》第142条第1款规定:"有相对人的意思表示的解释,应当按照所使用的词句,结合相关条款、行为的性质和目的、习惯以及诚信原则,确定意思表示的含义。"该条规定了意思表示的解释方法,弄清当事人的真实意思表示,明确合同的内容,才能正确划分当事人的权利和义务,这就需要法官进行合同解释,依次采用文义解释、整体解释、目的解释、习惯解释、诚信原则解释以及补充解释等方法确定合同条款的真实意思表示。

结合本案,从文义上,合同确实明确约定租期5年,但补充合同约定5年一个租赁期,意向租期20年,到底是5年还是20年就产生了认知的不同,仅靠文义解释得不出让人信服的结论。这时就要把整个合同包括主合同、补充合同全部内容作为一个统一的整体来考虑分析当事人合同用语的含义,对当事人在合同中使用的语言文字,结合上下文及其他条款所使用词语综合考虑以确定其真实意图,即整体解释。补充合同是对原合同的补充或者变更,如果补充合同条款与原合同不一致或发生冲突,应当以后签订的补充合同为准,原合同明示不得变更的条款,补充合同中对该条款发生的变更则不发生法律效力。基于此,法院认定补充合同的不同规定应视为对原合同第7条第1款的修改,即虽然原合同约定的是每5年为一个租赁期,但双方当事人的承租意向为20年,承租方是基于20年的租赁使用权而对承租标的进行使用、投资、经营。

《民法典》第6条规定，民事主体从事民事活动，应当遵循公平原则，合理确定各方的权利和义务。根据《城镇房屋租赁解释》第9条的相关规定，承租人经出租人同意装饰装修，合同解除时，双方对已形成附合的装饰装修物的处理没有约定，因不可归责于双方的事由导致合同解除的，剩余租赁期内的装饰装修残值损失，由双方按照公平原则分担。公平原则要求合同当事人合理设定民事法律关系，均衡实现当事人各方的民事利益。追求社会公平不仅是民法的价值取向和精神体现，也是社会主义核心价值观的要求。2021年1月，最高人民法院印发了《关于深入推进社会主义核心价值观融入裁判文书释法说理的指导意见》，人民法院将进一步规范和加强裁判文书释法说理，提升司法裁判的公信力。

本案中，合同约定每5年为一个租赁期，承租意向为20年，承租方也是基于20年的租赁使用权而对承租标的进行使用、投资、经营。承租方基于合理预期，对承租标的投入大量资金，合同提前终止，势必对承租方的收益造成损失，并且合同也明确约定"满足陈某某承租意向年限时，陈某某新建和改造建筑无条件归军区农副基地所有"，这是一个附条件的条款，只有满足了这一前提条件，新建和改造建筑才无条件地归军区农副基地所有。现在承租意向年限未满足，添附物归军区农副基地，并使军区农副基地继续受益，这种情况下如果不补偿承租人显然不公平。因此，法院依照公平原则判决补偿。

【法律依据】

《民法典》

第一百四十二条　有相对人的意思表示的解释，应当按照所使用的词句，结合相关条款、行为的性质和目的、习惯以及诚信原则，确定意思表示的含义。

无相对人的意思表示的解释，不能完全拘泥于所使用的词句，而应当结合相关条款、行为的性质和目的、习惯以及诚信原则，确定行为人的真实意思。

第三百二十二条　因加工、附合、混合而产生的物的归属，有约定的，按照约定；没有约定或者约定不明确的，依照法律规定；法律没有规定的，按照充分发挥物的效用以及保护无过错当事人的原则确定。因一方当事人的过错或者确定物的归属造成另一方当事人损害的,应当给予赔偿或者补偿。

二、无约定情况下的补偿问题

当事人对补偿事项没有约定,但根据具体情况,若不补偿明显显失公平,法院会综合考虑承租人承租期限的长短、自建房屋可使用年限、承租人的收益多少、出租人因收回房屋可以获益多少等因素综合考虑,运用法官的自由裁量权,也会作出适当补偿的判决。

根据《城镇房屋租赁解释》第12条的相关规定,承租人经军队同意自建房屋,但是对自建费用由谁承担没有约定的,要看是否办理了合法的建设手续,若办理了合法的建设手续,则自建费用由军队承担;若未办理合法的建设手续,则自建费用由双方按照过错大小分担,双方过错大小由法院按照实际情况认定。

也有部队自愿给予适当补偿的情况,是当事人真实意思表示,属于对自己民事权利合法的自由处分,不违反法律、法规的规定,法院当然会依法予以支持。

案例34 经同意自建房屋,没有约定补偿,无报建手续,建设费用由出租人承担

——中国人民解放军原南京军区装备部防化技术大队与吴某某租赁合同纠纷案

【裁判要旨】

承租人经出租人同意而自建房屋,双方对自建费用没有约定,也没有办理合法的建设手续,但无证据显示案涉自建房屋不能办理合法的建设手续,客观上出租人因取得自建房屋而受益,法院认定自建费用全部由出租人承担。

【案号】

(2016)皖1823民初1547号

(2018)皖18民终779号

【案情简介】

2005年,吴某某与中国人民解放军原南京军区装备部防化技术大队(以下简称南京军区防化大队)协商,约定南京军区防化大队将坐落在安徽省泾县泾川镇迎宾路4号后勤部大院的场地出租给吴某某经营使用。2005年10月30日,吴某某便在租赁的场地建造了简易房。2006年5月8日,南京军区防化大队作为甲方与乙方吴某某签订《军队房地产租赁合同》(以下简称合同),约定:租赁用途为仓储。租赁期限为2006年2月1日至2009年2月1日。合同第8条第4项约定:"不得在承租的场地上新建和添建各种永久性建筑物、构筑物,确实需要新建和添建临时性建筑物、构筑物,必须向甲方提供建设方案,征得甲方书面同意,费用自理,权属归甲方所有,租赁期满后或者解除合同时,应当完好无损地无偿移交给甲方。"合同第8条第8项约定:"必须在租赁期满时将所承租的房地产及按照本合同约定权属归甲方的全部财产完好无损地无条件交还甲方,需要继续承租该房地产的,应当在租赁期满前三个月提出,经甲方同意,重新签订租赁合同。"合同第17条(手写条款)约定:"双方承认的附加条款如下:1.甲方提供场地,乙方自建简易房;2.合同期满后,在相同条件下,乙方具有优先承租权,如不继续承租,乙方自建简易房应在十五日内迁离营区。"2008年下大雪,简易房屋损毁,经南京军区防化大队同意,吴某某在原屋基上重新建造砖木结构房屋,用于冻库经营。2010年12月27日,南京军区防化大队作为甲方与乙方吴某某再次签订《军队房地产租赁合同》,该合同约定租赁用途为仓库,租赁期限为2011年1月1日至2011年6月30日,半年租金为1600元。该合同第8条第4项、第8项及第17条的附加条款的内容与2006年5月8日签订的合同对应条款约定的内容相同。2010年《军队房地产租赁合同》到期后,双方未续签书面合同,吴某某继续使用租赁物。之后,南京军区防化大队欲收回租赁物,遂要求吴某某搬离和返还承租物,并张贴公告。吴某某认为自己一直向南京军区防化大队交纳租金,双方维持现状长期不变,自己为此也没有再另外购置房产,因此不同意腾房。2012年8月30日,南京军区防化大队提起诉讼，请求解除合同、拆除房屋、恢复原状并返还场地。经审理，一审和二审法院判决按现状返还。2016 年 8 月 11 日，吴某某委托评估公司对案涉自建房屋进行了评估，评估市场价值后吴某某诉至法院，要求南京军区防化大队赔偿自建房屋损失和搬迁费。诉讼中法院依法对外委托评估公司对自建房屋的建造时造价、房地产价值及冻库搬迁费进行了评估。

【裁判结论】

一审法院认为，本案中并无证据显示案涉自建房屋不能办理合法的建设手续，故自建房按现状返还给南京军区防化大队，客观上南京军区防化大队因取得自建房屋而受有利益，故根据 2009 年最高人民法院《关于审理城镇房屋租赁合同纠纷案件具体应用法律若干问题的解释》第 14 条[1]的规定，案涉自建房的建造时的造价应当由出租人南京军区防化大队负担。考虑吴某某的自建房系 2005 年 10 月 30 日自建，故参照民间借贷资金占用期间的保护利息标准，出租人南京军区防化大队应自 2005 年 10 月 30 日起按照年利率 6% 的标准支付利息损失。吴某某主张按照市场价赔偿的诉请，于法无据，不予支持。一审判决南京军区防化大队支付自建房造价及利息。

南京军区防化大队不服一审判决，提起上诉。

二审法院认为，第一，从案争房屋建造情况来看，吴某某经出租人南京军区防化大队同意建房，不违反合同约定。第二，从案争房屋权属情况来看，合同中明确该房的所有权归属于南京军区防化大队，且南京军区防化大队将案争房屋作为租赁物向吴某某收取了租金，由此足以表明南京军区防化大队在未付出房屋建造成本的情形下，对该房获得了所有者权能，其显然受有利益。至于南京军区防化大队收回案争房屋后是否予以拆除，系其所有权行使范畴，不能作为判断其有无受益的事实依据。第三，合同明确了案争房屋为吴某某建造，但对租赁合同终止后南京军区防化大队是否给予承租人补偿及如何补偿均未作出约定，故依据该合同不能认定双方就案争房屋达成了不予补偿的合意。第四，

---

[1] 2020 年修正后对应的是第 12 条。

从案涉租赁事实来看,双方的租赁关系长达8年之久,其间主要的租赁物为承租人吴某某出资建造,吴某某因建房产生的合理费用损失客观存在,一审法院根据一方受有损失、一方受有利益的现实状况,酌定案争房屋的利益享有者即南京军区防化大队补偿吴某某建房成本支出及按年利率6%计算的资金占用利息损失,符合我国《合同法》规定的公平原则、诚实信用原则及相关法律规定。二审判决驳回上诉,维持原判。

【律师评析】

本案不同于本节其他几个案例,本案是南京军区防化大队出租土地,由吴某某自建房屋,建成后又以吴某某自建房屋作为租赁物向吴某某收取租金。

《城镇房屋租赁解释》第12条规定:"承租人经出租人同意扩建,但双方对扩建费用的处理没有约定的,人民法院按照下列情形分别处理:(一)办理合法建设手续的,扩建造价费用由出租人负担;(二)未办理合法建设手续的,扩建造价费用由双方按照过错分担。"案涉房屋如果能够办理合法的建设手续,建造费用当然由南京军区防化大队承担;即使不能办理合法的建设手续,吴某某是经南京军区防化大队同意后建房,不存在过错,房屋建造费用也应当由南京军区防化大队承担。

从本质上看,案涉房屋是经南京军区防化大队同意后由吴某某建造,费用也是由吴某某自己承担的,南京军区防化大队以该房屋作为租赁物向吴某某收取租金,即南京军区防化大队在未付出房屋建造成本的情形下,却对该房屋获得了所有者的权能,就应当为获取所有权支付对价。吴某某自费建造房屋,防化大队收取租金,显然是不公平的。因此,案涉房屋的建造成本应当由南京军区防化大队承担,并支付利息。

【法律依据】

《城镇房屋租赁解释》

第十二条　承租人经出租人同意扩建,但双方对扩建费用的处理没有约定的,人民法院按照下列情形分别处理:

(一)办理合法建设手续的,扩建造价费用由出租人负担;

(二)未办理合法建设手续的,扩建造价费用由双方按照过错分担。

案例35 经同意自建房屋,没有约定补偿,无报建手续,双方按过错程度承担损失

——中国人民解放军66457部队与兴隆县兆龙食品厂租赁合同纠纷案

【裁判要旨】

承租人经出租方同意而自建房屋,双方对自建房屋没有约定补偿问题,也没有办理合法的建设手续,法院认定按照双方过错程度承担损失。

【案号】

(2018)冀0822民初37号

(2018)冀08民终2112号

(2018)冀民申6589号

【案情简介】

2005年5月10日,中国人民解放军66457部队(以下简称66457部队)与兴隆县兆龙食品厂(以下简称兆龙厂)签订《房地产租赁合同》,甲方(出租方)为原告66457部队,乙方(承租方)为被告兆龙厂。《房地产租赁合同》约定:"第一条:甲方自愿将坐落在河北省兴隆县的大东区部队油库家属院锅炉房场地(面积为1225.5平方米,建筑物面积为377.3平方米)出租给乙方使用。租赁用途:租住。乙方已对甲方所要出租的房地产作了充分了解,愿意承租该房地产。第二条:此房地产租金为120,000元(按照合同约定30年租期,年租金为4000元),租赁期限为2005年5月10日至2035年5月10日……第四条:租赁期间内房屋、设备、场地、围墙、道路的维修费用,由乙方负责;水电由乙方自己解决;租赁期间内的各种维修费用均由乙方自负,甲方概不负责……第八条:乙方在合同期内,可根据居住需要,在不影响周围环境的前提下,在所租赁的场地范围内可规划建筑,费用由乙方自理。待合同期满后,乙方可以拆除自己所建的建筑物……第十条:乙方不得将承租的房地产转租给他人使用……第十二

条:乙方应当持租赁合同,自领证之日起三十日内,到当地房地产管理部门登记备案,其手续费用由乙方承担。”被告兆龙厂在租赁部队油库家属院锅炉房场地后,对锅炉房进行了装修、维修,同时又在空闲场地内建设了部分房屋,用于食品厂的生产车间,并建造了冷库一个。2016 年 2 月 16 日,中央军委文件通知要求全面停止军队和武警部队有偿服务活动,内容包括空余房地产租赁。原告 66457 部队接到中央军委文件后,于 2017 年 12 月 15 日以书面形式通知被告兆龙厂解除租赁协议,因补偿损失问题双方未能达成协议,66457 部队诉至法院,请求解除租赁合同,要求兆龙厂腾退场地及房屋。兆龙厂提起反诉,请求 66457 部队退还租金、支付房屋补偿款、赔偿损失等。

【裁判结论】

一审法院认为,房屋未办理合法建设审批手续,原告作为《房地产租赁合同》约定的场地所有权人,在其场地上建设房屋应当向有关部门办理审批手续而没有办理存在过错;被告在未取得审批手续的情况下建设房屋亦存在过错。根据过错程度,由原告承担 10% 的责任,被告承担 90% 的责任。由于拆除房屋会造成更大的经济损失,不符合物的有效利用原则,故被告建设的房屋归原告所有,由原告给予被告房屋价值 10% 的补偿。一审判决解除《房地产租赁合同》,兆龙厂腾退场地及房屋,66457 部队退还租金、支付房屋补偿款。

兆龙厂认为一审法院采纳依据“成本法”作出的评估结论作出判决有失公允,提起上诉。

二审判决书未在中国裁判文书网公布。

兆龙厂不服二审判决,认为赔偿依据和责任比例错误,申请再审。

再审法院认为,房屋征收和房屋租赁性质不同,责任比例无明显不妥。裁定驳回兆龙厂的再审申请。

【律师评析】

1. 物的有效利用原则

《民法典》物权编进一步完善了物权制度,体现了物尽其用的宗旨。其第 322 条规定:“因加工、附合、混合而产生的物的归属,有约定的,按照约定;没有约定或者约定不明确的,依照法律规定;法律没有规定的,按照充分发挥物的效用以及保护无过错当事人的原则确定。因一方当事人的过错或者确定物的归属造成另一方当事人损害的,应当给予赔偿或者补偿。”物的有效利用原则体现的是绿色原则,鼓励节约资源,保护生态环境。民事主体在进行经济活动时,应当充分发挥物的效用,使有限的资源在一定范围内物尽其用。拆除房屋,势必会产生大量建筑垃圾,污染环境,浪费社会资源,不利于生态文明建设。

本案中,兆龙厂经部队方同意在部队的场地上自建房屋,且部队未办理审批手续,兆龙厂在未取得审批手续的情况下自建房屋,双方都有过错,合同尚在有效履行期内因军队停偿而解除,应当按照过错程度和房屋归属按比例承担兆龙厂的损失。土地上添附的房屋无法分离,如果拆除房屋、恢复原状,将会浪费大量人力物力、造成更大的经济损失。从增进社会财富、充分发挥物的有效利用原则出发,房屋能利用的尽量利用,兆龙厂自建的房屋产权归部队使用,由部队给予适当补偿,合理合法。

2. 有约定从约定,无约定从法定

根据《城镇房屋租赁解释》第 12 条的相关规定,承租人经出租人同意而扩建,但双方既未对扩建费用的处理进行约定,也未办理合法建设手续,扩建造价费用则由双方按照过错分担。本案中,兆龙厂经部队同意而建设房屋,虽然约定了房屋建设费用由兆龙厂承担,但没有约定合同提前解除时的补偿问题,所建设的房屋也未办理合法的建设手续,双方都有过错,法院据此按照过错程度由部队补偿兆龙厂房屋价值损失。

【法律依据】

《民法典》

第九条 民事主体从事民事活动,应当有利于节约资源、保护生态环境。

第三百二十二条 因加工、附合、混合而产生的物的归属,有约定的,按照约定;没有约定或者约定不明确的,依照法律规定;法律没有规定的,按照充分发挥物的效用以及保护无过错当事人的原则确定。因一方当事人的过错或者确定物的归属造成另一方当事人损害的,应当给予赔偿或者补偿。

案例36 未经同意自建房屋，主动补偿，当然允许

——中国人民解放军65367部队与曹某某排除妨害纠纷案

【裁判要旨】

未经批准在军用土地上自建房屋，侵犯了部队合法的土地使用权。部队同意对侵权人因拆除自建房屋造成的损失给予适当补偿，属于对自己民事权利的合法处分，不违反国家法律规定，法院予以支持。

【案号】

（2015）二钢民初字第157号

【案情简介】

曹某某家于1980年前后购买房屋并附带小路左侧仓房和厕所，后来靠某部队一侧仓房和厕所倒塌，2013年翻盖成现在的房子，曹某某家的房屋位于中国人民解放军65367部队（以下简称65367部队）有权使用土地的范围内，曹某某家人现在住在里面。房子没有房产证、土地证，也没有办理建房审批手续。曹某某建房的时候65367部队没有制止。2013年，原告65367部队在国防施工中发现被告曹某某在部队土地上擅自建造房屋，遂诉至法院，请求法院判令被告曹某某停止侵害、排除妨碍，拆除房屋并迁出原告土地范围。案件审理过程中，原告为妥善化解纠纷，同意对因拆除建设在原告土地上的房屋给被告造成的损失给予适当补偿，补偿标准以评估价为准。

【裁判结论】

一审法院认为，原告65367部队依法持有土地使用证，是该地块的合法使用权人，被告曹某某未经批准在原告依法享有使用权的土地上自建房屋，侵犯了原告的合法土地使用权。被告在该地块建房原告未制止并不能因此得出被告建房合法的结论。事实上，被告未办理审批手续擅自在军用土地上自建的房屋应属于违章建筑。原告按照评估标准给予被告适当补偿的主张，不违反有关法律规定，法院予以支持。判决被告曹某某自建房屋予以拆除并迁出原告土地范围、65367部队一次性给付曹某某补偿款。

双方均未上诉，一审判决发生法律效力。

【律师评析】

根据《民法典》第5条的规定，民事主体从事民事活动，应当遵循自愿原则，按照自己的意思设立、变更、终止民事法律关系。该条是关于自愿原则的规定，根据该原则，在民事活动中当事人可以自主决定各种事项，并对自己的真实意思负责。当事人可以自主处分其权利，只要不违反法律及行政法规，不违背公序良俗，该行为就是合法有效的。

本案中，部队方为化解矛盾，自愿作出一定让步，对因拆除房屋造成损失的一方作出适当补偿，符合《民法典》中关于自愿原则、公平原则、守法原则等的规定，法院当然予以支持。退一步海阔天空，部队自愿补偿，为后续曹某某服判、搬离创造了条件，化解了矛盾，摆脱了诉累，巩固了军民关系，达到了良好的法律效果和社会效果。

【法律依据】

《民法典》

第五条 民事主体从事民事活动，应当遵循自愿原则，按照自己的意思设立、变更、终止民事法律关系。

第六条 民事主体从事民事活动，应当遵循公平原则，合理确定各方的权利和义务。

第四节　军产房以租代售问题

一、法院是否受理

1990年4月20日中央军委发布《中国人民解放军房地产管理条例》，为军队从事军队房地产开发经营活动提供了法律依据，军队房地产开发经营活动也开始规范有序；1990年12月31日总参谋部、总后勤部联合印发《军队与地方换建、合建房屋管理规定》;1991 年解放军总参谋部、总政治部、总后勤部联合印发《军队房地产经营管理规定》;1992 年解放军总参谋部、总政治部、总后勤部又联合发布《关于利用军队房地产开发经营有关问题的通知》。2000 年中央军委颁布新的《军产房管理条例》,该条例第 44 条第 1 款规定:“有偿转让军队房地产(含合建、换建、兑换,下同),由总后勤部审批。”第 45 条规定:“租赁、有偿转让,以及以其他方式利用军队房地产所得收益,应当主要用于军队基建营房事业。”20 世纪 90 年代是军队房地产繁荣时期,军队提供空余土地,地方民事主体提供资金、建材、劳务等,共同合作建设房屋,并按约定分配利益。

随着大量军产房的出现,又鉴于军产房的特殊性质,各种利益纠纷也相继而来。那么,军产房的纠纷该由谁管呢?

1991 年 1 月 30 日公布的最高人民法院《关于军队离退休干部腾退军产房纠纷法院是否受理的复函》[以下简称《复函(一)》]指出:“因军队离退休干部安置、腾迁、对换住房等而发生的纠纷,属于军队离退休干部转由地方安置管理工作中的遗留问题,由军队和地方政府通过行政手段解决为妥。故我们同意你院审判委员会的倾向性意见,即此类纠纷人民法院不宜受理。”

1992 年 11 月 25 日发布的最高人民法院《关于房地产案件受理问题的通知》(以下简称《通知》)指出:“因单位内部建房、分房等而引起的占房、腾房等房地产纠纷,均不属于人民法院主管工作的范围,当事人为此而提起的诉讼,人民法院应依法不予受理或驳回起诉,可告知其找有关部门申请解决。”

2002 年 7 月 2 日最高人民法院《关于中国人民解放军北京军区房地产管理局请求法院受理军队家属住房清退案有关问题请示的复函》[以下简称《复函(二)》]指出:“军队转业人员、遗属及退休干部子女与军队单位之间因部队住房清退而发生的纠纷,在双方没有达成住房清退协议的情况下,属于军队和地方在干部转业、死亡以及离退休干部移交地方管理过程中历史遗留问题,中国人民解放军北京军区房地产管理局所采取的住房清退和借房安置的具体办法具有军队行政管理性质。依据我院 1991 年 1 月 30 日《关于军队离退休干部腾退军产房纠纷法院是否受理的复函》的精神,此类纠纷应由军队和地方通过行政手段解决,人民法院不宜受理。”

2003 年 8 月 8 日发布的最高人民法院研究室《关于人民法院是否受理涉及军队房地产腾退、拆迁安置纠纷案件的答复》(以下简称《答复》)指出:“根据最高人民法院 1992 年 11 月 25 日下发的《最高人民法院关于房地产案件受理问题的通知》的精神,因涉及军队房地产腾退、拆迁安置而引起的纠纷,不属于人民法院主管工作的范围,当事人为此而提起诉讼的,人民法院应当依法不予受理或驳回起诉,并可告知其向有关部门申请解决。”

为了更好地理解上述《复函(一)》《通知》《复函(二)》《答复》四个文件的相关规定,我们认识一下涉军案件、军队单位、军人、军属等概念。根据最高人民法院《关于进一步加强人民法院涉军案件审判工作的通知》(法〔2010〕254 号)第 6 条的规定可知,涉军案件是指人民法院受理的以军队单位和军人军属为一方当事人的刑事、民事、行政等案件。军队单位是指中国人民解放军现役部队和预备役部队、中国人民武装警察部队及其编制内的企业事业单位。军人是指现役军(警)官、文职干部、士兵及具有军籍的学员。军队中的文职人员、非现役工勤人员、在编职工,由军队管理的离退休人员,以及执行军事任务的预备役人员和其他人员,按军人对待。军属是指军人的配偶、子女、父母以及其他与军人有法定扶养关系的亲属。

《复函(一)》《通知》《复函(二)》《答复》等规定的是军队内部事务,即军队,军队离退休干部,军队转业人员、遗属及退休干部子女之间涉及军产房的安置、腾迁、对换住房、占房、腾房、清退等发生的纠纷人民法院不受理。

但有一部分法院将上述文件规定扩大解释,只要涉及军产房,无论是买卖还是租赁,也不区分争议主体,不区分是军队内部事务还是外部平等民事主体之间产生的纠纷,一律不受理。

笔者认为,不应当将《复函(一)》《通知》《复函(二)》《答复》等文件规定作扩大解释,人民法院不受理的应当是军队的内部事务,争议的主体也规定得很明确:军队,军队离退休干部,军队转业人员、遗属及退休干部子女。只有这些主体之间因为安置、腾迁、对换住房、占房、腾房、清退等发生的纠纷才属于军队内部事务。特定的单位、特定的主体、特定的事由构成了人民法院特定的处理方式——不受理。因此,笔者认为,军产房买卖合同引起的纠纷,若争议一方是"军队,军队离退休干部,军队转业人员、遗属及退休干部子女"之外的主体,则不属于军队内部事务,应当认定为平等民事主体之间的合同纠纷,法院不应当将此类案件排除在受理民事诉讼范围之外。遗憾的是,大部分法院并不区分是军队内部事务还是外部平等民事主体间的民事行为,就以"涉军房地产买卖引起的纠纷不属于人民法院受理民事诉讼的范围"或以"涉及军产房腾退,军产房买卖合同效力确认问题不属于人民法院受理民事诉讼的范围"为由而拒绝受理。

在深圳市福田区人民法院审理的王某确认合同无效一案中,王某购买了一套由深圳市亿民房地产开发集团有限公司(以下简称亿民公司)与中国人民武装警察部队深圳支队合作开发的军产房,房款由亿民公司收取。亿民公司签署合同时出具了一份《委托书》,《委托书》记载武警部队委托亿民公司组织销售安侨苑物业,王某认为亿民公司根本没有取得正式授权,该代理属于无权代理。王某诉至法院,要求确认代理行为无效,退还购房款。深圳市福田区人民法院以涉军房地产买卖纠纷为由,裁定不予受理。[1] 二审法院深圳市中级人民法院认为:"军队房地产买卖引起的纠纷,不属于人民法院受理民事诉讼的范围。"[2]再审法院广东省高级人民法院认为:"本案涉及对军产房是否为违章建筑的确认,应由相关职能部门先行处理,本案不属于人民法院民事诉讼受理案件范围。"[3]

---

〔1〕 案号:(2016)粤0304民初25444号。

〔2〕 案号:(2017)粤03民终828号。

〔3〕 案号:(2017)粤民申2226号。

案例37 名为租赁，实为买卖，涉及军产房买卖合同效力的问题，不属于人民法院受理民事诉讼的范围

——张某某与杨某某房屋租赁合同纠纷案

【裁判要旨】

名为租赁协议，但是从该合同约定的内容以及双方实际履行情况来看，双方并无房屋租赁合意，而是对案涉房产买卖相关事项的约定。诉请事项属于涉及军产房买卖合同效力的问题，该事项不属于人民法院受理民事诉讼的范围。

【案号】

(2021)粤0303民初31330号

(2022)粤03民终328号

【案情简介】

2001年12月1日，原告张某某(作为买方)与深圳警备区后勤部(作为卖方)签订了《深圳警备区住房买卖合同》，约定将卖方拥有的位于深圳市罗湖区金湖路38号银湖住宅区(村)4幢503房、房屋结构为三房二厅、建筑面积为89.99平方米的房屋以91,797元的价格出售给买方。原告于2001年12月27日和2004年12月3日分两次向深圳警备区后勤部支付购房款共计91,797元。该合同约定，买方购买上述住房付清房款后，即取得使用权，产权仍为卖方所有，不能进入市场。该房产所占用的土地使用期为50年，自2001年12月1日起至2051年12月30日止。土地使用期满时，按照政府的有关政策规定办理手续。

2007年9月28日，原告张某某(作为甲方)与被告杨某某(作为乙方)签订了一份《住房租赁协议书》，约定原告将其拥有的位于深圳市罗湖区金湖路38号银湖住宅区(村)4幢503房租给被告使用，租价为20万元，被告一次性付清租赁款，被告付清租款后，即取得使用权，产权仍为警备区所有，不能进入市场。该房产所占用的土地使用期为50年，自2001年12月1日起至2051年12月30日止，如警备区顺延使用权，则被告有权按顺延时间继续使用。该合同签署后，被告向原告支付款项20万元，原告向被告交付房屋，被告占有使用该房屋至今。

2021年10月，原告反悔，诉至法院，称《住房租赁协议书》名为租赁协议，

实为买卖协议,主张该协议无效,要求返还房屋,并且要求被告按照深圳市房屋租赁行业协会公布的租金标准支付房屋占有使用费426,732.58元。

被告在庭审时陈述,原告在2005年将案涉房产租给被告使用,约定租期5年,租金每年1万元,5年共计5万元。在2007年,因原告需要资金周转,提出将该房产出售给被告,被告再支付20万元给原告,在此情况下,双方签订了《住房租赁协议书》。原告与被告在庭审时均确认,案涉《住房租赁协议书》名为租赁实为买卖。

【裁判结论】

一审法院认为,原告与被告签订的《住房租赁协议书》,虽名为租赁协议,但是从该合同约定的内容以及双方实际履行情况来看,双方并无房屋租赁合意,而是对案涉房产买卖相关事项的约定。涉案房屋系在军队单位用地上修建的房产,该房产系军产房,原告的诉请事项属于涉及军产房买卖合同效力的问题,该事项不属于人民法院受理民事诉讼的范围,故原告的起诉应予驳回。

张某某不服一审裁定,提起上诉。

二审法院认为,一审法院认定涉案房产纠纷不属于人民法院审理范围,适用法律正确。二审法院裁定驳回上诉,维持原裁定。

【律师评析】

双方签订的合同虽然名为《住房租赁协议书》,但从内容上看,"一次性支付租金后取得使用权,产权仍归警备区所有,不能进入市场,50年的土地使用期限,如警备区顺延使用权,承租人还可以按顺延时间继续使用"等相关约定非常明显地显露出这是以租代售的方式买卖军产房。

涉案房屋虽然是军产房,其性质决定了该房屋不能过户,但其使用功能并没有受到影响,并且被告给付了合理的对价,只是因为作为一线城市的深圳房价上涨得太快、太猛,引发了道德风险——恶意违约。根据法律的精神,运用诚实守信原则,应当侧重于保护守约方的利益,维护交易安全。

本案中法官避开了审判实务中关于合同效力的争议,以"涉及军产房买卖合同效力的问题,该事项不属于人民法院受理民事诉讼的范围"为由驳回了原告的诉讼请求,虽然依据比较牵强,但与直接认定买卖合同有效(若认定合同有效,又为将来产权方军队收回房屋留下隐患)相比,不予受理更高一筹,维持了现状,维护了守约方的利益,但买卖双方的矛盾还在,没有起到定分止争的作用。世界上没有非黑即白的东西,民事法律行为也一样,在没有损害社会公共利益、国家利益、集体利益或第三人利益的情况下,就应当尽量尊重当事人的意思自治。笔者认为,这种情形既不宜认定合同有效,也不宜认定合同无效,只要产权方不收回房屋,卖方还有使用权,维持现状是最好的选择。

【法律依据】

《民事诉讼法》

第一百二十二条 起诉必须符合下列条件:

(一)原告是与本案有直接利害关系的公民、法人和其他组织;

(二)有明确的被告;

(三)有具体的诉讼请求和事实、理由;

(四)属于人民法院受理民事诉讼的范围和受诉人民法院管辖。

案例38 军产房因租赁发生的纠纷属于法院受案范围

——周某某与陈某房屋租赁合同纠纷案

【裁判要旨】

根据合同约定享有涉案房屋永久使用权,将涉案房屋出租,因房屋租赁发生纠纷,属于一审法院的受案范围,应当进行实体审理。

【案号】

(2021)苏0302民初233号

(2021)苏03民终6274号

【案情简介】

2008年9月10日,周某某(乙方)与中国人民解放军空军后勤经济适用房建设办公室(甲方)签订了《徐州军缘新城内部使用房销售合同》,约定周某某购买军缘新城 14－2－802 室房屋，周某某付清房款后，拥有所购住房永久使用权；产权手续的办理待条件成熟统一至地方房地产管理部门办理等。房屋未在所在地的房产登记机构办理不动产登记，亦未取得不动产权属证书。周某某将该房屋出租给陈某，后因房屋租赁产生纠纷，周某某诉至法院，要求陈某支付租金、违约金及赔偿房屋毁坏损失等。

【裁判结论】

一审法院认为，涉案房屋系由相关军队部门在相关原军用土地上所建，性质属军产房。因军产房产生的交易、占有、使用、租赁等纠纷，涉及军队部门的相关内部政策，系军队内部事务，不属于人民法院受理民事诉讼的范围。裁定驳回起诉。

二审法院认为，周某某与中国人民解放军空军后勤经济适用房建设办公室签订房屋销售合同，根据合同约定享有涉案房屋的永久使用权，其将涉案房屋出租给陈某，双方就涉案房屋租赁发生纠纷，属于一审法院的受案范围，本案应当进行实体审理。撤销一审法院裁决，指令一审法院审理。

【律师评析】

本案中，周某某购买军产房，根据合同约定享有该军产房的永久使用权，即合法拥有该房屋的使用权。周某某将该房屋出租给陈某，形成新的房屋租赁法律关系，双方因房屋租赁合同纠纷提起的诉讼，属于人民法院受理民事诉讼的范围。至于涉案房屋性质如何，只能影响租赁合同的效力问题，但对租赁合同纠纷的解决并不受影响，法院应当受理。

根据《复函(一)》《通知》《复函(二)》《答复》等文件的精神，争议的主体必须是：(1)军队；(2)军队离退休干部；(3)军队转业人员、遗属及退休干部子女。范围限定在军队单位内部，属于军队内部事务。争议是由安置、腾迁、对换住房、占房、腾房、清退等发生的纠纷。一审法院以“因军产房产生的交易、占有、使用、租赁等纠纷，涉及军队部门的相关内部政策，系军队内部事务，不属于人民法院受理民事诉讼的范围”为由驳回起诉，显然是错误的，没有真正理解《民事诉讼法》受案范围的规定以及《复函(一)》《复函(二)》《通知》《答复》等文件的精神。租赁纠纷的双方当事人既不是军队离退休干部,也不是军队转业人员、遗属及退休干部子女,不可能成为军队的内部事务。军队将军产房销售给周某某,周某某将该军产房出租给陈某并产生房屋租赁纠纷,就是一个简单的平等民事主体之间的房屋租赁合同纠纷。到了二审,这种错误理解得以纠正,该房屋租赁合同纠纷,属于一审法院的受案范围,应当进行实体审理。

【法律依据】

《民事诉讼法》

第三条 人民法院受理公民之间、法人之间、其他组织之间以及他们相互之间因财产关系和人身关系提起的民事诉讼,适用本法的规定。

二、买卖合同无效后的占有使用费问题

军产房是在军队建设用地上建造的房子,房屋产权属于军方,不能进入市场买卖,无法办理过户手续,购买者只能享有其使用价值,军产房以其价格优势在房屋买卖市场中占有一席之地,但也因其特殊性存在很大的风险。

在审判实务中,一概不受理是有很大争议的,多数地方法院是受理的,只是受理后有的以“违反了我国法律、法规的有关规定”为由认定合同无效,占比较大,应当说是主流做法;还有一部分地方法院以“系双方真实意思表示,内容不违反法律规定,没有损害国家、集体或第三人的合法利益”为由认定合同有效,占比较小,如北京市石景山区人民法院审理的李某与中国人民解放军第七三一二工厂房屋买卖合同纠纷一案[1]及深圳市中级人民法院审理的徐某某、凌某某与张某借款合同纠纷案。

在同一地区不同的法院,甚至在同一法院不同的法官就可能作出不同的裁判。在深圳市中级人民法院审理的徐某某、凌某某与张某借款合同纠纷一案[2]中,法院认为双方签订的《军产房买卖合同》《房屋买卖协议书》系双方真

---

〔1〕 案号:(2020)京0107民初10640号。

〔2〕 案号:(2011)深中法民一终字第711号。

实意思表示，形式内容合法，没有损害国家、集体或第三人的合法权益，属有效合同。同时，上述房产的管理部门中国人民武装警察部队驻深圳办事处已依照双方的协议，将房产登记至被上诉人张某名下，在这种情况下，上诉人徐某某、凌某某主张房屋买卖合同无效，房屋应退还给上诉人的意见，没有事实和法律依据。军产房的转让需经中国人民解放军总后勤部审批，但这仅是军产房的内部管理及房屋的产权公示问题，不影响本案当事人签订房屋买卖合同的效力，并且房屋的现有管理部门武警部队驻深圳办事处已经出具了以张某为权利人的房产证，可视为这一审批过程已经完成。然而，深圳市中级人民法院审理的另一个案件——晏某与黎某房屋买卖纠纷一案，法院则认为买卖合同无效。

案例 39　即使军队管理处办理过户也不影响房屋性质，军产房买卖合同无效

——黎某与晏某房屋买卖合同纠纷一案

【裁判要旨】

涉案房屋系军产房，并非商品房，依法不得买卖，违反了我国法律、法规的强制性规定，买卖合同无效。即使涉案房屋已经在军队管理处办理过户属实，亦不能改变涉案房屋的性质，不能影响本案的处理结果。

【案号】

(2013)深宝法民三初字第 389 号

(2013)深中法房终字第 2560 号

【案情简介】

2013 年 4 月 20 日，黎某和晏某签订了一份《房屋买卖合同》，约定晏某将位于深圳市宝安区部九窝龙军 × 栋 × 单元 × 物业转让给黎某，该房产为归属于原广州军区的军产房，建筑面积为 100 平方米，无法在国土局办理商品房房产证，但可在军队管理处办理过户或军队管理处出具房屋使用权证明；该房产交易定金共计人民币 20 万元，黎某须于签署本合同时向晏某支付定金人民币 5 万元，本合同签订后 7 日内向晏某支付定金余额人民币 15 万元；该房产的转让总价

款人民币96.8万元，黎某于签订本合同后15日内一次性向晏某支付除定金外的房款人民币76.8万元；晏某须于2013年4月30日前协助黎某到军队管理处办理房屋使用权证明等相关的文件，并于收齐余款后两日内将该房地产及钥匙交付给黎某；如任何一方未按照本合同约定的期限履行义务的，守约方有权要求违约方以转让成交价为基数支付每日4‰的违约金并继续履行合同，如任何一方逾期履行义务超过15日的，守约方有权解除合同并选择要求违约方支付转让总价款20%的违约金或承担定金罚则，由此造成的损失由违约方承担。2013年4月22日，晏某出具收据，称收到黎某支付的购买上述房产的定金人民币5万元。事后黎某才得知该合同违反了国家有关法律、法规规定，涉案房产根本无法办理过户手续。黎某诉至法院，请求确认房屋买卖合同无效、返还定金等。庭审中，晏某认可因黎某拒绝履行上述合同，晏某已经于2013年6月17日将上述房产以人民币97万元的价格转让给他人，并已经在军队管理处办理过户。

【裁判结论】

一审法院认为，《房屋买卖合同》中已经明确约定该房产为军产房，无法在国土局办理商品房房产证，说明原、被告在签订合同时已经明知涉案房产属于军产房，无法办理过户手续，涉案房产并非市场上的商品房，依法不得买卖，故原告、被告签订的《房屋买卖合同》违反了我国法律、法规的有关规定，应认定为无效合同。对于合同的无效，合同双方均存在过错。根据无效合同的处理原则，被告应当将其向原告收取的定金返还给原告。一审判决确认《房屋买卖合同》无效、返还定金。

晏某认为，《房屋买卖合同》明确约定了该房产不能在国土部门办理相关过户手续，仅限于军队管理部门进行过户，黎某应当遵守《房屋买卖合同》的约定。晏某不服一审判决，提起上诉。

二审法院认为，晏某与黎某均确认涉案房屋系军产房，签订的《房屋买卖合同》违反了我国法律、法规的强制性规定，原审法院认定涉案合同无效正确。晏某主张已经将涉案房屋在军队管理处办理过户，该陈述即使属实，亦不能改变涉案房屋的性质,该问题并不能影响本案的处理结果。二审判决驳回上诉,维持原判。

【律师评析】

房产过户是指通过转让、买卖、赠与、继承遗产等方式获得房产,去不动产登记中心办理房屋产权变更手续,即房屋的产权从一方转移到另一方的过程。军产房产权属于军队,不是商品房,不能在市场上自由买卖,根据《不动产登记暂行条例》第22条的相关规定,违反法律、行政法规规定的,不动产登记机构应当不予登记。军产房的转让需经中国共产党中央军事委员会后勤保障部审批,没有证据证明黎某和晏某是适格的军产房交易转让主体,没有获得后勤保障部批准的可能。“军队管理处办理过户”不能称为“过户”,只是军队管理处内部的一种房屋使用权备案管理方式,不产生任何房屋所有权变动的法律效力。

本案中,《房屋买卖合同》中明确说明了房屋的性质是军产房,也明确告知“无法在国土局办理商品房房产证”,即拿不到红本。《房屋买卖合同》还约定“军队管理处可出具房屋使用权证明”,表面上是买卖房屋,实际上买卖的是房屋使用权,本质上是军产房以租代售。

根据《民法典》第157条的相关规定,黎某和晏某买卖军产房的民事法律行为因违反法律、法规的强制性规定而无效,晏某取得黎某交付的定金,应当予以返还。从合同约定中可知晏某和黎某对房屋性质及买卖产生的法律后果都是明知的,双方都有过错,应当按照过错原则各自承担相应的责任。

【法律依据】

《房地产管理法》

第三十七条 房地产转让,是指房地产权利人通过买卖、赠与或者其他合法方式将其房地产转移给他人的行为。

案例40 军产房买卖合同无效后房屋占有使用费和资金占用费可以相互抵销

——彭某与熊某某房屋买卖合同纠纷案

【裁判要旨】

军产房买卖合同无效,应当相互返还财产,房屋使用利益无法直接返还,可以将房屋占有使用费折价和资金占用费相互抵销。

【案号】

(2019)粤0111民初8883号

(2020)粤01民终5638号

【案情简介】

涉案房屋为位于广州市广园中路633号空军95100部队营区内集资房8栋602房1套及底层杂物房1间,未办理产权登记手续,系军产房。彭某为退伍军人。熊某某为军队转业干部。1997年5月29日,熊某某通过与中国人民解放军空军地空导弹兵第十旅后勤部签订《集资建房合同书》并支付集资费的方式取得涉案房屋。同年,熊某某转业至地方工作。2002年,彭某通过其原部队领导向熊某某商议长期承租涉案房屋。经熊某某同意后,彭某于同年4月向熊某某支付了20万元。后熊某某将涉案房屋交付给彭某使用。2005年3月,彭某请人对涉案房屋进行了装饰装修。至同年7月,彭某已向熊某某支付5笔款项共计38万元。2006年8月5日,彭某与熊某某签订《房产出售协议书》,约定:熊某某将涉案房屋出售给彭某;其中602房建筑面积110平方米,使用面积100平方米,底层杂物房面积13.7平方米;涉案房屋为向部队购买的集资房,无房产证;涉案房屋房价款38万元(如需办理地方产权,所需费用由彭某负责)。

2014年4月10日,熊某某在中国人民解放军95100部队(以下简称95100部队)《"腾退房改房"承诺书》上签字,确认其家庭已享受驻港部队经济适用房1套,同时住用该部队涉案房屋1套,违反了国家及有关军队住房管理的规定,承诺于2014年9月30日前腾退涉案房屋。同年4月,熊某某通知彭某涉案房屋要被部队收回的情况。后双方就退款、赔偿问题进行协商,但未达成一致意见。

2019年3月13日,95100部队向熊某某发出最后腾退通知。同年3月18日,95100部队强制收回了涉案房屋。

【裁判结论】

一审法院认为,若权利人不追认或无处分权的人最终未取得处分权的,该合同无效。[1] 涉案房屋系熊某某违规多占的军产房。其权利人95100部队并未追认熊某某的出售行为。在熊某某家庭享有另一套房改房后,熊某某更无可能成为涉案房屋的有权处分人。因此,根据上述法律规定,彭某与熊某某就涉案房屋订立的《房产出售协议书》因熊某某的无权处分行为而无效。酌情确定以彭某主张购房款的利息标准作为房屋占有使用费标准,并以该房屋占有使用费与彭某前述诉讼请求中利息进行抵销。

二审法院认为,根据无效合同相互返还的原则,双方因该合同取得的财产均应予以返还。彭某因该无效合同占用涉案房屋,享受了房屋使用的利益,但该利益无法直接返还,故应当以房屋占用费折价补偿熊某某;同理,熊某某因该无效合同占用了彭某所支付的房款38万元,应当向彭某支付相应的资金占用费以作补偿。在合同被依法认定无效后,上述债务履行期限均已届满,且不属于法律规定不能抵销的情形,两项费用可以予以抵销。

【律师评析】

1. 无权处分

无权处分,是指行为人没有处分权,却以自己的名义实施的对他人财产的法律上的处分行为。权利人不追认或无权处分人不能取得处分权,买受人可以解除合同。

《民法典》实施前,无权处分人签订的合同效力有合同无效说、合同有效说和效力待定说三种观点。主流观点认为,无权处分人签订的合同属于效力待定

---

〔1〕 该判决发生在《民法典》生效前,《民法典》生效后,权利人不追认或无处分权的人最终未取得处分权,买受人可以解除合同,而非合同无效。

合同,经权利人追认或无权处分人取得处分权,合同有效,否则合同无效,也就是《合同法》第51条的规定:“无处分权的人处分他人财产,经权利人追认或者无处分权的人订立合同后取得处分权的,该合同有效。”随着2007年《物权法》和2012年最高人民法院《关于审理买卖合同纠纷案件适用法律问题的解释》的出台,观点一步一步向合同有效方向倾斜,2021年1月1日生效的《民法典》明确了无权处分人签订的买卖合同为有效合同。《民法典》实施前,无权处分人签订的合同存在效力待定说和生效说,无处分权人与第三人签订的合同属于效力待定的合同,如果权利人追认或无处分权人取得处分权,则合同有效,否则合同无效。学界对该观点是有分歧的,在《民法典》编纂中,统一了分歧,通说认为合同有效,即《民法典》第597条的规定:“因出卖人未取得处分权致使标的物所有权不能转移的,买受人可以解除合同并请求出卖人承担违约责任。法律、行政法规禁止或者限制转让的标的物,依照其规定。”

2. 合同无效

本案中,双方明知涉案房屋的性质,仍然进行买卖,应当认定为恶意串通损害国家利益,买卖合同无效。合同无效后,双方当事人因该合同取得的财产,应当予以返还;不能返还或者没有必要返还的,应当折价补偿。有过错的一方应当赔偿对方由此所受到的损失;各方都有过错的,应当各自承担相应的责任。

3. 抵销

抵销是指当事人双方相互负有同种类的给付,将两项债务相互冲抵,使其相互在对等额内消灭。抵销的构成要件:(1)二人互负债务、互享债权;(2)双方所负债务种类相同;(3)双方债务均到履行期,但债务后到期的一方放弃其期限利益的,应允许其主张抵销;(4)双方抵销的债权、债务均是合法的,依法律规定或依债之性质不得抵销的不得主张抵销。

本案中,合同无效后,相互返还财产,其中房屋占有使用费和资金占用费都属于金钱债务,种类相同,符合抵销的构成要件,可以相互抵销。

【法律依据】

《民法典》

第五百六十八条　当事人互负债务，该债务的标的物种类、品质相同的，任何一方可以将自己的债务与对方的到期债务抵销；但是，根据债务性质、按照当事人约定或者依照法律规定不得抵销的除外。当事人主张抵销的，应当通知对方。通知自到达对方时生效。抵销不得附条件或者附期限。

涉及军产房买卖与租赁纠纷，从司法实务的处理来看，各地的裁判结果大相径庭，有不受理的，有受理认定合同无效的，还有受理认定合同有效的。鉴于军产房的特殊性质，军产房买卖及租赁存在较大的风险，且无法避免，但也不是无章可循，在风险防控上要深入了解军产房所在地法院的既往判决、最新判决的裁判观点；最重要的是谨慎选择交易对象，再完美的合同也敌不过一个不守信的合同相对方。

第三章　小产权房租赁合同纠纷

第一节　小产权房概述

一、认识小产权房

小产权房对于生活在大城市里的人并不陌生，大街小巷、楼道门口，到处可见小产权房买卖与出租的广告宣传单和小卡片，最典型的就是农民自建房。

小产权房是我国二元制土地所有权结构下的特色产物，《土地管理法》《城乡规划法》等相关法律、法规，对国家土地资源的使用进行了严格而详细的界定，国家对城市土地和农村土地实行不同的管理方法，相应地，对城市人口和农村人口也实行不同的管理办法，同样是中国人，却被强行分成城镇户口和农村户口两大类别。城市国有土地只有经过合法的出让程序后方能建造商品房并上市流转，且由国家房管部门颁发房产证。而农村集体土地只有经国家征收，土地性质从集体所有变为国家所有后才可以用于房地产的开发，然后上市流转。

这种二元结构的土地制度，是小产权房问题的根源。一方面，农民在征收中获得的补偿与市场价值相差太大，就自主建房出售；另一方面，城市商品房价格太高，有些城镇居民便跑到农村去购买农民自建房或者与当地农民合建房屋，这就是小产权房产生的直接原因。

小产权房并不是一个法律概念，在国务院部委发布的文件和地方规章里才有小产权房的说法，它是人们在日常生活、生产经营的社会实践中形成的一种约定俗成的称谓。“小产权房”是相对于“大产权房”来说的,由国家发产权证的叫大产权,国家不发产权证而由乡镇政府发证书的叫小产权。是大产权房,还是小产权房,是由土地性质决定的。

关于小产权房的概念,众说纷纭,没有统一标准。

第一种说法:小产权房就是一些村集体或者开发商甚至是个人在集体土地上建设的房屋,没有依法办理手续,也没有房产证,因为国家规定农村集体土地不能出让,所以小产权实质上就是没有产权。

第二种说法:小产权房主要指两类,一类是经过国家相关政府部门的土地、规划、建设环节审批,建设在农村集体建设用地上的城中村改造房;另一类是未经过任何国家相关部门和环节审批,建设在租用土地或非法侵占的土地上的房屋。

第三种说法:小产权房大致分三种,建设在农村集体建设用地(如城乡居民住宅用地、公益性公共设施用地、乡镇企业经营性办公用地等)上的小产权房、建设在农用地(如耕地、林地、园地、牧草地)上的小产权房以及建设在未利用地(荒草地、盐碱地等)上的小产权房。小产权房实际上大部分是一些村委会或者开发商打着新农村建设或旧村改造等名义违规建设在集体土地上的房屋,其所谓的“小产权”并不构成法律意义上的产权,仅指使用权,只是人们在房屋交易过程中形成的一种约定俗成的称谓。通常所谓的小产权房是指由乡镇人民政府甚至村委会颁发产权证的房产,与市建委或区县建委颁发产权证的大产权房即商品房相对应。[1]

第三种说法与审判实践相结合,更具有权威性。因此,笔者查阅了大量中国裁判文书网上的案例,根据《城镇房屋租赁解释》第 2 条和第 3 条的规定,本书将“未取得建设工程规划许可证或者未按照建设工程规划许可证的规定建设的房屋”和“未经批准或者未按照批准内容建设的临时建筑”,以及建设在涉农

---

〔1〕 参见张清波:《关于审理涉及小产权房买卖纠纷案件的疑难问题》,载中国法院网 2014 年 9 月 23 日,https://www.chinacourt.org/article/detail/2014/09/id/1449857.shtml。

用地及未利用土地之上并且不能通过补办手续使之符合法律规定的建筑物，都列入小产权房范畴进行讨论。

二、小产权房的法律问题

我国《宪法》第10条规定："城市的土地属于国家所有。农村和城市郊区的土地，除由法律规定属于国家所有的以外，属于集体所有；宅基地和自留地、自留山，也属于集体所有。……任何组织或者个人不得侵占、买卖或者以其他形式非法转让土地……"宪法是国家的根本大法，从根源上禁止集体土地自由买卖、转让行为。

1999年国务院办公厅发布的《关于加强土地转让管理严禁炒卖土地的通知》和2007年发布的《关于严格执行有关农村集体建设用地法律和政策的通知》，都明确规定严禁城镇居民购买农村宅基地及房屋，但允许农民在本集体经济组织内部买卖、流转。在同一经济组织内部买卖、流转，只要双方具有民事权利能力和民事行为能力，意思表示真实，不违反公序良俗，无论是签订小产权房买卖合同还是租赁合同，都会被认定为合法、有效。除此之外，如果报批手续不全，或者卖给了不符合条件的人，就会因违反法律、法规的禁止性规定而导致行为无效，有关部门也不会为违法建造或购买的房屋发放不动产登记证。[1]

2017年9月28日，国土资源部[2]副部长王广华明确表示，"小产权房"既涉及违法用地，又涉及违法建设和销售，产权不受法律保护。

一方面因价格优势小产权房市场如火如荼，另一方面国家政策一再收紧，不给予其相应的法律地位，小产权房的尴尬局面取决于其用地性质。我们先来了解两个概念。

集体建设用地，是指农村集体所有，由乡（镇）村集体经济组织或农民进行

---

〔1〕《不动产登记暂行条例》由国务院于2014年11月24日发布，自2015年3月1日起施行。实施后"房产证"将逐渐换发成"不动产证"，在此之前是办理土地使用证和房产证。

〔2〕2018年3月，根据第十三届全国人民代表大会第一次会议批准的《国务院机构改革方案》，组建自然资源部，不再保留国土资源部，下同。

各项非农业建设所使用的土地，包括农民宅基地、农村公益性公共设施用地和经营性用地。

农民宅基地，是由农民依法申请的以家庭户为单位，用作住宅基地而占有的村集体土地。一户一宅，农村村民以户为单位，一户只能拥有一处宅基地，面积不得超过本省、自治区、直辖市规定的标准，宅基地及宅基地上的房屋只能在本集体经济组织内部成员之间买卖、转让，严禁城镇居民购买农村宅基地及房屋。

由此可见，有人一听到“农民房”“小产权房”，第一印象就是不合法，这是错误的认识。如果村民经过审批在自己的宅基地上建设房屋，那么该房屋就是合法的，是允许出租的，所签的房屋租赁合同是有效的。如果房屋为私自建设，并未经过任何审批手续，那么该房屋本身就不具有合法性，属于违章建筑，基于违章建筑而签订的房屋租赁合同也是无效的。

在集体企业用地上或者占用耕地违法建造的房屋，也属于违建建筑，同样基于违章建筑而签订的房屋租赁合同也是无效的。

因此，小产权房不是法律概念，在审判实务中，都是援引《城镇房屋租赁解释》第2条和第3条“未取得建设工程许可证或未按未按照建设工程规划许可证的规定建设的房屋”及“未经批准或者未按照批准内容建设的临时建筑”来确定合同效力的。

第二节　国家政策及现状

一、国家政策

国家对小产权房的相关政策，经历了由宽松到收紧的过程，严格禁止并查处小产权房是从1999年开始的，我们简要回顾一下从1999年至今的国家政策。

1999 年 5 月 6 日,国务院办公厅发布《关于加强土地转让管理严禁炒卖土地的通知》(国办发〔1999〕39 号),严禁非法占用农民集体土地进行房地产开发。农民的住宅不得向城市居民出售,也不得批准城市居民占用农民集体土地建住宅,有关部门不得为违法建造和购买的住宅发放土地使用证和房产证。

2007 年 12 月 30 日,国务院办公厅发布《关于严格执行有关农村集体建设用地法律和政策的通知》(国办发〔2007〕71 号),强调任何涉及土地管理制度的试验和探索,都不能违反国家的土地用途管制制度。严禁非法占用(租用)农民集体所有土地进行非农业建设。农村住宅用地只能分配给本村村民,城镇居民不得到农村购买宅基地、农民住宅或小产权房。单位和个人不得非法租用、占用农民集体所有土地搞房地产开发。农村村民一户只能拥有一处宅基地,其面积不得超过省、自治区、直辖市规定的标准。

2008 年 7 月 15 日,国土资源部下发通知,要求尽快落实农村宅基地确权发证工作,但明确指出不得为小产权房办理任何形式的产权证明。

2008 年 10 月,党的十七届三中全会通过了中共中央《关于推进农村改革发展若干重大问题的决定》,要逐步建立城乡统一的建设用地市场。

2008 年 11 月 13 日,国土资源部副部长接受鹿心社采访时,对于小产权房讲了三句话:第一,小产权房不符合我国现行法律规定,不受法律保护;第二,要采取行之有效的措施,严禁小产权房进一步发展;第三,要深入研究,分类分析,采取针对性措施,化解历史形成的小产权房问题。

2009 年 5 月 21 日,深圳市第四届人民代表大会常务委员会第二十八次会议通过了《关于农村城市化历史遗留违法建筑的处理决定》,该决定规定,经普查记录的违法建筑,符合确认产权条件的,适当照顾原村民和原农村集体经济组织利益,在区分违法建筑和当事人不同情况的基础上予以处罚和补收地价款后,按规定办理初始登记,依法核发房地产证。该决定一经发布,深圳"小产权房转正"等传闻四起。深圳市人大一位相关负责人接受采访时表示,该决定并非为所谓的"小产权房"而制定,很多原村民和原农村集体经济组织建设的农民房属于违法建筑,而非小产权房;违法建筑要核发房产证,必须符合规定的条件,必须接受处罚和补交地价款,而不是简单地"转正"了事。

2009 年 6 月,国土资源部重申,小产权房实质上是违法建筑,各地要严格依法查处大量存在的小产权房等违法用地、违法建筑行为。

2009 年 9 月 1 日,国土资源部下发《关于严格建设用地管理促进批而未用土地利用的通知》(国土资发〔2009〕106 号),要求各级国土资源管理部门严肃查处违反土地管理法律法规新建的小产权房。

2009 年 11 月 24 日,国土资源部有关负责人声明说"国土资源部酝酿新版土地调控"的说法系误读,也不存在"国土资源部将推'农地入市'调控房价"之说,"农地农用、农地农民用"原则不得动摇。

2010 年 1 月 31 日,国土资源部部长徐绍史在全国国土资源工作会议闭幕时讲话指出,将重点清理"小产权房"和高尔夫球场。

2010 年 5 月 4 日,国土资源部执法监察局局长李建勤在国土资源部新闻发布会上表示,国土资源部等 14 个部委已经联合成立小产权房整治处理领导小组,已召开小组第一次联席会议,正在制定综合性的小产权房整治方案。

2010 年 6 月,国土资源部挂牌督办的 4 起小产权房案件之一,北京怀柔"水岸江南"以"违法居住类建设项目"的名义被强拆,杨宋镇政府村镇建设管理办公室工作人员强调是"拆违",而不属于强拆小产权房。

福建省福州市出现首例用刑事手段打击小产权房的案例。2010 年 11 月,林某国、李某文两人因私自买地建房出售,被福建省福州市仓山区人民法院一审以非法经营罪,各判处有期徒刑 5 年并处罚金。虽然对乱建乱售小产权房行为起到了警示和震慑作用,但引起对选择性执法和执法不公的质疑。

2011 年 11 月,国土资源部、中央农村工作领导小组办公室、财政部、农业部[1]联合下发了《关于农村集体土地确权登记发证的若干意见》(国土资发〔2011〕178 号),明确要求对城镇居民在农村购置宅基地、农民住宅或小产权房等违法用地,不得登记发证。

---

〔1〕 2018 年国务院机构改革撤并为农业农村部,下同。

2012 年 2 月 21 日，国土资源部在举行的“2011 年房地产用地管理调控等情况”新闻发布会上表示，将限期处理土地闲置等违法违规类案件，包括试点处理小产权房问题。

2012 年 2 月，北京市国土局怀柔分局执法队原负责人曹建明因查处不力，致使一处生态种植园变身小产权房 5 年后才被拆除，被判处拘役 6 个月，缓刑 6 个月。

2012 年 3 月，北京一家房地产公司因未取得任何审批手续、打着“养老公寓”的旗号销售小产权房，其法定代表人被法院以合同诈骗罪判处无期徒刑。

2012 年 8 月 8 日，国土资源部办公厅、住房和城乡建设部办公厅专门下发《关于坚决遏制违法建设、销售“小产权房”的通知》（国土资电发〔2012〕98 号），要求各级国土资源和住房和城乡建设主管部门要按照通知要求，对在建、在售的小产权房坚决叫停，严肃查处，对顶风违法建设、销售，造成恶劣影响的小产权房案件，要公开曝光，挂牌督办，严肃查处，坚决拆除一批，教育一片，发挥警示和震慑作用。

2013 年 11 月 15 日，中央人民政府公布的中共中央《关于全面深化改革若干重大问题的决定》提出，在符合规划和用途管制的前提下，允许农村集体经营性建设用地出让、租赁、入股，实行与国有土地同等入市、同权同价。

2013 年 11 月 22 日，国土资源部办公厅、住房和城乡建设部办公厅发布《关于坚决遏制违法建设、销售“小产权房”的紧急通知》（国土资电发〔2013〕70 号），要求坚决查处小产权房在建、在售行为。

2014 年 3 月 10 日，国土资源部部长姜大明在两会上表示，小产权房要刹风治乱。

2015 年 7 月，深圳市规划土地监察局下发《处罚通知书》，将鸿福花园限期一个月内拆除，这就是深圳市最大的违建案——鸿福花园违建案。鸿福花园项目于 2012 年项目备案为“工厂宿舍”，2014 年 7 月项目建成为 8 栋 21 层住宅楼。媒体报道称鸿福花园占地约 8000 平方米，1200 多套住宅和 200 多套商铺，总计售出 900 多套，登记业主高达 560 多人。处罚通知下达后，项目处于查封状态，这个项目是拆还是留，并没有进一步的消息。除鸿福花园外，宝安区、龙华区多处都存在类似的违法建筑，有的甚至已经有购房者入住多年，政府相关部门下令限期拆除，最终都成了一纸空文。一般情况下，众多业主入住后就难以查处。

2016 年 6 月 3 日，国务院办公厅印发《关于加快培育和发展住房租赁市场的若干意见》（国办发〔2016〕39 号），明确指出“实行购租并举，培育和发展住房租赁市场，实现住有所居”，允许将商业用房等按规定改建为租赁住房，土地使用年限和容积率不变，土地用途调整为居住用地。

2017 年 8 月 21 日，国土资源部、住房和城乡建设部关于印发《利用集体建设用地建设租赁住房试点方案》的通知（国土资发〔2017〕100 号），利用集体建设用地建设租赁住房，开展利用集体建设用地建设租赁住房试点。该通知一出，就有人提出疑问，集体土地租赁房是否会产生新的小产权房？会不会产生新的小产权房？其关键在于租赁期限，短期租赁就没有问题；如果合同期限超过 20 年的超长租赁，那就是以租代售，事实上形成了小产权房。不过，该方案明确规定不得以租代售，不得转租。

2017 年 8 月 29 日，国土资源部土地利用管理司副司长陈国庆明确指出，集体租赁住房，用地符合城乡规划、土地利用总体规划及村土地利用规划，经依法批准建设，依法实施不动产登记，是用于租赁的住房，只租不售。小产权房产权不受法律保护，不能将开展集体建设用地上建设租赁住房试点与小产权房混为一谈。

2017 年 9 月 11 日，国土资源部、住房和城乡建设部发布《关于房屋交易与不动产登记衔接有关问题的通知》（国土资发〔2017〕108 号），明确要求防止小产权房通过不动产登记合法化。

2017 年 9 月 28 日，国土资源部在湖北省武汉市召开利用集体建设用地建设租赁住房试点工作启动会，国土资源部副部长王广华明确表示，小产权房既涉及违法用地，又涉及违法建设和销售，产权不受法律保护。

2018 年 11 月 6 日，深圳市规划和国土资源委员会公布的《关于做好没收违法建筑执行和处置工作的指导意见》(深规土规〔2018〕10号),提出了未完善征转手续土地上没收违法建筑的三种处置模式,即征收模式、出让模式、统筹模式。

2018年11月30日,广东省自然资源厅发布的《关于加快处理不动产登记历史遗留问题的指导意见》(粤自然资规字〔2018〕5号)明确指出,集体所有土地上开发的商品住房,一律不得办理不动产登记。

2020年5月14日,自然资源部发布《关于加快宅基地和集体建设用地使用权确权登记工作的通知》(自然资发〔2020〕84号),明确要求对于城镇居民非法购买宅基地、小产权房等,不得办理登记,不得通过登记将违法用地合法化。

2021年1月4日,自然资源部发布《关于加快解决不动产登记若干历史遗留问题的通知》(自然资发〔2021〕1号),该通知明确规定,仅化解国有土地上已经出售的城镇住宅的历史遗留问题,不包括集体土地上住宅的历史遗留问题,小产权房再次失去"搭便车"的机会。

由此可见,国家和地方政府自2007年开始,每年一次甚至每年数次对小产权问题表态或出台遏制措施,在对待小产权房问题上,否定的态度是强硬的、坚决的、一贯的。买卖小产权房不受法律保护,租赁小产权房也同样存在诸多法律风险。

二、小产权房的现状

小产权房从产生至今已有20多年的历史,随着商品房价格一路上涨,在经济利益的驱动下,小产权房的建设和交易暗流涌动。小产权房出现较多的区域是北京、深圳等大型城市和广东、浙江等一些经济发展水平较高、土地需求相对紧张的地区。

小产权房屡禁不止,供需两旺,甚至形成了规模化的"小产权房居住区",典型的如北京市怀柔的水岸江南、深圳市的鸿福花园等。购买小产权房不受法律保护,但还是有许多人甘愿冒险,情愿赌一把,其原因有四:一是商品房房价太高,普通百姓买不起,小产权房价格便宜;二是开发商(或村民个人)有利可图,不缴纳土地出让金和相关税费,开发建设成本低;三是小产权房数量庞大,遍布全国各地,人们普遍抱有法不责众的心理;四是地方政府因地方利益而放任。

在对小产权房查处的问题上,往往是雷声大雨点小,在执法部门和买卖当事人的博弈中形成维持现状的局面,相关部门更多的是采取对在建、在售的小产权房坚决叫停、严肃查处、不予确权登记等纸面上的行动。

2020 年 5 月 14 日,自然资源部发布《关于加快宅基地和集体建设用地使用权确权登记工作的通知》,要求 2020 年年底基本完成宅基地和集体建设用地使用权确权登记工作;2021 年年底前,全国所有县(市、区)要完成汇交工作。

目前全国各地到底有多少小产权房以及分布情况,官方尚无最新数据披露。

三、近期整治(以深圳市为例)

为了让房子回归住房的属性,2020 年 7 月 15 日,深圳市住房和城乡建设局发布《关于进一步促进我市房地产市场平稳健康发展的通知》(深建字〔2020〕137 号),被称为"新 8 条",要求必须在深圳市落户满 3 年,且提供本市连续缴纳 36 个月及以上个人所得税或社会保险证明的,方可购买商品住房。

2021 年 2 月 8 日,深圳市住房和城乡建设局发布《关于建立二手房成交参考价格发布机制的通知》,推出二手房参考价新政,即由政府主管部门设定参考价,银行按照参考价放按揭贷款,贷款比例缩水,实际上等于变相提高了购房者首付,增加了购房成本。

在上述两大政策的加持下,处于监管盲区的深圳小产权房市场火热起来,小产权房价格一路飙升,涨幅惊人,甚至出现一房难求的局面。

2021 年 4 月 27 日,CCTV－2 财经频道[正点财经]以"深圳小产权房调查:购置小产权房存在法律风险"为题对深圳小产权房进行了报道。[1]

---

〔1〕 参见《深圳小产权房调查　购置小产权房存在法律风险》,载 CCTV－2 财经频道,http://tv.cctv.com/2021/04/27/VIDEtD7srsjdQrLMTbtRois9210427.shtml。

记者通过实地探访深圳最早的小产权开发地沙井片区了解到，深圳小产权房销售火爆，近八成购房者为投资客；深圳小产权房涨幅最高达 50%，回迁指标房水涨船高；告诫购买小产权的 3 个风险：(1)小产权房在法律上是不会被承认的，而且如果出现相关的纠纷，法院通常把这类小产权房的买卖合同作为无效合同处理。(2)如果出现一房两卖，在无法确定真正业主的情况下，购房款很可能会打水漂。(3)小产权房交易常常存在无法过户、一房多卖、业主反悔、不配合签约、交易信息不透明、时间周期长等重大潜在风险。

央视财经一经报道，政府执法队伍马上出动，严查小产权房，禁止交易。执法队在沙井查处小产权交易中介门店，不少小中介店铺出现关门潮。沙井炒作严重的几个城中村停止过户交易。龙华区大浪街道经济服务办公室 4 月 28 日发布《关于小产权房问题的通知》，根据上级部门要求，各股份合作公司不得进行小产权房交易；各股份合作公司不得为小产权房交易提供见证，不得为小产权房交易的材料加盖公章；做好宣传，不要进行小产权房交易。

2021 年 8 月 12 日，深圳市住房和建设局与深圳市规划和自然资源局印发《关于加强对住宅类历史遗留违法建筑交易查处的通知》(深建字〔2021〕137 号)，该通知要求：(1)社区股份合作公司不得为住宅类历史遗留违法建筑交易加盖公章或出具相关证明；(2)公证机构、律师事务所不得为住宅类历史遗留违法建筑交易提供公证或者见证服务；(3)加强城市更新项目监管，开展住宅类历史遗留违法建筑物业权利人核实工作；(4)加强土地整备项目监管；(5)加强违规发布销售信息行为的查处；(6)中介机构及从业人员不得参与住宅类历史遗留违法建筑的相关交易；(7)加强信贷管理，防范信贷资金违规流入住宅类历史遗留违法建筑领域；(8)要求各相关部门联动，发现一起，查处一起。

四、小产权房的未来

从本章第二节中的"国家政策"可知，国家对小产权房的否定态度在短期内不会改变，但问题是客观存在的，还是要理智处理。2013 年 11 月 22 日，国土资源部办公厅、住房和城乡建设部办公厅发布《关于坚决遏制违法建设、销售"小产权房”的紧急通知》（国土资电发〔2013〕70 号），该通知强调，对在建、在售的小产权房要坚决叫停，严肃查处；对顶风违法建设、销售，造成恶劣影响的小产权房案件，挂牌督办，拆除一批，教育一片。该通知针对的是“在建、在售”小产权房，对已经实际有居民居住的小产权房，并没有明确的处置方案。

世界上没有非黑即白的东西，小产权房在一定程度上起到了平抑房价，实现居者有其屋的作用，不应当“一刀切”，一律认定为非法，一定要拆除。对小产权房应当分门别类地作出处理，对逾越耕地红线、建筑质量存在严重安全隐患的，当然要坚决拆除；对质量验收合格，能够通过竣工验收标准的，不影响整体规划的，应该予以保留，政府也可以将其征收、征用，用于安居房、廉租房及保障当地低收入人群的保障性住房。

下面我们以深圳为例探讨小产权房的未来。

2017 年 8 月 28 日，深圳市规划和国土资源委员会（市海洋局）发布了深圳市《关于加快培育和发展住房租赁市场的实施意见》（征求意见稿）和《深圳市住房租赁试点工作方案》（征求意见稿），其中《深圳市住房租赁试点工作方案》（征求意见稿）提出：“十三五”期间，通过收购、租赁、改建等方式收储不低于 100 万套村民自建房或村集体自有物业，统一租赁经营、管理。一经公布，外界普遍认为，这给小产权“转正”提供了契机。

政府提出的收储 100 万套村民自建房或村集体自有物业进入租赁市场绝不意味着给小产房“转正”，解决问题的方法有很多种，一些无法直接解决的问题，需要通过创新的方式来解决。

2018 年 11 月 6 日，深圳市规划和国土资源委员会公布的《关于做好没收违法建筑执行和处置工作的指导意见》（深规土规〔2018〕10 号），对国有土地和未完善征转手续土地两种情形区别处理，参照深圳市现行土地政策、产业用房、人才住房和保障性住房政策，统筹制定分类处置方案；提出了未完善征转手续土地上没收违法建筑的三种处置模式，即征收模式、出让模式、统筹模式。

改革、创新是深圳的根与魂，该指导意见具有前瞻性和代表性，我们暂且把这三种模式叫作深圳模式，其对各地处理小产权房问题具有借鉴意义。我们简单了解一下这三种模式。

(1)征收模式。对于未完善征转手续的土地,可以参照市政府征地安置补偿的相关标准,采取货币补偿方式解决征转地遗留问题。

(2)出让模式。没收违法建筑区域内有非农建设用地指标或者征地返还用地指标落地的,参照市政府有关原农村集体经济组织非农建设用地和征地返还用地土地使用权交易的若干规定进行出让。

(3)统筹模式。原村集体没有非农建设用地指标或者征地返还用地指标落地的,可以参照市政府土地整备利益统筹或者“社区土地入市”的方式进行处置。

无论采取哪种方式,前提条件必须是该房屋不影响规划实施且符合工程质量、消防安全、地质安全条件。

小产权房涉及复杂的社会关系,关乎社会稳定,不大可能采取激进的“一刀切”处理方式,从国家政策和政府动向来看,大概率是短期内维持现状,长期分步处理。严厉查处和清理新增项目,确保不会出现新的小产权项目;而对于已经存在的小产权房,有可能会分类处理,区分出租和出售,对符合国家发展住房租赁市场政策的小产权房,允许出租;对以出售为目的的小产权房仍会严格限制。

第三节 小产权房纠纷处理

由于小产权房不是一个法律上的概念,所以法院在审理小产权房相关租赁纠纷时,都是参照和援引《城镇房屋租赁解释》第 2 条和第 3 条第 1 款的规定,即“出租人就未取得建设工程规划许可证或者未按照建设工程规划许可证的规定建设房屋,与承租人订立的租赁合同无效。但在一审法庭辩论终结前取得建设工程规划许可证或者经主管部门批准建设的,人民法院应当认定有效”,“出租人就未经批准或者未按照批准内容建设的临时建筑,与承租人订立的租赁合同无效。但在一审法庭辩论终结前经主管部门批准建设的,人民法院应当认定有效”。因此,法院的相关判决中在法院查明的事实部分,常常会有“未取得建设工程规划许可证”“未经过相关主管部门批准建设”等表述。有了这个基本事实，就会认定合同无效，然后根据相关责任分配原则作出相应的判决。

一、法院是否受理问题

案例41 “以建代租”涉及政府招商引资优惠政策和历史遗留问题，法院不受理

——兰溪市兰花村管理委员会与柳某某房屋租赁合同纠纷案

【裁判要旨】

“以建代租”的招商引资协议，涉及政府招商引资优惠政策，双方之间的纠纷还涉及历史遗留问题及政策性问题，不应由人民法院作为民事案件处理，不属于法院受案范围。

【案号】

（2020）浙0781民初850号

（2020）浙07民终2969号

【案情简介】

2000年1月3日，兰溪市人民政府办公室印发了《兰花村项目开发实施方案》，进行兰花村项目的开发，功能为集兰花生产基地、兰花销售市场、风景旅游、城市园林于一体。在建设过程中，关于兰花展馆及物种园的建设经营管理事宜，在2007年1月19日兰花村委会与柳某某签订了《兰花村展馆建设及物种园承包经营合同》，约定将兰花村展馆及物种园发包给柳某某建设和经营，合同期限为25年，自2007年1月1日至2031年12月31日；柳某某应按建设图纸投资建设好展馆及管理房，所需建设资金由柳某某解决，以建代租；展馆从事兰花及旅游相关产业的活动，柳某某应维护好物种园的物种及兰花等内容。2007年5月14日双方签订《旅游配套设施开发建设协议》，约定兰花村委会将位于沿兰花村兰花路北侧长72米的土地发包给柳某某开发经营，柳某某必须从事旅游配套设施的开发经营建设，承包期为50年，自2007年5月1日至2057年4月30日，柳某某在2007年8月底付清了承包款。合同开始履行后，

柳某某在《兰花村展馆建设及物种园承包经营合同》涉及的土地范围内没有按合同中“管理房不得大于30平方米”约定履行,而是按饭店的用途进行建设(将展馆也改建为饭店包厢),未经兰花村委会同意,数次转租他人用于开办饭店;柳某某维护的物种园的物种和兰花,因维护不善,早已灭绝。在《旅游配套设施开发建设协议》涉及的土地范围内柳某某一直未按合同要求从事旅游配套设施的开发、经营建设,而是未经兰花村委会同意,柳某某数次转租他人用于餐饮等,现转租用于洗车场和酿酒。在合同的履行过程中,兰花村的兰花产业和市场没有形成,兰花村变成了住宅区。兰花村委会认为继续履行合同明显不公,也不能实现合同目的。兰花村委会与柳某某就合同解除还是变更未能协商一致,兰花村委会遂诉至法院,请求解除合同,返还土地、地上建筑物及附属物,支付使用费等。

【裁判结论】

一审法院认为,双方签署“以建代租”的招商引资协议,涉及政府招商引资优惠政策,双方之间的纠纷还涉及历史遗留问题和政策性问题,不应由人民法院作为民事案件处理。基于当时市里政策特殊背景下产生的历史遗留问题,应由相关政府部门通过政策协调予以处理为宜,不适合通过民事诉讼途径予以解决,本案不属于法院受案范围,裁定驳回起诉。

兰花村委会不服一审裁定,提起上诉。

二审法院认为,双方之间的纠纷涉及政府招商引资优惠政策和历史遗留问题,不属于人民法院受理民事案件的范围,应由相关政府部门通过政策协调予以处理。裁定驳回上诉,维持原裁定。

【律师评析】

《民事诉讼法》第3条规定:“人民法院受理公民之间、法人之间、其他组织之间以及他们相互之间因财产关系和人身关系提起的民事诉讼,适用本法的规定。”民事诉讼的主体包括公民、法人和其他组织。公民、法人和其他组织提起民事诉讼的范围包括因财产关系和人身关系而产生的纠纷。财产关系是指基于物质财富关系而形成的相互关系,包括基于债权、物权、知识产权而形成的相互关系等。

《民法典》第 464 条第 1 款规定："合同是民事主体之间设立、变更、终止民事法律关系的协议。"此处合同的定义虽然没有明确表述为"平等民事主体"，但依据法理和我国立法的本意，"平等主体"是成立合同关系的前提。合同是平等民事主体之间订立的民事权利义务关系的协议，属于民事法律关系，关于行政管理的协议和法人、非法人组织内部的管理协议以及劳动合同，更不属于"合同编"的调整范围。[1]《合同法》第 2 条规定得更加详细，原文表述为："本法所称合同是平等主体的自然人、法人、其他组织之间设立、变更、终止民事权利义务关系的协议。"特别强调了"平等主体"。

从《最高人民法院公报》公布的大庆市振富房地产开发有限公司与大庆市人民政府债务纠纷一案[2]可知，法人与政府之间并非民法意义上的平等主体关系，没有就此形成民事合同关系，因此发生纠纷的，尽管双方之间的纠纷具有一定的民事因素，亦不属于人民法院受理民事案件的范围。法官释法说理部分摘录如下：第一，双方当事人在优惠政策制定和履行中地位不平等，不属于民法意义上的平等主体。尽管双方当事人之间在本案讼争建设项目上不存在领导关系、隶属关系，但上述案件事实表明，市政府在制定和执行优惠政策方面居于支配和主导地位。双方当事人尚未形成民法意义上的平等主体之间的民事关系。第二，双方当事人之间没有形成民事合同关系。《合同法》第 2 条规定，本法所称合同是平等主体的自然人、法人、其他组织之间设立、变更、终止民事权利义务关系的协议。合同是双方或者多方当事人在平等自愿基础上形成的意思表示一致的民事法律行为，是以设立、变更、终止民事法律关系为目的的协议。尽管双方当事人之间在本案讼争建设项目上不存在领导关系、隶属关系，但上述案件事实表明，市政府在制定和执行优惠政策方面居于支配和主导地位。尽管双方当事人之间讼争的法律关系存在诸多民事因素，但终因双方当事

---

〔1〕 参见中国审判理论研究会民事审判理论专业委员会编著：《民法典总则编条文理解与司法适用》，法律出版社 2020 年版，第 7 页。

〔2〕 最高人民法院民事判决书，(2006)民一终字第 47 号。

人尚未形成民法所要求的平等主体关系，市政府办公会议关于优惠政策相关内容的纪要及其文件不是双方平等协商共同签订的民事合同，故本案不属于人民法院民事案件受理范围。此纠纷是市政府前届领导在兑现振富锅炉房优惠政策额度以及有关讼争项目遗留的未了事项，应当由大庆市本届政府领导继续解决。[1]

本案中，兰溪市人民政府办公室印发的《兰花村项目开发实施方案》其优惠政策就是行政决定，兰花村委会与柳某某签订的“以建代租”的招商引资协议中所涉及的优惠政策是以兰溪市人民政府的行政决定为依据，其优惠政策是否能落实、执行及怎样执行，不是兰花村委会和柳某某所能左右的。优惠政策是政府单方面作出的，不是案涉合同双方当事人平等自愿协商的协议。在合同双方当事人法律地位不平等的前提下，法院认定不属于民法意义上的合同，不应由人民法院作为民事案件处理。根据1992年11月25日发布的最高人民法院《关于房地产案件受理问题的通知》第3条的规定，属于历史遗留的落实政策性质的房地产纠纷，不属于人民法院主管工作的范围，人民法院应依法不予受理或驳回起诉，可告知其找有关部门申请解决。据此，法院驳回起诉。

【律师提醒】

涉及招商引资及优惠政策的项目更应当谨慎，尤其是投资者一方，一旦产生纠纷，法院不受理，最终还是要找相关政府部门申请处理，双方地位不平等，政府处于强势一方，可以调动更多的资源，有的投资者不仅问题没有得到解决，优惠没得到，投资款也打了水漂，甚至失去了人身自由。对于政府来说也有风险，一些实力不足的投资者会资金链断裂，留下“半拉子工程”，甚至有不良投资者就是为骗补而来，留下烂尾工程，影响政府形象。

---

〔1〕 最高人民法院民事判决书，(2006)民一终字第47号，载《最高人民法院公报》2007年第4期(总第126期)。

【法律依据】

《民事诉讼法》

第一百二十二条　起诉必须符合下列条件：

（一）原告是与本案有直接利害关系的公民、法人和其他组织；

（二）有明确的被告；

（三）有具体的诉讼请求和事实、理由；

（四）属于人民法院受理民事诉讼的范围和受诉人民法院管辖。

第一百二十七条　人民法院对下列起诉，分别情形，予以处理：

（一）依照行政诉讼法的规定，属于行政诉讼受案范围的，告知原告提起行政诉讼；

（二）依照法律规定，双方当事人达成书面仲裁协议申请仲裁、不得向人民法院起诉的，告知原告向仲裁机构申请仲裁；

（三）依照法律规定，应当由其他机关处理的争议，告知原告向有关机关申请解决；

（四）对不属于本院管辖的案件，告知原告向有管辖权的人民法院起诉；

（五）对判决、裁定、调解书已经发生法律效力的案件，当事人又起诉的，告知原告申请再审，但人民法院准许撤诉的裁定除外；

（六）依照法律规定，在一定期限内不得起诉的案件，在不得起诉的期限内起诉的，不予受理；

（七）判决不准离婚和调解和好的离婚案件，判决、调解维持收养关系的案件，没有新情况、新理由，原告在六个月内又起诉的，不予受理。

最高人民法院《关于房地产案件受理问题的通知》（法发〔1992〕38号）

三、凡不符合民事诉讼法、行政诉讼法有关起诉条件的属于历史遗留的落实政策性质的房地产纠纷，因行政指令而调整划拨、机构撤并分合等引起的房地产纠纷，因单位内部建房、分房等而引起的占房、腾房等房地产纠纷，均不属于人民法院主管工作的范围，当事人为此而提起的诉讼，人民法院应依法不予受理或驳回起诉，可告知其找有关部门申请解决。

案例42 名为合作开发，实为土地租赁，引发的纠纷属于法院的受案范围

——深圳市坪地六联股份合作公司发方分公司与王某某、深圳康林生物科技股份有限公司土地租赁合同纠纷案

【裁判要旨】

名为合作开发，实为土地租赁合同，就土地租赁合同纠纷提起的诉讼，属于人民法院受理民事诉讼的范围。涉案土地上建造的厂房是否系违法建筑，不影响本案的审理。

【案号】

（2015）深宝法民三初字第1778号

（2015）深中法房终字第13号

【案情简介】

2010年9月15日，深圳市坪地六联股份合作公司发方分公司（以下简称坪地六联发方分公司）与王某某签订《合作协议书》，约定坪地六联发方分公司提供征地约17,000平方米，与王某某合作建工业厂房之用，合作期限30年，自2010年9月15日起至2040年9月14日止，红利自2010年9月15日起计，自双方签订之日起第一个5年，每月每平方米红利1.5元，以后每5年上浮动20%计算红利，坪地六联发方分公司负责三通一平，王某某在合作的土地范围内应按规划设计图纸自行建造厂房，所有消防、环保、排污、排水设施等由王某某解决，并负责相关费用；所有红利王某某在当月15日前付清，超过2个月，坪地六联发方分公司将采取一定途径收取，并加收30%的滞纳金，超过4个月，坪地六联发方分公司有权单方终止合作协议，或将不动产拍卖以偿还红利；合作协议签订之日起付清至2010年12月底的租金，之后红利中逐月扣除。《合作协议书》签订后，坪地六联发方分公司按约定提供约17,000平方米土地给王某某进行建设厂房，王某某也付清了2010年12月前的租金（红利）。2010年11月30日，王某某持有深圳康林生物科技股份有限公司（以下简称康林公司）100%股份。从2013年1月开始王某某没有按约定时间支付红利，坪地六联发

方分公司诉至法院，请求解除合同，要求王某某返还土地、支付土地使用费等。

【裁判结论】

一审法院认为，坪地六联发方分公司提供土地按月收取红利，在合作开发过程中不承担风险，其性质名为合作开发，实为土地租赁。农村集体土地，在起诉前没有被依法批准为建设用地或经行政主管部门依法批准补办了征用手续转为国有土地的，仍属农用地。王某某兴建的厂房在未经行政主管部门先行处理的情况下，直接向法院提起诉讼，不符合法院受理范围，裁定驳回起诉。

坪地六联发方分公司不服一审裁定，提起上诉。

二审法院认为，坪地六联发方分公司提供土地按月收取固定收益，不参与经营，也不承担经营风险，一审法院认定名为合作开发，实为土地租赁合同，认定正确。坪地六联发方分公司就其与王某某、康林公司之间的土地租赁合同纠纷提起的诉讼，属于人民法院受理民事诉讼的范围。至于涉案土地上建造的厂房如何处理，系土地租赁合同纠纷中地上增设物的处理问题，该厂房是否系违法建筑，不影响本案的审理。裁定撤销一审法院民事裁定，指令一审法院对本案进行审理。

【律师评析】

准确的认定合同性质是正确认定当事人权利和义务的前提。人民法院对合同性质的认定不以当事人的诉讼请求为限，法官可以依职权查明合同性质，当事人主张的合同性质与人民法院根据案件事实认定的合同性质不一致时，人民法院应当将该合同所涉法律关系性质作为焦点问题进行审理。

《民法典》第703条规定："租赁合同是出租人将租赁物交付承租人使用、收益，承租人支付租金的合同。"该条是对租赁合同的定义，租赁合同的特征为：转移租赁物的使用权和收益权；双方达成合意即成立；一方支付租金，另一方让渡租赁物的使用、收益权利；具有一定的期限性。

认定合同性质，应当从合同约定的标的物、权利和义务以及合同履行情况及当事人真实意思等方面进行综合判断。本案中，双方签订的合同名称为《合作协议书》，内容约定的却是深圳市坪地某公司供地，并按土地面积每月固定收取红利;王某某负责建房、消防、环保、排污、排水设施等事宜并负责相关费用。也就是说,深圳市坪地某公司不参与经营,不承担风险,只收取固定红利。这与合作开发合同共担风险的基本特征不符,而与租赁合同的特征完全吻合。因此,法院认定为土地租赁合同纠纷。

法院认定了合同性质为土地租赁,那么土地租赁合同纠纷当然属于人民法院的受案范围,案涉土地上的厂房等处理可以另寻其他法律途径解决。因此,二审法院撤销原裁定,指令一审法院审理。

【律师提醒】

签订合同要名副其实,最好找专业的律师起草、审核、把关,做到意思表达真实、准确,避免产生纠纷时以错误的案由起诉,造成不必要的时间和精力浪费,甚至会导致败诉。不要以名不副实的合同企图规避法律,更不要以合法的形式掩盖非法目的,损害国家利益、集体利益及第三方利益,因为法院会依职权审查合同的性质及效力,当事人不仅会面临合同无效的风险,还要承担相应的民事责任、行政责任,甚至是刑事责任。

【法律依据】

《民事诉讼法》

第一百七十七条 第二审人民法院对上诉案件,经过审理,按照下列情形,分别处理:

(一)原判决、裁定认定事实清楚,适用法律正确的,以判决、裁定方式驳回上诉,维持原判决、裁定;

(二)原判决、裁定认定事实错误或者适用法律错误的,以判决、裁定方式依法改判、撤销或者变更;

(三)原判决认定基本事实不清的,裁定撤销原判决,发回原审人民法院重审,或者查清事实后改判;

(四)原判决遗漏当事人或者违法缺席判决等严重违反法定程序的,裁定撤销原判决,发回原审人民法院重审。

原审人民法院对发回重审的案件作出判决后,当事人提起上诉的,第二审人民法院不得再次发回重审。

第一百七十八条　第二审人民法院对不服第一审人民法院裁定的上诉案件的处理,一律使用裁定。

《民事诉讼法解释》

第三百三十条　第二审人民法院查明第一审人民法院作出的不予受理裁定有错误的,应当在撤销原裁定的同时,指令第一审人民法院立案受理;查明第一审人民法院作出的驳回起诉裁定有错误的,应当在撤销原裁定的同时,指令第一审人民法院审理。

二、租金、保证金的返还及装修损失补偿

案例 43　未取得建设工程规划许可证,租赁合同无效,保证金、租金应返还

——田某与北京奥北之家家居建材有限公司房屋租赁合同纠纷案

【裁判要旨】

出租人就未取得建设工程规划许可证的房屋,与承租人订立的租赁合同无效。合同无效或者被撤销后,因该合同取得的财产,应当予以返还,承租人要求返还履约保证金和租金的请求,法院予以支持。

【案号】

(2015)昌民初字第 13675 号

(2016)京 01 民终 4171 号

【案情简介】

2014 年 2 月 19 日,北京奥北之家家居建材有限公司(以下简称奥北公司)作为出租方(甲方)与作为承租方的田某(乙方)签订了一份《商铺租赁合同》,约定:"第一条　出租商铺的基本情况:甲方将奥北之家家居建材城一层 70 号商铺出租给乙方,出租商铺面积为 100 平方米……第三条　租赁期限及续租:本合同约定出租商铺的租期共 12 个月,自 2014 年 4 月 19 日起至 2015 年 4 月

18日止……第四条　出租商铺的租金及其他相关费用……3.乙方实际承担租金的日期以甲方建材城整体开业为准，如果甲方在2014年4月19日尚未开业的，则乙方可以在出租商铺试营业，在甲方开业之前，乙方无须缴纳租金；如果甲方在2014年4月19日之前开业的，则乙方应在接到甲方通知其开业后营业，并在甲方开业日承担租金及其他相关费用。第五条　履约保证金：乙方应在本合同签署时一次性向甲方支付履约保证金5000元，用于保证乙方履行本合同项下的各项义务，该保证金不转换为租金和其他费用……"签订合同当日，田某向奥北公司交纳了租金35,000元和质保金5000元，并于2014年3月18日交纳了剩余租金48,950元，奥北公司将田某所写欠条一份返还田某予以确认。其后，奥北公司将涉案房屋交付田某使用。《商铺租赁合同》中约定的房屋，未取得建设工程规划许可证，亦未经过相关主管部门批准建设，田某以双方签署的《商铺租赁合同》无效为由诉至法院，请求被告奥北公司退还已交租金、质保金并赔偿装修损失，奥北公司提出反诉要求田某支付房屋占用费。

【裁判结论】

一审法院认为，奥北公司出租给田某的房屋并未取得相关建设工程规划许可证，亦未经过相关主管部门批准建设，故双方之间签订的《商铺租赁合同》应属无效。合同无效或者被撤销后，因该合同取得的财产，应当予以返还；不能返还或者没有必要返还的，应当折价补偿。有过错的一方应当赔偿对方因此所受到的损失，双方都有过错的，应当各自承担相应的责任。本案中，双方之间签订的租赁合同及补充协议无效，奥北公司因该合同及补充协议收取的保证金、租金应当予以返还。田某主张赔偿其装修损失，但未举证证明其具体损失数额，对此本院无法支持。一审法院判决返还保证金和租金。

奥北公司不服一审判决，提起上诉。

二审法院认为，出租人就未取得建设工程规划许可证的房屋，与承租人订立的租赁合同无效。奥北公司将未取得建设工程规划许可证，亦未经过相关主管部门批准建设的房屋出租给田某，双方所签订的《商铺租赁合同》应认定无效。该合同无效后，奥北公司因该合同取得的质保金、租金应予返还。二审法院判决驳回上诉，维持原判。

【律师评析】

根据《城镇房屋租赁解释》第 2 条的规定，出租人就未取得建设工程规划许可证的房屋，与承租人订立的租赁合同无效。据此，法院认定合同无效。合同无效后的处理，《民法典》第 157 条有明确规定，就是返还财产或折价补偿，按照过错原则承担责任。因此，法院判决返还质保金和租金。

“谁主张，谁举证”是我国民事诉讼法规定的一般举证规则，当事人对自己提出的诉讼请求所依据的事实或者反驳对方诉讼请求所依据的事实有责任提供证据加以证明。没有证据或者证据不足以证明当事人的事实主张的，由负有举证责任的当事人承担不利后果。一方要求赔偿损失的，应当就其遭受的损失数额提供证据加以证明，本案中，田某未能举证装饰装修损失数额，无法得到法院支持。田某可以在起诉前就其对房屋的装饰装修现存价值委托有资质的评估鉴定机构进行评估，完成其初步的举证义务，也可以在诉讼中申请法院依法委托评估鉴定机构对装饰装修部分的现存价值进行评估。田某既不能举证证明装饰装修损失数额，也不申请评估鉴定的，法院无法判定损失，只能由田某自己承担举证不能的法律后果。

【律师提醒】

承租人装修房屋应当保留好设计费票据、购买建材的票据、支付的人工费用票据等由装修产生的相关费用的票据。保留这些票据，不仅可以在出现装修质量问题时追究相关方的违约责任，还可以在合同解除或租赁合同无效时，作为遭受损失的初步证据，据此向出租方主张赔偿装修损失。

【法律依据】

《民法典》

第一百五十七条　民事法律行为无效、被撤销或者确定不发生效力后，行为人因该行为取得的财产，应当予以返还；不能返还或者没有必要返还的，应当折价补偿。有过错的一方应当赔偿对方由此所受到的损失；各方都有过错的，应当各自承担相应的责任。法律另有规定的，依照其规定。

《城镇房屋租赁解释》

第二条 出租人就未取得建设工程规划许可证或者未按照建设工程规划许可证的规定建设的房屋，与承租人订立的租赁合同无效。但在一审法庭辩论终结前取得建设工程规划许可证或者经主管部门批准建设的，人民法院应当认定有效。

第四条 房屋租赁合同无效，当事人请求参照合同约定的租金标准支付房屋占有使用费的，人民法院一般应予支持。

当事人请求赔偿因合同无效受到的损失，人民法院依照民法典第一百五十七条和本解释第七条、第十一条、第十二条的规定处理。

案例44 出租违法建设的房屋，合同无效，应返还保证金、装修押金、赔偿装饰装修损失

——深圳市某商业管理有限公司与邹某确认合同无效纠纷案

【裁判要旨】

出租人出租违法建设的房屋，承租人主张房屋租赁合同无效、要求返还租赁保证金、装修押金、赔偿装饰装修损失的，法院予以支持。

【案号】

(2020)粤03民终665号

【案情简介】

2018年11月15日，深圳市某商业管理有限公司（以下简称商业管理公司）与邹某签订编号为HYJX－SG的《房屋租赁合同书》，约定由邹某租赁商业管理公司位于深圳市南山区西丽街道松坪山社区科技北二路1号南玻电子大厦1层B1102号商铺经营“××餐美新城市快餐”，租期1年，2018年11月15日至2019年11月14日，并约定了每月租金30,800元、管理费为7700元等，合同第4.3.1条约定，“次月租金乙方应当在每月25日至30日支付次月基本租金”。邹某装饰装修后开业，并于2019年1月不再交纳租金并关闭门店，随后诉至法院，请求确认《房屋租赁合同书》无效，返还租赁保证金、装修押金、水电

卡押金，赔偿装饰装修损失。商业管理公司提出反诉，诉请返还物业，支付占有使用费，支付违约金等。

【裁判结论】

一审法院认为，原告邹某的理由成立，判决确认合同无效，商业管理公司返还租赁保证金、装修押金、水电卡押金，赔偿邹某装饰装修损失；邹某返还租赁物业。

商业管理公司不服一审判决，提起上诉。

二审法院认为，根据深圳市南山区西丽街道规划土地监察队的回函及《行政处罚决定书》可以确认，当事人未经批准在涉案某大楼一楼下降层存在违法建设行为。出租人亦未能提交证据证明涉案房屋已取得建设工程规划许可证或已经主管部门批准建设。一审法院认定租赁合同无效、应当返还租赁保证金、装修押金、赔偿装饰装修损失处理正确，予以确认。二审判决驳回上诉，维持原判。

【律师评析】

《城镇房屋租赁解释》第 2 条规定："出租人就未取得建设工程规划许可证或者未按照建设工程规划许可证的规定建设的房屋，与承租人订立的租赁合同无效。但在一审法庭辩论终结前取得建设工程规划许可证或者经主管部门批准建设的，人民法院应当认定有效。"该条明确规定了出租违法建筑物的租赁合同是无效的。本案中，商业管理公司在一审法庭辩论终结前未能提交证据证明涉案房屋已取得建设工程规划许可证或已经主管部门批准建设，故依法认定租赁合同无效。

根据《民法典》第 157 条的规定，民事法律行为无效、被撤销或者确定不发生效力后，行为人因该行为取得的财产，应当予以返还；不能返还或者没有必要返还的，应当折价补偿。故本案中，商业管理公司向邹某收取的租赁保证金、装修押金、水电卡押金应当归还，邹某也应当归还房屋。

邹某对房屋的装饰装修已经形成添附，无法拆除，应不应该赔偿呢？根据《民法典》第 157 条的规定：有过错的一方应当赔偿对方由此所受到的损失；各方都有过错的,应当各自承担相应的责任。由此可见,合同无效后损失赔偿的归责原则是过错责任原则,这就需要划分责任、确认是否有过错及过错的比例。

《民法典》第500条是关于缔约过失责任的规定:"当事人在订立合同过程中有下列情形之一,给对方造成损失的,应当承担赔偿责任:(一)假借订立合同,恶意进行磋商;(二)故意隐瞒与订立合同有关的重要事实或者提供虚假情况;(三)有其他违背诚实信用原则的行为。"缔约过失责任是指在合同订立过程中,一方因违背其依据的诚实信用原则所产生的义务,而致另一方的信赖利益的损失,应承担的损害赔偿责任。缔约过失责任的归责原则是过错责任原则,以其过错作为确定责任的要件及确定责任范围的依据。缔约过失责任的构成要件有:(1)行为发生在合同订立阶段;(2)一方必须违背依诚实信用原则所产的法定义务;(3)主观上有过错,包括故意和过失;(4)客观上另一方信赖利益受到损失;(5)一方主观上的过错与另一方客观上的信赖利益损失之间有因果关系。

本案中,双方签订合同时,出租方没有向承租方如实告知房屋存在瑕疵的真实情况,主观上有过错,应适用缔约过失责任的原则和方法处理承租人装饰装修损失问题。因此,法院判决商业管理公司赔偿邹某装饰装修损失。

【律师提醒】

出租有瑕疵的房屋,签订合同时要尽到提示义务,明确告知房屋的真实情况,在合同中披露房屋瑕疵,以降低合同无效后的责任承担比例。

【法律依据】

《城镇房屋租赁解释》

第二条 出租人就未取得建设工程规划许可证或者未按照建设工程规划许可证的规定建设的房屋,与承租人订立的租赁合同无效。但在一审法庭辩论终结前取得建设工程规划许可证或者经主管部门批准建设的,人民法院应当认定有效。

《民法典》

第一百五十七条 民事法律行为无效、被撤销或者确定不发生效力后,行为人因该行为取得的财产,应当予以返还;不能返还或者没有必要返还的,应当折价补偿。有过错的一方应当赔偿对方由此所受到的损失;各方都有过错的,应当各自承担相应的责任。法律另有规定的,依照其规定。

三、未经村民委员会讨论对合同效力的影响

村委会能否将本集体所有的集体土地出租给他人?未经村民会议讨论决定租赁合同是否有效?司法实践中关于该问题出现了两种截然不同的裁判观点:一种观点认为,该等事宜系涉及全体村民利益的重大问题,应当经村民会议讨论决定,未经村民会议讨论决定的租赁合同无效;另一种观点认为,法律并不禁止村委会出租本集体所有的土地,出租集体土地要经过村民会议讨论决定,只是为了对村委会行为进行规范管理,属于管理性强制性规定,而非效力性强制性规定,不能作为认定合同是否有效的法律依据。

案例45　未经村民会议讨论决定转租集体土地的合同无效

——揭阳市立炜塑胶实业有限公司与吴某东、吴某堆、揭阳市揭东区曲溪街道上围社区上围经济联合社土地租赁合同纠纷案

【裁判要旨】

土地属于集体所有,涉及全体村民的利益,未经村民会议讨论决定的转租合同,依法认定为无效。

【案号】

(2019)粤5203民初21号

(2019)粤52民终703号

【案情简介】

2005年3月1日,揭阳市立炜塑胶实业有限公司(以下简称立炜公司)与揭阳市揭东区曲溪街道上围社区上围经济联合社(以下简称上围经联社)签订承

租20亩土地用地的《协议书》,租期自2005年3月1日起至2055年2月28日止,共50年。2006年4月2日,立炜公司与上围经联社签订承租2.56亩的《补充协议书》,立炜公司共向上围经联社租用22.56亩企业用地。2017年1月13日,立炜公司与吴某堆、吴某东及上围经联社签订转租6.35亩土地的《协议书》,上围经联社同意立炜公司将原租地面积22.56亩企业用地中的6.35亩转租给吴某堆、吴某东,期限为50年。《协议书》载明上围经联社同意立炜公司将原租地面积22.56亩企业用地中的6.35亩转租给吴某堆、吴某东,期限为50年,但实际承租人为吴某东,吴某东非上围经联社成员,土地属于上围经联社,立炜公司没有将该土地移交给吴某东、吴某堆使用。立炜公司诉至法院,请求解除合同、赔偿损失等。诉讼中立炜公司变更诉讼请求为确认合同无效,合同项下的土地租权及地上建筑物归立炜公司使用等。吴某东提起反诉,请求将合同中的6.35亩土地及土地附着物交还吴某东,支付违约金等。

【裁判结论】

一审法院认为,转租的6.35亩企业用地没有经过上围经联社村民会议讨论决定,且该《协议书》约定租期50年,超过合同法租赁期限不得超过20年的规定,故《协议书》为无效合同。一审法院判决确认《协议书》无效、土地租权及地上建筑物归立炜公司使用等。

立炜公司和吴某东不服一审判决,提起上诉。

二审法院认为,由于涉案土地属于上围经联社所有,涉及全体村民的利益,立炜公司转租的6.35亩企业用地没有经过上围经联社村民会议讨论决定,据此,一审判决根据《村民委员会组织法》第24条规定认定涉案《协议书》为无效合同并无不当,本院予以维持。二审法院判决驳回上诉,维持原判。

【律师评析】

根据《村民委员会组织法》第24条第1款第8项的规定,涉及村民利益的以租赁方式处分村集体财产要经过村民会议讨论决定。本案中,转租土地未经上围经联社村民会议讨论决定,《民法典》第153条第1款规定:“违反法律、行政法规的强制性规定的民事法律行为无效……”法院认为违反了《村民委员会组织法》的强制性规定，从而认定合同无效。

广东省高级人民法院、最高人民法院审理的文某某、东莞大宁永盛制衣有限公司与增城市新塘镇久裕村民委员会、增城市新塘镇久裕村经济联合社土地租赁合同纠纷一案[1]法院也持否定态度，即对未经村民会议讨论决定的涉及村集体土地租赁行为，认定无效。另外，案涉合同有一个明显的硬伤，就是租赁期限超过了20年，长达50年之久。根据《民法典》第705条的规定，租赁期限不得超过20年。超过20年的，超过部分无效。

关于《村民委员会组织法》第24条第1款第8项的规定，到底是效力性强制性规定，还是管理性强制性规定，存在争议。山东省烟台市中级人民法院、山东省高级人民法院审理的烟台市芝罘区只楚街道沙埠居民委员会与王某某返还原物纠纷一案[2]就作出了相反的判决，法院认为是管理性强制性规定，认定合同有效。

【律师提醒】

承租人对投入较大的项目应当聘请律师做尽职调查，了解土地的性质，审查相关审批手续是否完善，查证各方当事人的身份是否适格，审核合同内容是否符合法律规定等，这样能尽早发现漏洞、瑕疵及错误，预防和规避法律风险。在做尽职调查时律师也应当了解项目所在区域的法院所持的观点及以往生效案例，以便更加准确地把握风险，预见未来可能出现的结果。

【法律依据】

《村民委员会组织法》

第二十四条　涉及村民利益的下列事项，经村民会议讨论决定方可办理：

（一）本村享受误工补贴的人员及补贴标准；

（二）从村集体经济所得收益的使用；

---

〔1〕广东省高级人民法院民事判决书，（2013）粤高法民一终字第73号；最高人民法院民事判决书，（2015）民申字第759号。

〔2〕山东省烟台市中级人民法院民事判决书，（2015）烟民四终字第1129号；山东省高级人民法院民事判决书，（2017）鲁民申62号。

（三）本村公益事业的兴办和筹资筹劳方案及建设承包方案；

（四）土地承包经营方案；

（五）村集体经济项目的立项、承包方案；

（六）宅基地的使用方案；

（七）征地补偿费的使用、分配方案；

（八）以借贷、租赁或者其他方式处分村集体财产；

（九）村民会议认为应当由村民会议讨论决定的涉及村民利益的其他事项。

村民会议可以授权村民代表会议讨论决定前款规定的事项。

法律对讨论决定村集体经济组织财产和成员权益的事项另有规定的，依照其规定。

案例 46 《村民委员会组织法》第 24 条第 1 款第 8 项是管理性强制性规定，不能作为认定合同无效的法律依据

——烟台市芝罘区只楚街道沙埠居民委员会与王某某返还原物纠纷案

【裁判要旨】

《村民委员会组织法》第 24 条第 1 款第 8 项"以借贷、租赁或者其他方式处分集体财产的，需经村民会议讨论决定方可办理"的规定，只是为了对村委会行为进行规范管理，村委会与他人签订租赁合同并不为法律所禁止，该条规定并不属于效力性强制性规定，不能作为认定合同是否有效的法律依据。

【案号】

（2012）芝民社二初字第 437 号

（2015）烟民四终字第 1129 号

（2017）鲁民申 62 号

【案情简介】

1998 年 12 月 21 日，原告王某某与被告烟台市芝罘区只楚镇小沙埠村民委员会（以下简称村委会）签订协议书，约定："一、甲方（村委会）将坐落于沙埠小

学后面的7亩多荒地租赁给乙方(王某某)经营使用,乙方将筹建一半的扶膜沙厂交还甲方整体出租。二、期限为30年,从1998年12月开始计算。租赁费为5万元,因乙方交还的扶膜沙厂甲方不给予补偿费,租赁费交纳时间待乙方经营条件成熟后在租赁期内支付。三、乙方有权在荒地建厂房,自主经营,对外承包、转包、租赁及设施。地面建筑物由乙方自行出资筹建,若将来国家征用,补偿费或赔偿费由乙方享有。”后原告在涉案土地上建起厂房、办公室共计约780平方米,租赁给烟台光明保温材料有限公司经营。2006年9月10日,被告以烟台华埠实业有限公司的名义收取原告租赁费50,000元。2011年9月5日,村委会向法院起诉要求王某某支付土地承包金50,000元并返还占用的土地。在诉讼过程中,村委会于2012年3月派人用沙土将涉案的房屋、土地堵住出口,使租赁经营的烟台光明保温材料有限公司无法正常经营,被迫撤离该厂区。2012年7月4日,村委会撤回起诉。原告王某某以被告居委会封堵道路,强占房屋为由诉至法院,请求判令村委会返还租赁的土地及房屋、赔偿损失。

【裁判结论】

一审法院认为,《村民委员会组织法》第24条第1款第8项规定,以借贷、租赁或者其他方式处分集体财产的,需经村民会议讨论决定方可办理。但该法并未规定未经村民会议讨论决定的租赁合同无效,该条规定是为了对村委会的行为进行规范管理,村委会与他人签订租赁合同并不为法律所禁止,该条规定并不属于效力性强制性规定。故本案中双方签订的协议书,是双方的真实意思表示,且不违反法律规定,应为合法有效,双方均应按约履行,被告强占原告房屋的做法是错误的,应将占用原告的房屋返还给原告。一审判决返还土地及自建房屋。

村委会认为没有封堵房屋、土地出口,合同无效等,不服一审判决,提起上诉。

二审法院认为原审判决正确,上诉理由不成立,判决驳回上诉,维持原判。

村委会认为《村民委员会组织法》第24条第1款第8项及《土地管理法》第43条、第44条,《土地管理法实施条例》第4条、第6条的规定系效力性强制性规定，双方签订的协议书违反了上述规定，应认定无效。村委会不服二审判决，申请再审。

再审法院认为，对于租赁协议的效力，原审的认定符合《合同法》第52条第5项及《合同法解释(二)》第14条的规定。村委会再审申请书中提到的《土地管理法》及《土地管理法实施条例》等相关法律、法规，原审判决并未涉及，不存在据此认定协议效力问题。再审法院裁定驳回村委会的再审申请。

【律师评析】

根据《村民委员会组织法》第24条的相关规定，以借贷、租赁或者其他方式处分村集体财产，涉及村民利益，须经村民会议讨论决定方可办理。《民法典》第153条第1款规定："违反法律、行政法规的强制性规定的民事法律行为无效。但是，该强制性规定不导致该民事法律行为无效的除外。"该条款规定了违反法律、行政法规强制性规定的法律后果：前半部分是关于违反效力性强制性规定的后果是无效；但书部分是关于违反管理性强制性规定的例外，即认定有效。

区分效力性强制性规定和管理性强制性规定对认定合同效力有重要意义。在认定合同无效问题上，司法实践中已经达成共识并形成裁判规则，"法律、行政法规"的适用范围仅限于"全国人大及其常委会制定的法律和国务院制定的行政法规"，而且明确排除了"地方性法规、行政规章"的适用，有效地避免了地方公权力滥用，随意否定合同效力，还将强制性规定区分为效力性规定和管理性规定，进一步规定了认定合同无效的标准，维护交易安全。

区分效力性强制性规定和管理性强制性规定的关键是根据立法目的和强制性规定的设立目的来判断。如果只是为了行政管理的需要，并非要调整民事主体之间的利益关系，这类强制性规定应当视为管理性强制性规定，不应作为认定合同效力的依据。

本案中，虽然村委会对外出租土地未经村民会议讨论决定，但这只是村委会履行职务中的程序性瑕疵，法律并不禁止村委会出租土地，《村民委员会组织法》第24条第1款第8项的规定应当视为管理性规定，其设立目的在于对涉及村民利益的事项通过民主讨论程序使村委会的职权行为公开透明,而非禁止从事该项活动。因此,法院认为未违反法律的效力性强制性规定,认定合同有效。

【法律依据】

《民法典》

第一百五十三条　违反法律、行政法规的强制性规定的民事法律行为无效。但是,该强制性规定不导致该民事法律行为无效的除外。

违背公序良俗的民事法律行为无效。

四、以租代售

所谓的以租代售方式,就是将空置的商品房进行出租,并与租房者签订一个合同,在合同期内购买所租的房,开发商即以租房时的价格卖给租房者,而租房者在租房期内所交的房租,可以抵冲部分购房款,待租房者付清所有房款后,便获得该房的全部房产权;如果租房者在合同期限内不购房,则作退租处理,先期交纳的租金可以作为房产开发商收取的房租。

销售商品房需要五证俱全,五证即《建设用地规划许可证》《建设工程规划许可证》《建筑工程施工许可证》《国有土地使用证》《商品房预售许可证》。在商品房销售不佳的情况下,开发商另辟蹊径,开拓出一种崭新的销售方式,同时也给购房者提供了较大的选择余地。以租代售作为开发商的一种销售手段,对于手续齐全的商品房来说是合法有效的。然而,一些未经依法审批改变土地用途,在集体建设用地、工矿用地上建设的房屋,依法不能获得产权证明,不具备上市交易条件的房屋,通过以租代售的方式以签订超过 20 年租期的租赁合同变相买卖房屋。这一销售创新手段一旦用错了地方,便是违法的,被禁止的。

2017 年 8 月 21 日,国土资源部、住房和城乡建设部联合印发的《利用集体建设用地建设租赁住房试点方案》明确规定:集体租赁住房出租,应遵守相关法律法规和租赁合同约定,不得以租代售。

将小产权房“以租代售”的方式变相买卖,当然也是被禁止的。《民法典》第 705 条规定:“租赁期限不得超过二十年。超过二十年的,超过部分无效。”这就意味着合同的履行全靠当事人信誉作保证,任何一方反悔,起诉到法院,合同就会被认定为无效,这种以租赁合同代替买卖合同的方式存在巨大风险。如果在租赁的20年内,房屋被征收、征用,政府拆迁补偿款会补给初始登记权人,承租人(买受人)很难从出租人(出卖人)处获得补偿。如果是被强制拆除,承租人(买受人)更难获得补偿。就算能安稳地度过20年,那么第一个20年租期到时就要注意了,如果出租方(出卖方)不再续签合同,承租人(买受人)的权益将无法获得法律保障。

案例47 未经依法审批改变土地用途,以租代售合同无效

——许某某、浙江省浙商资产管理有限公司别除权纠纷案

【裁判要旨】

未经依法审批改变土地用途,采用签订租房协议的形式将工业用地上建造的房屋分割出售,违反了法律禁止工业用地分割转让的强制性规定,扰乱了城市房地产市场秩序,合同无效。

【案号】

(2019)浙0782民初10773号

(2019)浙07民终5543号

【案情简介】

2016年5月10日,浙江义乌丰臻工艺品有限公司(以下简称丰臻工艺品公司)因未能按照借款合同的约定按时支付农行义乌分行贷款利息,也未归还本金,被义乌市人民法院判令:农行义乌分行在上述债权范围内对刘某某、武某某所有并用于抵押的坐落于义乌市金福源商厦的D1-142、D1-143房产的拍卖、变卖所得价款享有优先受偿权。2016年6月6日,金华市中级人民法院判令:农行义乌分行对丰臻工艺品公司坐落于义乌市房地产在最高额16,084万元范围内对上述债务享有优先受偿权。嗣后,农行浙江省分行将其(含相关下属支行)依法享有的对丰臻工艺品公司的债权及担保合同项下的全部权益转让

给中国信达资产管理股份有限公司浙江省分公司，后又转让给浙江省浙商资产管理有限公司（以下简称浙商资产公司）。2018 年浙商资产公司申请丰臻工艺品公司破产并向管理人申报了债权。

2014 年 6 月 8 日，丰臻工艺品公司（甲方）与许某某（乙方）签订《房屋租赁协议书》一份，协议如下："经甲、乙双方充分协商，乙方自愿承租甲方位于城店南路 778 号丰臻工艺品公司院内第五幢一层一单元 B－1 户，为明确甲、乙双方的权利义务，经双方平等友好协商，特签订本合同书。一、租赁房屋房款为每平方米 3650 元，合计为大写：肆拾玖万壹仟贰佰玖拾元整（小写：491，290.00 元）。二、乙方自愿向甲方一次性租赁套房使用期限为 40 年，具体期限以土地使用到期期限为准（土地使用期限自 2008 年 7 月 28 日起至 2053 年 4 月 22 日止）。三、乙方租的套房为第五幢一层一单元 B－1 户，建筑面积 134.6 平方米，该房 2014 年 6 月 30 日前交给乙方，乙方仅有地上房屋使用权。四、在土地原使用期限内如国家政策许可土地出让的（可以办房产证、土地证），乙方无条件享受受让权，但额外交付的土地出让金、税款及有关办证费用由乙方自负。五、乙方对租赁的套房有使用权、出租权和转让权，使用权可继承、赠与。乙方转让时经甲方书面见证后，受转让人享有与乙方同等权益。六、在土地使用权终止日到期后国家政策同意延续的，其土地使用权限归乙方所有，但需要补交的出让金，税款的一切相关费用则全部由乙方承担，甲方不准对乙方再另收任何费用。七、乙方租赁的套房，在没有办理土地证、房产证以前，在土地使用期内如遇政府不可抗拒的行为拆迁，按政府有关赔偿政策规定办理。在乙方租赁期未到期的情况下，按乙方实际使用期计算租赁房款，剩余未到期的租赁房款由甲方一次性全款退还给乙方……"同日，丰臻工艺品公司（甲方）与许某某（乙方）还签订了《房屋租赁协议书》一份，租赁第五幢一层一单元 B－2、二单元 B－3，房款为每平方米 3500 元，合计为玖拾叁万壹仟柒佰柒拾元整（小写：931，770.00 元），其他协议条款与第一份协议书约定条款均一致。

2012 年 5 月 22 日、2013 年 4 月 17 日许某某分别向武某某（丰臻工艺品公司法定代表人刘某某的妻子）银行账户转账支付 50 万元、100 万元，共计 150 万元。丰臻工艺品公司管理人对上述《房屋租赁协议书》核查后，于2018年10月11日作出(2018)丰破管字36号《浙江义乌丰臻工艺品有限公司管理人保护以下租赁合同的决定书》，决定保护许某某的租赁关系，自签订合同之日起计算，期限不超过20年。受让抵押债权的浙商资产公司不同意丰臻工艺品公司管理人的上述决定，于2019年5月30日以丰臻工艺品公司为被告、许某某为第三人，诉至法院，请求：(1)判令丰臻工艺品公司管理人作出的(2018)丰破管字36号《浙江义乌丰臻工艺品有限公司管理人保护以下租赁合同的决定书》无效。(2)判令丰臻工艺品公司与许某某签订的两份《房屋租赁协议书》无效。

【裁判结论】

一审法院认为，该协议未经行政部门审批将工业厂房变相出售给许某某由其当作商品房使用，名为租赁、实为销售，违背了国家对工业用地的规划和管理，属于恶意串通，损害国家、集体利益的行为，应为无效。无效的合同自始没有法律约束力，故丰臻工艺品公司管理人作出的(2018)丰破管字36号《浙江义乌丰臻工艺品有限公司管理人保护以下租赁合同的决定书》中"决定保护许某某的租赁关系，自签订合同之日起计算，期限不超过20年"的内容不符合法律规定，应认定为无效。一审判决确认丰臻工艺品公司与许某某于2014年6月8日签订的两份《房屋租赁协议书》无效、确认丰臻工艺品公司管理人作出的(2018)丰破管字36号《浙江义乌丰臻工艺品有限公司管理人保护以下租赁合同的决定书》中"决定保护许某某的租赁关系，自签订合同之日起计算，期限不超过20年"的内容无效。

第三人许某某不服一审判决，提起上诉。

二审法院认为，认定合同性质应当从协议约定的全部条款内容结合双方签订合同的真实意思表示来综合分析判断。租赁合同是出租人将租赁物交付承租人使用、收益，承租人支付租金的合同。案涉协议约定的内容远远超过承租人根据租赁合同所享有的"使用、收益"权利以及"支付租金"的义务，该协议实际涉及对房屋所有权的处分，更符合买卖合同的性质，真实意思表示是建立买卖关系而非租赁关系。丰臻工艺品公司未经依法审批改变土地用途，采用签订租房协议的形式将工业用地上建造的房屋分割出售,违反法律禁止工业用地分割转让的强制性规定,扰乱了城市房地产市场秩序。一审认定丰臻工艺品公司与许某某之间以租代售的房屋买卖行为无效并无不当。二审判决驳回上诉,维持原判。

【律师评析】

1. 合同性质的认定

合同的性质是指合同属于什么类型,具有什么法律特征。解决合同纠纷,首先要准确地认定合同的性质,从当事人缔约目的、合同条款、利益分配、风险分担等方面综合判断,不被合同名称及当事人的陈述所迷惑,正确认定合同性质是正确适用法律的前提和基础。

2. 合同效力

根据《民法典》第465条和第502条的相关规定,依法成立的合同,受法律保护;依法成立的合同,自成立时生效。合同效力,就是指依法成立受法律保护的合同,对合同当事人产生的享受权利并履行义务,不得擅自变更或解除合同的法律约束力。合同的效力分为4个类型:①有效合同;②无效合同;③效力待定合同;④可变更、可撤销合同。无效合同是指存在法定无效情形的合同,合同虽然已经成立,但其违反了法律或行政法规的强制性规定,或在法律上不按当事人之间的合约赋予其法律效力的合同。

3. 以租代售

以租代售多指未经依法审批改变土地用途,在集体建设用地、工矿用地上建设的房屋,不具备上市交易条件,以租赁的合法形式掩盖变相买卖的目的,签订的合同名为房屋租赁,实为房屋买卖。租赁合同是出租人将租赁物交付承租人使用、收益,承租人支付租金的合同,其法律特征是转移租赁物的使用收益权、双务有偿,具有确定的期限,临时的,而非永久使用。买卖合同是出卖人转移标的物的所有权于买受人,买受人支付价款的合同,其法律特征是转移标的物的所有权、双务有偿。租赁合同和买卖合同的本质区别在于转移的是使用权而非所有权。以租代售最明显的特征是超长租期,超过20年甚至是永久使用。

租户以期通过以租代售合同获得房屋的长期使用权甚至房屋所有权，以“以租代售”方式出售小产权房，这种做法无疑是以合法的形式掩盖非法的目的。这种以租赁合同代替购买合同的方式风险很大。根据《民法典》第 705 条的规定，租赁合同最长不能超过 20 年。在租赁的 20 年内，由于房屋原因，如房屋被拆除，导致合约无法履行的，承租方（买方）有权向出租方（卖方）主张相应的补偿；但是 20 年租期期满，出租方（卖方）有权终止合同，万一出租方（卖方）反悔不再续签合同，则承租方（买方）无法获得赔偿。

根据《民法典》第 153 条、第 154 条的规定，违反法律、行政法规的强制性规定的合同无效；恶意串通，损害他人合法权益的合同无效。对涉案合同的性质和效力，法院可以依职权进行审查，不受当事人诉讼请求的限制。人民法院经审查发现当事人的合同名为租赁、实为销售，属于恶意串通损害国家、集体利益的行为，应当主动行使国家公权力干预当事人的民事行为，不受当事人诉讼请求的限制。因此，法院认定以租代售的合同无效。

【法律依据】

《民法典》

第一百五十三条 违反法律、行政法规的强制性规定的民事法律行为无效。但是，该强制性规定不导致该民事法律行为无效的除外。

违背公序良俗的民事法律行为无效。

第一百五十四条 行为人与相对人恶意串通，损害他人合法权益的民事法律行为无效。

第五百零二条 依法成立的合同，自成立时生效，但是法律另有规定或者当事人另有约定的除外。

依照法律、行政法规的规定，合同应当办理批准等手续的，依照其规定。未办理批准等手续影响合同生效的，不影响合同中履行报批等义务条款以及相关条款的效力。应当办理申请批准等手续的当事人未履行义务的，对方可以请求其承担违反该义务的责任。

依照法律、行政法规的规定，合同的变更、转让、解除等情形应当办理批准等手续的,适用前款规定。

五、担保效力

案例48 租赁合同无效,担保合同亦无效,保证人无须承担保证责任

——深圳市甲公司与深圳市乙公司及梁某某、黄某某房屋租赁合同纠纷案

【裁判要旨】

涉案物业未履行报批报建手续,不具有合法产权,租赁合同无效,担保合同作为从合同亦无效,保证人无须承担保证责任。

【案号】

(2018)粤0305民初9970号

【案情简介】

2016年4月15日,深圳市甲公司与KH公司签订了一份《房屋租赁合同》,2016年6月2日,经KH公司提出申请,深圳市甲公司与KH公司及深圳市乙公司签署《变更物业承租人承诺书》,约定将前述租赁合同的承租人由KH公司变更为深圳市乙公司,同时KH公司自愿承诺,由其与其股东为深圳市乙公司提供履约担保,并承担连带责任,KH公司股东梁某某、黄某某在落款处签字确认。2016年6月8日深圳市甲公司与深圳市乙公司另签订《物业租赁合同》,确认了租赁面积、租金、保证金、租期、合同终止条件等内容,合同签署后,得以实际履行。

2017年7月7日,深圳市甲公司与深圳市乙公司签署《解除租赁合同协议书》,约定解除涉案租赁合同,理由是深圳市乙公司长期拖欠租金,已经构成根本违约。同时约定了租金及水电费缴交截止日期、租赁保证金冲抵租金、累计迟延支付租金金额及交款日期及违约责任等。

同日,深圳市乙公司法定代表人梁某某及深圳市乙公司股东黄某某向深圳市甲公司出具《保证书》,自愿为深圳市乙公司拖欠深圳市甲公司的租金承担不

可撤销的连带责任保证,作为担保人在落款处签字捺印。到期后深圳市乙公司未按约定支付租金,深圳市甲公司诉至法院,请求判令深圳市乙公司偿还欠款及相应滞纳金,判令保证人梁某某和黄某某承担连带保证责任。

【裁判结论】

一审法院认为,根据现有证据无法证明涉案物业已履行了报批报建手续、具有合法产权,根据相关法律规定,就该物业订立的租赁合同无效。因此,深圳市甲公司与深圳市乙公司签订的涉案《物业租赁合同》及《解除租赁合同协议书》属无效合同。主合同无效,担保合同作为从合同亦无效。因此,被告梁某某及黄某某向原告出具的两份《保证书》无效,梁某某及黄某某无须承担保证责任。一审判决深圳市乙公司向深圳市甲公司支付欠款,驳回深圳市甲公司其他诉讼请求。

一审判决后,双方均未上诉,判决生效。

【律师评析】

1. 租赁合同无效及后果

出租没有报批报建手续的房屋,房屋租赁合同会被法院认定无效,合同无效的法律后果就是,因该合同取得的财产,应当予以返还;不能返还或者没有必要返还的,应当折价补偿。有过错的一方应当赔偿对方因此所受到的损失,双方都有过错的,应当各自承担相应的责任。双方约定的合同条款(合同中解决争议的条款除外)自始至终都不具有法律效力,出租人的权益无法得到法律保障,出租人要返还预收的租金、保证金,还要根据过错程度支付扩建及装饰装修损失赔偿金。

2. 主债权债务合同无效,担保合同亦无效

根据《民法典》第388条的规定,担保合同是主债权债务合同的从合同,主债权债务合同无效的,担保合同亦无效。本案中《物业租赁合同》作为主合同被法院认定无效,作为从合同的《保证书》也无效,出租人无法依据《保证书》的约定追究保证人的连带责任。

【律师提醒】

为使经济利益最大化，当事人可能明知签订的合同在发生纠纷时会被法院认定无效（如出租无合法报建手续的房屋），依然会签订无法律效力的合同。他们知道，即使被认定合同无效，承租方享受了使用权，出租方照样可以依法获得占有使用费，最基本权益还是能够得到保障的。为维护自身的合法权益，确保在合同无效的情况下能够尽量减少损失，出租人应当培养风险防控意识，并采取以下防范措施。

①签订合同前了解承租人的履约能力、商业信用等情况。

②签订合同时要尽到提示义务，出租人要明确告知房屋的真实情况，披露房屋瑕疵。合同无效后的责任承担原则是过错责任原则，隐瞒房屋瑕疵导致承租人合同目的不能实现，承租人就会以出租人存在过错要求赔偿装修装饰等损失，法院按照双方的过错程度按比例承担损失。因此，即便双方签订的是无效合同，仍应当在合同条文醒目位置充分提示可能给承租人带来的某些法律风险，以降低过错责任承担的比例。

③合同签订后，关注承租人的生产经营情况，当承租人出现《民法典》第527条规定的经营状况严重恶化，转移财产、抽逃资金，以逃避债务，丧失商业信誉，有丧失或者可能丧失履行债务能力的其他情形时要及时终止合同的履行，尽早止损。即使承租人愿意按照《民法典》第528条的规定提供适当担保，甚至法定代表人或股东愿意承担无限连带保证责任，也无法保证出租人的债权，主合同无效，保证合同亦无效，要求担保人承担保证责任的诉求法院不会支持。

④承租人出现欠租时及时催交，承租人无力交租或拒绝交租时要及时清退，防止损失的进一步扩大。

【法律依据】

《民法典》

第三百八十八条　设立担保物权，应当依照本法和其他法律的规定订立担保合同。担保合同包括抵押合同、质押合同和其他具有担保功能的合同。担保合同是主债权债务合同的从合同。主债权债务合同无效的，担保合同无效，但是法律另有规定的除外。

担保合同被确认无效后，债务人、担保人、债权人有过错的，应当根据其过错各自承担相应的民事责任。

附　录

一、房屋租赁

1. 中华人民共和国民法典(节选)

(2020年5月28日第十三届全国人民代表大会第三次会议通过
中华人民共和国主席令第45号　2020年5月28日发布
自2021年1月1日起实施)

第十四章　租赁合同

第七百零三条　租赁合同是出租人将租赁物交付承租人使用、收益,承租人支付租金的合同。

第七百零四条　租赁合同的内容一般包括租赁物的名称、数量、用途、租赁期限、租金及其支付期限和方式、租赁物维修等条款。

第七百零五条　租赁期限不得超过二十年。超过二十年的,超过部分无效。

租赁期限届满,当事人可以续订租赁合同;但是,约定的租赁期限自续订之日起不得超过二十年。

第七百零六条　当事人未依照法律、行政法规规定办理租赁合同登记备案手续的,不影响合同的效力。

第七百零七条　租赁期限六个月以上的,应当采用书面形式。当事人未采用书面形式,无法确定租赁期限的,视为不定期租赁。

第七百零八条 出租人应当按照约定将租赁物交付承租人,并在租赁期限内保持租赁物符合约定的用途。

第七百零九条 承租人应当按照约定的方法使用租赁物。对租赁物的使用方法没有约定或者约定不明确,依据本法第五百一十条的规定仍不能确定的,应当根据租赁物的性质使用。

第七百一十条 承租人按照约定的方法或者根据租赁物的性质使用租赁物,致使租赁物受到损耗的,不承担赔偿责任。

第七百一十一条 承租人未按照约定的方法或者未根据租赁物的性质使用租赁物,致使租赁物受到损失的,出租人可以解除合同并请求赔偿损失。

第七百一十二条 出租人应当履行租赁物的维修义务,但是当事人另有约定的除外。

第七百一十三条 承租人在租赁物需要维修时可以请求出租人在合理期限内维修。出租人未履行维修义务的,承租人可以自行维修,维修费用由出租人负担。因维修租赁物影响承租人使用的,应当相应减少租金或者延长租期。

因承租人的过错致使租赁物需要维修的,出租人不承担前款规定的维修义务。

第七百一十四条 承租人应当妥善保管租赁物,因保管不善造成租赁物毁损、灭失的,应当承担赔偿责任。

第七百一十五条 承租人经出租人同意,可以对租赁物进行改善或者增设他物。

承租人未经出租人同意,对租赁物进行改善或者增设他物的,出租人可以请求承租人恢复原状或者赔偿损失。

第七百一十六条 承租人经出租人同意,可以将租赁物转租给第三人。承租人转租的,承租人与出租人之间的租赁合同继续有效;第三人造成租赁物损失的,承租人应当赔偿损失。

承租人未经出租人同意转租的,出租人可以解除合同。

第七百一十七条　承租人经出租人同意将租赁物转租给第三人，转租期限超过承租人剩余租赁期限的，超过部分的约定对出租人不具有法律约束力，但是出租人与承租人另有约定的除外。

第七百一十八条　出租人知道或者应当知道承租人转租，但是在六个月内未提出异议的，视为出租人同意转租。

第七百一十九条　承租人拖欠租金的，次承租人可以代承租人支付其欠付的租金和违约金，但是转租合同对出租人不具有法律约束力的除外。

次承租人代为支付的租金和违约金，可以充抵次承租人应当向承租人支付的租金；超出其应付的租金数额的，可以向承租人追偿。

第七百二十条　在租赁期限内因占有、使用租赁物获得的收益，归承租人所有，但是当事人另有约定的除外。

第七百二十一条　承租人应当按照约定的期限支付租金。对支付租金的期限没有约定或者约定不明确，依据本法第五百一十条的规定仍不能确定，租赁期限不满一年的，应当在租赁期限届满时支付；租赁期限一年以上的，应当在每届满一年时支付，剩余期限不满一年的，应当在租赁期限届满时支付。

第七百二十二条　承租人无正当理由未支付或者迟延支付租金的，出租人可以请求承租人在合理期限内支付；承租人逾期不支付的，出租人可以解除合同。

第七百二十三条　因第三人主张权利，致使承租人不能对租赁物使用、收益的，承租人可以请求减少租金或者不支付租金。

第三人主张权利的，承租人应当及时通知出租人。

第七百二十四条　有下列情形之一，非因承租人原因致使租赁物无法使用的，承租人可以解除合同：

（一）租赁物被司法机关或者行政机关依法查封、扣押；

（二）租赁物权属有争议；

（三）租赁物具有违反法律、行政法规关于使用条件的强制性规定情形。

第七百二十五条　租赁物在承租人按照租赁合同占有期限内发生所有权

变动的,不影响租赁合同的效力。

第七百二十六条 出租人出卖租赁房屋的,应当在出卖之前的合理期限内通知承租人,承租人享有以同等条件优先购买的权利;但是,房屋按份共有人行使优先购买权或者出租人将房屋出卖给近亲属的除外。

出租人履行通知义务后,承租人在十五日内未明确表示购买的,视为承租人放弃优先购买权。

第七百二十七条 出租人委托拍卖人拍卖租赁房屋的,应当在拍卖五日前通知承租人。承租人未参加拍卖的,视为放弃优先购买权。

第七百二十八条 出租人未通知承租人或者有其他妨害承租人行使优先购买权情形的,承租人可以请求出租人承担赔偿责任。但是,出租人与第三人订立的房屋买卖合同的效力不受影响。

第七百二十九条 因不可归责于承租人的事由,致使租赁物部分或者全部毁损、灭失的,承租人可以请求减少租金或者不支付租金;因租赁物部分或者全部毁损、灭失,致使不能实现合同目的的,承租人可以解除合同。

第七百三十条 当事人对租赁期限没有约定或者约定不明确,依据本法第五百一十条的规定仍不能确定的,视为不定期租赁;当事人可以随时解除合同,但是应当在合理期限之前通知对方。

第七百三十一条 租赁物危及承租人的安全或者健康的,即使承租人订立合同时明知该租赁物质量不合格,承租人仍然可以随时解除合同。

第七百三十二条 承租人在房屋租赁期限内死亡的,与其生前共同居住的人或者共同经营人可以按照原租赁合同租赁该房屋。

第七百三十三条 租赁期限届满,承租人应当返还租赁物。返还的租赁物应当符合按照约定或者根据租赁物的性质使用后的状态。

第七百三十四条 租赁期限届满,承租人继续使用租赁物,出租人没有提出异议的,原租赁合同继续有效,但是租赁期限为不定期。

租赁期限届满,房屋承租人享有以同等条件优先承租的权利。

2. 住房租赁条例(征求意见稿)

(2020 年 9 月 7 日公布　2020 年 10 月 8 日截止)

第一章　总　　则

第一条　为了规范住房租赁活动,维护住房租赁当事人合法权益,构建稳定的住房租赁关系,促进住房租赁市场健康发展,制定本条例。

第二条　本条例适用于国有土地上住房的租赁活动及其监督管理。

第三条　国务院住房和城乡建设主管部门负责全国住房租赁活动的监督管理工作。

省、自治区人民政府住房和城乡建设主管部门和直辖市人民政府房产管理部门负责本行政区域内住房租赁活动的监督管理工作。

市、县人民政府房产管理部门负责本行政区域内住房租赁活动的监督管理工作。

县级以上人民政府公安、市场监督管理、金融监管、税务等部门依照本条例和其他有关法律、法规的规定,在各自的职责范围内负责住房租赁活动的监督管理工作。

第四条　街道办事处、乡镇人民政府、居民委员会等应当协助房产管理等有关部门,加强对住房租赁活动的监督管理。

第五条　住房租赁实行实名交易制度,当事人在住房租赁活动中,应当提供真实身份信息。

在住房租赁活动中采集的信息受法律保护,任何组织和个人需要获取他人信息的,应当依法取得并确保信息安全,不得非法收集、使用、加工、传输他人信息,不得非法买卖、提供或者公开他人信息。

第二章　出租与承租

第六条　出租人出租住房应当遵守法律、法规的规定,确保出租的住房符合建筑、消防等方面的标准和要求,并具备供水、供电等必要的生活条件。

出租住房的室内装修应当符合国家有关标准,不得危及承租人的人身健康。

禁止将不符合工程建设强制性标准、消防安全要求或者室内装修国家有关标准的住房以及其他依法不得出租的住房出租。

第七条 出租人应当为承租人提供必要的居住空间。厨房、卫生间、阳台和地下储藏室等非居住空间,不得出租用于居住。

设区的市级以上地方人民政府应当规定必要的居住空间标准,明确符合当地实际的单间租住人数和人均租住面积。

第八条 住房出租人和承租人应当依法签订书面住房租赁合同。

签订住房租赁合同前,出租人应当向承租人出示身份证明、不动产权属证书等证明住房权利归属的材料。承租人有权要求出租人配合其依法查询、核实有关信息。承租人应当向出租人出示身份证明。

第九条 在住房租赁合同期限内,除法律规定和合同约定的情形外,出租人或者承租人不得单方面解除住房租赁合同,不得单方面提高或者降低租金。

第十条 出租人收取押金的,应当在住房租赁合同中约定押金的数额和返还时间。除住房租赁合同约定的情形以外,出租人不得扣减或者迟延返还押金。

第十一条 未经承租人同意,出租人不得擅自进入租赁住房。有正当理由确有必要进入租赁住房的,出租人应当与承租人约定时间,承租人应当予以配合。

第十二条 出租人应当履行租赁住房的维修义务,但当事人另有约定的除外。出租人未及时履行维修义务的,承租人可以自行维修,维修费用由出租人负担。

第十三条 承租人应当遵守法律、法规的规定,合理使用租赁住房,不得损坏、擅自拆除消防设施或者改动房屋承重结构。未经出租人同意,承租人不得擅自拆改室内设施或者改动房屋其他结构。

第十四条　承租人应当遵守管理规约。不得有任意弃置垃圾、排放污染物或者噪声、违反规定饲养动物、违章搭建、侵占通道、高空抛物等损害他人合法权益的行为。

第十五条　住房租赁合同期满或者解除,承租人应当及时腾退租赁住房,出租人不得采取暴力、威胁或者其他非法方式迫使承租人腾退。承租人拒不腾退的,出租人可以依法要求承租人腾退租赁住房;造成损失的,承租人应当依法承担赔偿责任。

第十六条　出租人和承租人签订住房租赁合同的,应当通过房屋网签备案系统进行备案。住房租赁企业租赁住房或者房地产经纪机构促成住房租赁的,由住房租赁企业或者房地产经纪机构办理住房租赁合同网签备案。

住房租赁合同网签备案,不得收取任何费用。

第十七条　承租人可以持住房租赁合同,按照有关规定申领居住证等,依法享受基本公共服务和便利。

承租人按照有关规定申请享受基本公共服务和便利的,相关部门应当通过房屋网签备案系统查询住房租赁合同信息。

第三章　租赁企业

第十八条　住房租赁企业是指开展住房租赁经营业务,将自有房屋或者以合法方式取得的他人房屋提供给承租人居住,并与承租人签订住房租赁合同,向承租人收取租金的企业。

第十九条　住房租赁企业应当依法办理市场主体登记,取得营业执照,经营范围中明确有住房租赁经营业务。自然人转租住房套数或者间数达到城市人民政府规定规模的,应当依法办理市场主体登记。

住房租赁企业应当具备与经营规模相适应的自有资金、专业人员和管理能力,具体标准由国务院住房和城乡建设主管部门规定。

第二十条　住房租赁企业应当建立健全住房租赁信息查验、安全保障等内部管理制度,如实记载相关信息,查验承租人身份证明,定期对租赁住房进行安全检查和维护。

第二十一条 住房租赁企业等市场主体在从事住房租赁有关经营活动时，应当遵守《中华人民共和国反垄断法》《中华人民共和国反不正当竞争法》等的有关规定，禁止哄抬租金、捆绑消费等扰乱市场秩序的行为。

第二十二条 住房租赁企业及其从业人员不得有下列行为：

（一）发布虚假房源信息；

（二）隐瞒住房租赁的重要信息；

（三）以隐瞒、欺诈、胁迫、捆绑销售等不正当手段，诱骗或者迫使当事人接受服务；

（四）违规提供金融产品和服务；

（五）利用承租人或者房屋权利人名义套取信贷资金；

（六）克扣或者延迟返还租金押金；

（七）泄露或者不当使用客户信息；

（八）法律、法规禁止的其他行为。

第二十三条 住房租赁企业不得以隐瞒、欺骗、强迫等方式要求承租人使用住房租金贷款，不得以租金优惠等名义诱导承租人使用住房租金贷款，不得在住房租赁合同中包含租金贷款相关内容。

商业银行发放住房租金贷款，应当以备案的住房租赁合同为依据，贷款期限不得超过住房租赁合同期限。

第二十四条 国家鼓励住房租赁企业与承租人签订租赁期限为3年以上的住房租赁合同。

第四章 经纪活动

第二十五条 国家实行房地产经纪从业人员实名登记制度。房地产经纪从业人员只能在一个房地产经纪机构从事业务，不得以个人名义承接房地产经纪业务。房地产经纪机构应当依法与房地产经纪从业人员签订劳动合同。

房地产经纪从业人员包括从事房地产经纪的专业人员和其他从事房地产

经纪业务的人员。

从事房地产经纪的专业人员,是指通过房地产经纪专业人员职业资格考试,取得职业资格证书的房地产经纪从业人员。

第二十六条 房地产经纪机构应当有一定数量的从事房地产经纪的专业人员。具体标准由国务院住房和城乡建设主管部门规定。

房地产经纪机构应当在经营场所醒目位置公示房地产经纪机构备案信息、从业人员情况、服务规范和标准、服务项目和收费标准等。

第二十七条 房地产经纪机构发布的住房地址、面积、租金和图片等房源信息应当真实、准确,在经营场所、网站等不同渠道发布的房源信息应当一致。房地产经纪机构发布房源信息前,应当核对并记录委托人身份证明、住房权属信息,实地查看住房,与委托人签订书面房地产经纪服务合同,编制住房状况说明书。

房地产经纪机构与委托人签订的房地产经纪服务合同、编制的住房状况说明书应当由房地产经纪机构和从事房地产经纪的专业人员签章,并按相关规定保存。

第二十八条 房地产经纪机构应当对住房租赁服务项目实行明码标价。

房地产经纪机构收费前应当向当事人出具收费清单,列明收费标准、收费金额以及其他与收费有关的事项,收费清单由当事人签字确认。

房地产经纪机构在住房租赁经纪活动中不得收取任何未予列明的费用。

通过房地产经纪机构签订的住房租赁合同,租赁期间届满,出租人和承租人续订或者重新签订住房租赁合同的,房地产经纪机构不得再次收取佣金等费用。

第二十九条 房地产经纪机构及其从业人员不得有下列行为:

(一)发布虚假房源信息;

(二)隐瞒影响住房租赁的重要信息;

(三)违规提供金融产品和服务;

(四)为依法不得出租的住房提供经纪服务;

(五)强制代办住房公积金提取等服务并额外收取费用;

(六)未经当事人同意,以当事人名义签订住房租赁合同;

(七)赚取租金差价;

(八)泄露或者不当使用客户信息;

(九)法律、法规禁止的其他行为。

第三十条 提供住房租赁信息发布服务的网络交易平台经营者,应当依法履行联网备案责任,并对信息发布者的真实身份信息负责,不得允许未备案、被列入经营异常名录或者严重违法失信名单的住房租赁企业、房地产经纪机构及其从业人员发布房源信息。网络交易平台经营者知道或者应当知道信息发布者有提供虚假材料、虚假信息等违法情形的,应当采取删除、屏蔽相关信息等必要措施,保存相关记录,并向有关部门报告;未采取必要措施造成他人损失的,依法与信息发布者承担连带责任。

第五章 扶持措施

第三十一条 设区的市级以上地方人民政府应当结合本地租赁住房供需状况等因素,将新建租赁住房纳入住房发展规划,合理确定租赁住房建设规模,并在年度住房建设计划和住房用地供应计划中予以安排。

第三十二条 国家鼓励通过新增用地专门建设租赁住房,在新建商品住房项目中配建租赁住房,利用整幢既有房屋用于出租,将商业办公用房、工业厂房等非住宅改建为租赁住房等方式,多渠道增加租赁住房供应。

国家鼓励单位和个人将依法符合出租条件的住房出租,鼓励出租人和承租人签订长期住房租赁合同。签订长期住房租赁合同且合同履行达到一定年限的,按照设区的市级以上地方人民政府的规定享受相应的政策支持。

第三十三条 住房租赁企业可以按照国家有关规定享受金融、税收、土地等方面的优惠政策。

第三十四条 国家支持金融机构按照风险可控、商业可持续的原则创新针对住房租赁的金融产品和服务,支持发展房地产投资信托基金,支持住房租赁企业发行企业债券、公司债券、非金融企业债务融资工具等公司信用类债券及资产支持证券,专门用于发展住房租赁业务。

住房租赁企业可以依法质押住房租赁租金收益权。

第六章 服务与监督

第三十五条 国务院住房和城乡建设主管部门会同国务院市场监督管理部门制定并公布住房租赁合同示范文本和房地产经纪服务合同示范文本。

第三十六条 直辖市、设区的市级人民政府应当建立住房租赁指导价格发布制度,定期公布不同区域、不同类型租赁住房的市场租金水平信息。

对于租金上涨过快的,可以采取必要措施稳定租金水平。

第三十七条 直辖市、设区的市级人民政府房产管理部门应当建立住房租赁管理服务平台,提供机构备案、房源核验、面积管理、信息发布、网签备案、统计监测等服务,与公安、民政、自然资源、市场监督管理、税务、人力资源社会保障、审计、住房公积金等部门和单位建立信息互通共享机制,向社会提供安全、便捷、高效的服务。

第三十八条 住房租赁企业存在支付房屋权利人租金高于收取承租人租金、收取承租人租金周期长于给付房屋权利人租金周期等高风险经营行为的,房产管理等部门应当将其列入经营异常名录,加强对租金、押金使用等经营情况的监管。

直辖市、设区的市级人民政府可以建立住房租赁资金监管制度,将租金、押金等纳入监管。

第三十九条 房产管理部门可以委托实施单位,承担住房租赁的具体服务和支持辅助工作。

房产管理部门对实施单位在委托范围内实施的住房租赁具体服务和支持辅助行为负责监督,并对其行为后果承担法律责任。

第四十条 住房租赁企业、房地产经纪机构应当自领取营业执照之日起30日内,向所在地房产管理部门办理机构备案。房产管理部门应当依法将住房租赁企业、房地产经纪机构备案信息向社会公开。

第四十一条 住房租赁企业、房地产经纪机构及其从业人员发布房源信息,应当取得委托人书面同意,发布的信息应当真实、准确、有效,不得发布位置、面积等与实际不符,价格、用途等与委托事项不符,以及法律法规规定不能出租的住房信息。

第四十二条 房产管理部门应当会同有关部门采取随机抽取被检查的住房租赁企业和房地产经纪机构、随机选派执法检查人员的方式,对住房租赁市场进行监督检查。监督检查情况应当依法予以公开。

第四十三条 房产管理部门应当会同有关部门、房地产行业组织建立守信联合激励和失信联合惩戒机制,加强行业诚信管理。

住房租赁企业、房地产经纪机构及其从业人员以及出租人和承租人的诚信记录纳入全国信用信息共享平台。

第四十四条 房地产行业组织应当建立健全住房租赁和房地产经纪行为规范、职业道德准则等行规行约,加强自律管理,提升从业人员的专业水平,促进行业发展。

第四十五条 在住房租赁活动中,因押金返还、住房维修、腾退等产生纠纷的,由出租人和承租人协商解决;协商不成的,可以向街道办事处、乡镇人民政府、居民委员会、房地产行业组织或者房产管理等有关部门申请调解,也可以依法申请仲裁或者提起诉讼。

发生法律效力的判决、仲裁裁决、调解书应当严格履行;拒不履行的,对方可以请求人民法院执行。

第七章 法律责任

第四十六条 房产管理部门和其他有关部门及其工作人员未依法履行住房租赁监督管理职责的,对负有责任的领导人员和直接责任人员依法给予处分。

第四十七条 出租人将不符合工程建设强制性标准、消防安全要求或者室内装修国家有关标准的住房以及其他依法不得出租的住房出租,或者将厨房、卫生间、阳台和地下储藏室等非居住空间出租的,由房产管理部门给予警告,责令限期改正;情节严重的,对个人处1万元以上5万元以下的罚款,对单位处10万元以上50万元以下的罚款;有违法所得的,没收违法所得;造成损失的,依法承担赔偿责任;构成犯罪的,依法追究刑事责任。

出租人未经承租人同意擅自进入租赁住房,采取暴力、威胁或者其他非法方式迫使承租人腾退租赁住房,构成违反治安管理行为的,由公安机关依法给予治安管理处罚。

第四十八条 承租人损坏、擅自拆除消防设施或者改动房屋承重结构的,依照《中华人民共和国消防法》《建设工程质量管理条例》等有关规定进行处罚。

第四十九条 自然人转租住房套数或者间数达到规定规模未办理市场主体登记的,由市场监督管理部门依法给予处罚。房产管理部门发现自然人转租达到规定规模未办理市场主体登记的,应当及时通报同级市场监督管理部门。

第五十条 住房租赁企业、房地产经纪机构未按照本条例规定办理住房租赁合同网签备案的,由房产管理部门予以警告,责令限期改正;逾期不改正的,处5000元以上1万元以下的罚款。

第五十一条 住房租赁企业、房地产经纪机构未按照本条例规定办理备案的,由房产管理部门责令限期改正;逾期不改正的,责令停业,可以并处2万元以上10万元以下的罚款。

第五十二条 住房租赁企业违反本条例规定开展住房租金贷款业务的,由房产管理部门责令限期改正;逾期不改正的,责令停业1个月以上6个月以下,可以并处2万元以上10万元以下的罚款;情节严重的,由市场监督管理部门吊销营业执照;属于金融违法行为的,由金融监管部门依法给予处罚。

第五十三条 住房租赁企业有下列情形之一的,由房产管理部门予以警告,责令限期改正;逾期不改正的,责令停业1个月以上6个月以下;有违法所得的,没收违法所得,可以并处违法所得5倍以下的罚款;没有违法所得的,处

1万元以上5万元以下的罚款;情节严重的,由市场监督管理部门吊销营业执照。属于违法经营行为的,由市场监督管理部门依法给予处罚。造成损失的,依法承担赔偿责任:

(一)未达到规定的从事住房租赁经营的资金、专业人员、管理水平要求;

(二)未建立住房租赁信息查验、安全保障等内部管理制度;

(三)以隐瞒、欺骗、强迫等方式要求承租人使用住房租金贷款;

(四)以租金优惠等名义诱导承租人使用住房租金贷款;

(五)在住房租赁合同中包含租金消费贷款相关内容。

第五十四条 住房租赁企业有下列行为之一的,由房产管理部门予以警告,责令限期改正;逾期不改正的,责令停业1个月以上6个月以下;可以处2万元以上10万元以下的罚款。造成损失的,依法承担赔偿责任。

(一)发布虚假房源信息;

(二)隐瞒影响住房租赁的重要信息;

(三)泄露或者不当使用客户信息。

第五十五条 住房租赁企业有下列行为之一的,由房产管理部门予以警告,责令限期改正;逾期不改正的,责令停业1个月以上6个月以下;有违法所得的,没收违法所得,可以并处违法所得5倍以下的罚款;没有违法所得的,处2万元以上10万元以下的罚款;情节严重的,由市场监督管理部门吊销营业执照。属于金融违法行为的,由金融监管部门依法给予处罚;属于违法经营行为的,由市场监督管理部门依法给予处罚。造成损失的,依法承担赔偿责任。

(一)违规提供金融产品和服务;

(二)利用承租人或者房屋权利人名义套取信贷资金;

(三)克扣或者延迟返还租金押金的;

(四)以隐瞒、欺诈、胁迫、捆绑销售等不正当手段,诱骗或者迫使当事人接受服务。

第五十六条 住房租赁企业等市场主体滥用市场支配地位,从事哄抬租金、捆绑消费等扰乱市场秩序行为的,按照《反垄断法》的有关规定进行处罚。

第五十七条　房地产经纪机构有下列情形之一的，由房产管理部门予以警告，责令限期改正；逾期不改正的，责令停业1个月以上6个月以下；可以处1万元以上5万元以下的罚款。

（一）未达到规定的从事房地产经纪的专业人员数量；

（二）未按照规定公示机构备案信息、从业人员情况、服务规范和标准、服务项目和收费标准等。

第五十八条　房地产经纪机构有下列行为之一的，由房产管理部门予以警告，责令限期改正；逾期不改正的，责令停业1个月以上6个月以下；有违法所得的，没收违法所得，可以并处违法所得5倍以下的罚款；没有违法所得的，处2万元以上10万元以下的罚款。属于价格违法行为的，由市场监督管理部门依法给予处罚。造成损失的，依法承担赔偿责任。

（一）发布虚假房源信息或者隐瞒影响住房租赁的重要信息；

（二）强制代办住房公积金提取等服务并额外收取费用；

（三）泄露或者不当使用客户信息。

第五十九条　房地产经纪机构有下列行为之一的，由房产管理部门予以警告，责令限期改正；逾期不改正的，责令停业1个月以上6个月以下；有违法所得的，没收违法所得，可以并处违法所得5倍以下的罚款；没有违法所得的，处2万元以上10万元以下的罚款；情节严重的，由市场监督管理部门吊销营业执照。属于金融违法行为的，由金融监管部门依法给予处罚。造成损失的，依法承担赔偿责任。

（一）赚取租金差价；

（二）违规提供金融产品和服务；

（三）为依法不得出租的住房提供经纪服务；

（四）未经当事人同意，以当事人名义签订住房租赁合同。

第六十条　房地产经纪从业人员有本条例第五十八条、第五十九条规定行为之一的，由房产管理部门予以警告，责令限期改正；逾期不改正的，暂停其从事房地产经纪活动1年；有违法所得的，没收违法所得，可以并处违法所得5倍以下的罚款；没有违法所得的，处2000元以上1万元以下的罚款；情节严重的，5年内不得从事房地产经纪活动；造成损失的，依法承担赔偿责任。

第六十一条 网络交易平台经营者未按照本条例规定履行联网备案等责任的，由公安等有关主管部门依法给予处罚。

网络交易平台经营者未按照本条例规定履行审查责任，允许未备案、被列入经营异常名录或者严重违法失信名单的住房租赁企业、房地产经纪机构及其从业人员发布房源信息，网络信息管理部门可对其采取暂停相关业务、停业整顿等措施。

住房租赁企业、房地产经纪机构及其从业人员违规发布房源信息的，网络信息管理部门可限制其在网络交易平台发布房源信息。

第六十二条 房地产经纪从业人员同时在两个以上房地产经纪机构从事房地产经纪业务，或者以个人名义承接房地产经纪业务的，由房产管理部门予以警告，责令限期改正；逾期不改正的，暂停其从事房地产经纪活动1年；有违法所得的，没收违法所得，可以并处违法所得5倍以下的罚款；没有违法所得的，处2000元以上1万元以下的罚款；情节严重的，5年内不得从事房地产经纪活动；造成损失的，依法承担赔偿责任；构成犯罪的，终身不得从事房地产经纪活动。

第六十三条 在住房租赁活动中，非法收集、使用、加工、传输他人信息，或者非法买卖、提供、公开他人信息的，由房产管理、工业和信息化、公安、市场监督管理等部门依法给予处罚；政府及其有关部门的工作人员有上述行为的，依法给予处分；构成违反治安管理行为的，依法给予治安管理处罚；造成损失的，依法承担赔偿责任。

第六十四条 违反本条例规定的行为，依照刑法有关规定构成犯罪的，依法追究刑事责任。

第八章 附 则

第六十五条 集体土地上依法建造的住房的租赁活动及其监督管理，参照本条例执行。

公共租赁住房等保障性住房的租赁活动及其监督管理,按照住房保障管理有关规定执行。

第六十六条　本条例自______年____月____日起施行。

3. 最高人民法院关于审理城镇房屋租赁合同纠纷案件具体应用法律若干问题的解释

（2009年6月22日最高人民法院审判委员会第1469次会议通过　根据2020年12月23日最高人民法院审判委员会第1823次会议通过的《最高人民法院关于修改〈最高人民法院关于在民事审判工作中适用《中华人民共和国工会法》若干问题的解释〉等二十七件民事类司法解释的决定》修正　法释〔2020〕17号　2020年12月29日发布　自2021年1月1日起实施）

为正确审理城镇房屋租赁合同纠纷案件，依法保护当事人的合法权益，根据《中华人民共和国民法典》等法律规定，结合民事审判实践，制定本解释。

第一条　本解释所称城镇房屋，是指城市、镇规划区内的房屋。

乡、村庄规划区内的房屋租赁合同纠纷案件，可以参照本解释处理。但法律另有规定的，适用其规定。

当事人依照国家福利政策租赁公有住房、廉租住房、经济适用住房产生的纠纷案件，不适用本解释。

第二条　出租人就未取得建设工程规划许可证或者未按照建设工程规划许可证的规定建设的房屋，与承租人订立的租赁合同无效。但在一审法庭辩论终结前取得建设工程规划许可证或者经主管部门批准建设的，人民法院应当认定有效。

第三条　出租人就未经批准或者未按照批准内容建设的临时建筑，与承租人订立的租赁合同无效。但在一审法庭辩论终结前经主管部门批准建设的，人民法院应当认定有效。

租赁期限超过临时建筑的使用期限，超过部分无效。但在一审法庭辩论终结前经主管部门批准延长使用期限的，人民法院应当认定延长使用期限内的租赁期间有效。

第四条　房屋租赁合同无效，当事人请求参照合同约定的租金标准支付房屋占有使用费的,人民法院一般应予支持。

当事人请求赔偿因合同无效受到的损失,人民法院依照民法典第一百五十七条和本解释第七条、第十一条、第十二条的规定处理。

第五条　出租人就同一房屋订立数份租赁合同,在合同均有效的情况下,承租人均主张履行合同的,人民法院按照下列顺序确定履行合同的承租人:

(一)已经合法占有租赁房屋的;

(二)已经办理登记备案手续的;

(三)合同成立在先的。

不能取得租赁房屋的承租人请求解除合同、赔偿损失的,依照民法典的有关规定处理。

第六条　承租人擅自变动房屋建筑主体和承重结构或者扩建,在出租人要求的合理期限内仍不予恢复原状,出租人请求解除合同并要求赔偿损失的,人民法院依照民法典第七百一十一条的规定处理。

第七条　承租人经出租人同意装饰装修,租赁合同无效时,未形成附合的装饰装修物,出租人同意利用的,可折价归出租人所有;不同意利用的,可由承租人拆除。因拆除造成房屋毁损的,承租人应当恢复原状。

已形成附合的装饰装修物,出租人同意利用的,可折价归出租人所有;不同意利用的,由双方各自按照导致合同无效的过错分担现值损失。

第八条　承租人经出租人同意装饰装修,租赁期间届满或者合同解除时,除当事人另有约定外,未形成附合的装饰装修物,可由承租人拆除。因拆除造成房屋毁损的,承租人应当恢复原状。

第九条　承租人经出租人同意装饰装修,合同解除时,双方对已形成附合的装饰装修物的处理没有约定的,人民法院按照下列情形分别处理:

(一)因出租人违约导致合同解除,承租人请求出租人赔偿剩余租赁期内装饰装修残值损失的,应予支持。

(二)因承租人违约导致合同解除,承租人请求出租人赔偿剩余租赁期内装饰装修残值损失的,不予支持。但出租人同意利用的,应在利用价值范围内予以适当补偿。

（三）因双方违约导致合同解除，剩余租赁期内的装饰装修残值损失，由双方根据各自的过错承担相应的责任。

（四）因不可归责于双方的事由导致合同解除的，剩余租赁期内的装饰装修残值损失，由双方按照公平原则分担。法律另有规定的，适用其规定。

第十条 承租人经出租人同意装饰装修，租赁期间届满时，承租人请求出租人补偿附合装饰装修费用的，不予支持。但当事人另有约定的除外。

第十一条 承租人未经出租人同意装饰装修或者扩建发生的费用，由承租人负担。出租人请求承租人恢复原状或者赔偿损失的，人民法院应予支持。

第十二条 承租人经出租人同意扩建，但双方对扩建费用的处理没有约定的，人民法院按照下列情形分别处理：

（一）办理合法建设手续的，扩建造价费用由出租人负担；

（二）未办理合法建设手续的，扩建造价费用由双方按照过错分担。

第十三条 房屋租赁合同无效、履行期限届满或者解除，出租人请求负有腾房义务的次承租人支付逾期腾房占有使用费的，人民法院应予支持。

第十四条 租赁房屋在承租人按照租赁合同占有期限内发生所有权变动，承租人请求房屋受让人继续履行原租赁合同的，人民法院应予支持。但租赁房屋具有下列情形或者当事人另有约定的除外：

（一）房屋在出租前已设立抵押权，因抵押权人实现抵押权发生所有权变动的；

（二）房屋在出租前已被人民法院依法查封的。

第十五条 出租人与抵押权人协议折价、变卖租赁房屋偿还债务，应当在合理期限内通知承租人。承租人请求以同等条件优先购买房屋的，人民法院应予支持。

第十六条 本解释施行前已经终审，本解释施行后当事人申请再审或者按照审判监督程序决定再审的案件，不适用本解释。

4. 最高人民法院印发《关于依法妥善审理涉新冠肺炎疫情民事案件若干问题的指导意见(二)》的通知(节选)

(法发〔2020〕17号 自2020年5月15日起实施)

为进一步贯彻落实党中央关于统筹推进新冠肺炎疫情防控和经济社会发展工作部署,扎实做好"六稳"工作,落实"六保"任务,指导各级人民法院依法妥善审理涉新冠肺炎疫情合同、金融、破产等民事案件,提出如下指导意见。

一、关于合同案件的审理

……

5. 承租房屋用于经营,疫情或者疫情防控措施导致承租人资金周转困难或者营业收入明显减少,出租人以承租人没有按照约定的期限支付租金为由请求解除租赁合同,由承租人承担违约责任的,人民法院不予支持。

为展览、会议、庙会等特定目的而预订的临时场地租赁合同,疫情或者疫情防控措施导致该活动取消,承租人请求解除租赁合同,返还预付款或者定金的,人民法院应予支持。

6. 承租国有企业房屋以及政府部门、高校、研究院所等行政事业单位房屋用于经营,受疫情或者疫情防控措施影响出现经营困难的服务业小微企业、个体工商户等承租人,请求出租人按照国家有关政策免除一定期限内的租金的,人民法院应予支持。

承租非国有房屋用于经营,疫情或者疫情防控措施导致承租人没有营业收入或者营业收入明显减少,继续按照原租赁合同支付租金对其明显不公平,承租人请求减免租金、延长租期或者延期支付租金的,人民法院可以引导当事人参照有关租金减免的政策进行调解;调解不成的,应当结合案件的实际情况,根据公平原则变更合同。

……

5. 商品房屋租赁管理办法

（住房和城乡建设部令第6号　2010年12月1日发布

自2011年2月1日起施行）

第一条　为加强商品房屋租赁管理，规范商品房屋租赁行为，维护商品房屋租赁双方当事人的合法权益，根据《中华人民共和国城市房地产管理法》等有关法律、法规，制定本办法。

第二条　城市规划区内国有土地上的商品房屋租赁（以下简称房屋租赁）及其监督管理，适用本办法。

第三条　房屋租赁应当遵循平等、自愿、合法和诚实信用原则。

第四条　国务院住房和城乡建设主管部门负责全国房屋租赁的指导和监督工作。

县级以上地方人民政府建设（房地产）主管部门负责本行政区域内房屋租赁的监督管理。

第五条　直辖市、市、县人民政府建设（房地产）主管部门应当加强房屋租赁管理规定和房屋使用安全知识的宣传，定期分区域公布不同类型房屋的市场租金水平等信息。

第六条　有下列情形之一的房屋不得出租：

（一）属于违法建筑的；

（二）不符合安全、防灾等工程建设强制性标准的；

（三）违反规定改变房屋使用性质的；

（四）法律、法规规定禁止出租的其他情形。

第七条　房屋租赁当事人应当依法订立租赁合同。房屋租赁合同的内容由当事人双方约定，一般应当包括以下内容：

（一）房屋租赁当事人的姓名（名称）和住所；

（二）房屋的坐落、面积、结构、附属设施，家具和家电等室内设施状况；

（三）租金和押金数额、支付方式；

（四）租赁用途和房屋使用要求；

（五）房屋和室内设施的安全性能；

（六）租赁期限；

（七）房屋维修责任；

（八）物业服务、水、电、燃气等相关费用的缴纳；

（九）争议解决办法和违约责任；

（十）其他约定。

房屋租赁当事人应当在房屋租赁合同中约定房屋被征收或者拆迁时的处理办法。

建设（房地产）管理部门可以会同工商行政管理部门制定房屋租赁合同示范文本，供当事人选用。

第八条　出租住房的，应当以原设计的房间为最小出租单位，人均租住建筑面积不得低于当地人民政府规定的最低标准。

厨房、卫生间、阳台和地下储藏室不得出租供人员居住。

第九条　出租人应当按照合同约定履行房屋的维修义务并确保房屋和室内设施安全。未及时修复损坏的房屋，影响承租人正常使用的，应当按照约定承担赔偿责任或者减少租金。

房屋租赁合同期内，出租人不得单方面随意提高租金水平。

第十条　承租人应当按照合同约定的租赁用途和使用要求合理使用房屋，不得擅自改动房屋承重结构和拆改室内设施，不得损害其他业主和使用人的合法权益。

承租人因使用不当等原因造成承租房屋和设施损坏的，承租人应当负责修复或者承担赔偿责任。

第十一条　承租人转租房屋的，应当经出租人书面同意。

承租人未经出租人书面同意转租的，出租人可以解除租赁合同，收回房屋并要求承租人赔偿损失。

第十二条 房屋租赁期间内,因赠与、析产、继承或者买卖转让房屋的,原房屋租赁合同继续有效。

承租人在房屋租赁期间死亡的,与其生前共同居住的人可以按照原租赁合同租赁该房屋。

第十三条 房屋租赁期间出租人出售租赁房屋的,应当在出售前合理期限内通知承租人,承租人在同等条件下有优先购买权。

第十四条 房屋租赁合同订立后三十日内,房屋租赁当事人应当到租赁房屋所在地直辖市、市、县人民政府建设(房地产)主管部门办理房屋租赁登记备案。

房屋租赁当事人可以书面委托他人办理租赁登记备案。

第十五条 办理房屋租赁登记备案,房屋租赁当事人应当提交下列材料:

(一)房屋租赁合同;

(二)房屋租赁当事人身份证明;

(三)房屋所有权证书或者其他合法权属证明;

(四)直辖市、市、县人民政府建设(房地产)主管部门规定的其他材料。

房屋租赁当事人提交的材料应当真实、合法、有效,不得隐瞒真实情况或者提供虚假材料。

第十六条 对符合下列要求的,直辖市、市、县人民政府建设(房地产)主管部门应当在三个工作日内办理房屋租赁登记备案,向租赁当事人开具房屋租赁登记备案证明:

(一)申请人提交的申请材料齐全并且符合法定形式;

(二)出租人与房屋所有权证书或者其他合法权属证明记载的主体一致;

(三)不属于本办法第六条规定不得出租的房屋。

申请人提交的申请材料不齐全或者不符合法定形式的,直辖市、市、县人民政府建设(房地产)主管部门应当告知房屋租赁当事人需要补正的内容。

第十七条 房屋租赁登记备案证明应当载明出租人的姓名或者名称,承租人的姓名或者名称、有效身份证件种类和号码,出租房屋的坐落、租赁用途、租金数额、租赁期限等。

第十八条 房屋租赁登记备案证明遗失的,应当向原登记备案的部门补领。

第十九条 房屋租赁登记备案内容发生变化、续租或者租赁终止的,当事人应当在三十日内,到原租赁登记备案的部门办理房屋租赁登记备案的变更、延续或者注销手续。

第二十条 直辖市、市、县建设(房地产)主管部门应当建立房屋租赁登记备案信息系统,逐步实行房屋租赁合同网上登记备案,并纳入房地产市场信息系统。

房屋租赁登记备案记载的信息应当包含以下内容:

(一)出租人的姓名(名称)、住所;

(二)承租人的姓名(名称)、身份证件种类和号码;

(三)出租房屋的坐落、租赁用途、租金数额、租赁期限;

(四)其他需要记载的内容。

第二十一条 违反本办法第六条规定的,由直辖市、市、县人民政府建设(房地产)主管部门责令限期改正,对没有违法所得的,可处以五千元以下罚款;对有违法所得的,可以处以违法所得一倍以上三倍以下,但不超过三万元的罚款。

第二十二条 违反本办法第八条规定的,由直辖市、市、县人民政府建设(房地产)主管部门责令限期改正,逾期不改正的,可处以五千元以上三万元以下罚款。

第二十三条 违反本办法第十四条第一款、第十九条规定的,由直辖市、市、县人民政府建设(房地产)主管部门责令限期改正;个人逾期不改正的,处以一千元以下罚款;单位逾期不改正的,处以一千元以上一万元以下罚款。

第二十四条 直辖市、市、县人民政府建设(房地产)主管部门对符合本办法规定的房屋租赁登记备案申请不予办理、对不符合本办法规定的房屋租赁登记备案申请予以办理,或者对房屋租赁登记备案信息管理不当,给租赁当事人造成损失的,对直接负责的主管人员和其他直接责任人员依法给予处分;构成犯罪的,依法追究刑事责任。

第二十五条 保障性住房租赁按照国家有关规定执行。

第二十六条 城市规划区外国有土地上的房屋租赁和监督管理,参照本办法执行。

第二十七条 省、自治区、直辖市人民政府住房和城乡建设主管部门可以依据本办法制定实施细则。

第二十八条 本办法自2011年2月1日起施行,建设部1995年5月9日发布的《城市房屋租赁管理办法》(建设部令第42号)同时废止。

6. 国务院办公厅关于加快培育和发展住房租赁市场的若干意见

（国办发〔2016〕39 号 2016 年 5 月 17 日发布实施）

各省、自治区、直辖市人民政府，国务院各部委、各直属机构：

实行购租并举，培育和发展住房租赁市场，是深化住房制度改革的重要内容，是实现城镇居民住有所居目标的重要途径。改革开放以来，我国住房租赁市场不断发展，对加快改善城镇居民住房条件、推动新型城镇化进程等发挥了重要作用，但市场供应主体发育不充分、市场秩序不规范、法规制度不完善等问题仍较为突出。为加快培育和发展住房租赁市场，经国务院同意，现提出以下意见。

一、总体要求

（一）指导思想。全面贯彻党的十八大和十八届三中、四中、五中全会以及中央城镇化工作会议、中央城市工作会议精神，认真落实国务院决策部署，按照“五位一体”总体布局和“四个全面”战略布局，牢固树立和贯彻落实创新、协调、绿色、开放、共享的发展理念，以建立购租并举的住房制度为主要方向，健全以市场配置为主、政府提供基本保障的住房租赁体系。支持住房租赁消费，促进住房租赁市场健康发展。

（二）发展目标。到 2020 年，基本形成供应主体多元、经营服务规范、租赁关系稳定的住房租赁市场体系，基本形成保基本、促公平、可持续的公共租赁住房保障体系，基本形成市场规则明晰、政府监管有力、权益保障充分的住房租赁法规制度体系，推动实现城镇居民住有所居的目标。

二、培育市场供应主体

（三）发展住房租赁企业。充分发挥市场作用，调动企业积极性，通过租赁、购买等方式多渠道筹集房源，提高住房租赁企业规模化、集约化、专业化水平，形成大、中、小住房租赁企业协同发展的格局，满足不断增长的住房租赁需求。按照《国务院办公厅关于加快发展生活性服务业促进消费结构升级的指导意见》(国办发〔2015〕85号)有关规定,住房租赁企业享受生活性服务业的相关支持政策。

(四)鼓励房地产开发企业开展住房租赁业务。支持房地产开发企业拓展业务范围,利用已建成住房或新建住房开展租赁业务;鼓励房地产开发企业出租库存商品住房;引导房地产开发企业与住房租赁企业合作,发展租赁地产。

(五)规范住房租赁中介机构。充分发挥中介机构作用,提供规范的居间服务。努力提高中介服务质量,不断提升从业人员素质,促进中介机构依法经营、诚实守信、公平交易。

(六)支持和规范个人出租住房。落实鼓励个人出租住房的优惠政策,鼓励个人依法出租自有住房。规范个人出租住房行为,支持个人委托住房租赁企业和中介机构出租住房。

三、鼓励住房租赁消费

(七)完善住房租赁支持政策。各地要制定支持住房租赁消费的优惠政策措施,引导城镇居民通过租房解决居住问题。落实提取住房公积金支付房租政策,简化办理手续。非本地户籍承租人可按照《居住证暂行条例》等有关规定申领居住证,享受义务教育、医疗等国家规定的基本公共服务。

(八)明确各方权利义务。出租人应当按照相关法律法规和合同约定履行义务,保证住房和室内设施符合要求。住房租赁合同期限内,出租人无正当理由不得解除合同,不得单方面提高租金,不得随意克扣押金;承租人应当按照合同约定使用住房和室内设施,并按时缴纳租金。

四、完善公共租赁住房

(九)推进公租房货币化。转变公租房保障方式,实物保障与租赁补贴并举。支持公租房保障对象通过市场租房,政府对符合条件的家庭给予租赁补贴。完善租赁补贴制度,结合市场租金水平和保障对象实际情况,合理确定租赁补贴标准。

(十)提高公租房运营保障能力。鼓励地方政府采取购买服务或政府和社会资本合作(PPP)模式,将现有政府投资和管理的公租房交由专业化、社会化企业运营管理,不断提高管理和服务水平。在城镇稳定就业的外来务工人员、新就业大学生和青年医生、青年教师等专业技术人员,凡符合当地城镇居民公租房准入条件的,应纳入公租房保障范围。

五、支持租赁住房建设

(十一)鼓励新建租赁住房。各地应结合住房供需状况等因素,将新建租赁住房纳入住房发展规划,合理确定租赁住房建设规模,并在年度住房建设计划和住房用地供应计划中予以安排,引导土地、资金等资源合理配置,有序开展租赁住房建设。

(十二)允许改建房屋用于租赁。允许将商业用房等按规定改建为租赁住房,土地使用年限和容积率不变,土地用途调整为居住用地,调整后用水、用电、用气价格应当按照居民标准执行。允许将现有住房按照国家和地方的住宅设计规范改造后出租,改造中不得改变原有防火分区、安全疏散和防火分隔设施,必须确保消防设施完好有效。

六、加大政策支持力度

(十三)给予税收优惠。对依法登记备案的住房租赁企业、机构和个人,给予税收优惠政策支持。落实营改增关于住房租赁的有关政策,对个人出租住房的,由按照5%的征收率减按1.5%计算缴纳增值税;对个人出租住房月收入不超过3万元的,2017年底之前可按规定享受免征增值税政策;对房地产中介机构提供住房租赁经纪代理服务,适用6%的增值税税率;对一般纳税人出租在实施营改增试点前取得的不动产,允许选择适用简易计税办法,按照5%的征收率计算缴纳增值税。对个人出租住房所得,减半征收个人所得税;对个人承租住房的租金支出,结合个人所得税改革,统筹研究有关费用扣除问题。

(十四)提供金融支持。鼓励金融机构按照依法合规、风险可控、商业可持续的原则,向住房租赁企业提供金融支持。支持符合条件的住房租赁企业发行债券、不动产证券化产品。稳步推进房地产投资信托基金(REITs)试点。

(十五)完善供地方式。鼓励地方政府盘活城区存量土地,采用多种方式增加租赁住房用地有效供应。新建租赁住房项目用地以招标、拍卖、挂牌方式出让的,出让方案和合同中应明确规定持有出租的年限。

七、加强住房租赁监管

(十六)健全法规制度。完善住房租赁法律法规,明确当事人的权利义务,规范市场行为,稳定租赁关系。推行住房租赁合同示范文本和合同网上签约,落实住房租赁合同登记备案制度。

(十七)落实地方责任。省级人民政府要加强本地区住房租赁市场管理,加强工作指导,研究解决重点难点问题。城市人民政府对本行政区域内的住房租赁市场管理负总责,要建立多部门联合监管体制,明确职责分工,充分发挥街道、乡镇等基层组织作用,推行住房租赁网格化管理。加快建设住房租赁信息服务与监管平台,推进部门间信息共享。

(十八)加强行业管理。住房城乡建设部门负责住房租赁市场管理和相关协调工作,要会同有关部门加强住房租赁市场监管,完善住房租赁企业、中介机构和从业人员信用管理制度,全面建立相关市场主体信用记录,纳入全国信用信息共享平台,对严重失信主体实施联合惩戒。公安部门要加强出租住房治安管理和住房租赁当事人居住登记,督促指导居民委员会、村民委员会、物业服务企业以及其他管理单位排查安全隐患。各有关部门要按照职责分工,依法查处利用出租住房从事违法经营活动。

各地区、各有关部门要充分认识加快培育和发展住房租赁市场的重要意义,加强组织领导,健全工作机制,做好宣传引导,营造良好环境。各地区要根据本意见,研究制定具体实施办法,落实工作责任,确保各项工作有序推进。住房城乡建设部要会同有关部门对本意见落实情况进行督促检查。

7. 住房和城乡建设部等8部门关于持续整治规范房地产市场秩序的通知

(建房〔2021〕55号　2021年7月13日发布实施)

各省、自治区、直辖市及新疆生产建设兵团住房和城乡建设厅(委、管委、局)、发展改革委、公安厅(局)、自然资源主管部门、市场监管局(厅、委)、银保监局、网信办,国家税务总局各省、自治区、直辖市和计划单列市税务局,国家税务总局驻各地特派员办事处:

整治规范房地产市场秩序是促进房地产市场平稳健康发展的重要举措,事关人民群众切身利益,事关经济社会发展大局。2019年,住房和城乡建设部等6部门联合开展住房租赁中介机构乱象专项整治工作,取得了明显成效。但房地产领域违法违规行为仍时有发生,整治规范房地产市场秩序还存在不少薄弱环节。为深入贯彻落实党中央、国务院关于促进房地产市场平稳健康发展的决策部署,聚焦人民群众反映强烈的难点和痛点问题,加大房地产市场秩序整治力度,切实维护人民群众合法权益,住房和城乡建设部、国家发展改革委、公安部、自然资源部、税务总局、市场监管总局、银保监会、国家网信办决定,持续开展整治规范房地产市场秩序工作(以下简称整治工作)。现就有关事项通知如下。

一、总体要求

(一)指导思想。以习近平新时代中国特色社会主义思想为指导,始终坚持以人民为中心的发展思想,坚持房子是用来住的、不是用来炒的定位,进一步提高政治站位,增强“四个意识”、坚定“四个自信”、做到“两个维护”,紧紧围绕稳地价、稳房价、稳预期目标,充分运用法治思维和法治方式,科学谋划、精心组织,加强市场监管、净化市场环境、改进政务服务、增进民生福祉,确保整治工作取得实效,促进房地产市场平稳健康发展,增强人民群众的获得感、幸福感、安全感。

（二）基本原则

——坚持聚焦问题、重点整治。以问题为导向，重点整治房地产开发、房屋买卖、住房租赁、物业服务等领域人民群众反映强烈、社会关注度高的突出问题。

——坚持群众参与、开门整治。以维护人民群众切身利益为出发点和落脚点，充分调动群众广泛参与的积极性，定期公布整治工作阶段性成果，不断提升群众满意度。

——坚持齐抓共管、综合整治。充分发挥部门职能作用，加强协同配合，整合资源力量，建立部门联动机制，提高房地产市场秩序综合整治能力。

——坚持标本兼治、长效整治。综合运用法律、经济、行政和信息化等多种手段，既解决当前房地产市场突出问题，又注重完善体制机制，从源头上规范房地产市场秩序。

（三）主要目标。力争用3年左右时间，实现房地产市场秩序明显好转。违法违规行为得到有效遏制，监管制度不断健全，监管信息系统基本建立，部门齐抓共管工作格局逐步形成，群众信访投诉量显著下降。

二、因城施策突出整治重点

（一）房地产开发。房地产开发企业违法违规开工建设；未按施工图设计文件开发建设；未按房屋买卖合同约定如期交付；房屋渗漏、开裂、空鼓等质量问题突出；未按完整居住社区建设标准建设配套设施。

（二）房屋买卖。发布虚假违法房地产广告，发布虚假房源信息；捂盘惜售，囤积房源；挪用交易监管资金；套取或协助套取“经营贷”“消费贷”等非个人住房贷款用于购房；协助购房人非法规避房屋交易税费；违规收取预付款、“茶水费”等费用，变相涨价；利用不公平格式条款侵害消费者权益；捆绑销售车位、储藏室；捏造、散布不实信息，扰乱市场秩序。

（三）住房租赁。未提交开业报告即开展经营；未按规定如实完整报送相关租赁信息；网络信息平台未履行信息发布主体资格核验责任；克扣租金押金；采取暴力、威胁等手段强制驱赶租户；违规开展住房租赁消费贷款业务；存在“高进低出”“长收短付”等高风险经营行为;未按规定办理租金监管。

(四)物业服务。未按照物业服务合同约定内容和标准提供服务;未按规定公示物业服务收费项目标准、业主共有部分的经营与收益情况、维修资金使用情况等相关信息;超出合同约定或公示收费项目标准收取费用;擅自利用业主共有部分开展经营活动,侵占、挪用业主共有部分经营收益;物业服务合同依法解除或者终止后,无正当理由拒不退出物业服务项目。

三、依法有效开展整治工作

(一)全面排查问题线索。各城市要对房地产开发、房屋买卖、住房租赁、物业服务等领域进行全面排查,充分利用媒体、12345 热线、电子信箱、门户网站,结合“双随机、一公开”抽查与专项检查,多渠道收集问题线索,逐条分析研判,形成整治问题清单。

(二)建立整治工作台账。各城市要将整治问题清单分类建档,建立工作台账,明确责任部门,制定整治措施,确定整改时限。建立转办和督办机制,实施销号管理。对实名举报的案件,要认真核实、逐件处理、及时反馈。

(三)发挥部门协同作用。住房和城乡建设部门负责牵头组织实施整治工作,制定实施方案,开展摸底调查,移交问题线索,汇总处理结果,总结通报情况,会同有关部门依职责对房地产领域违法违规行为进行查处。发展改革部门负责协调汇总房地产领域违法违规信息,并纳入全国信用信息共享平台,推动各部门依法依规对相关企业及从业人员实施失信联合惩戒。公安部门负责查处房地产领域合同诈骗、非法集资等涉嫌犯罪行为。自然资源部门负责查处未依法依规取得土地即开工等问题。税务部门负责查处非法规避房屋交易税费行为。市场监管部门负责查处虚假违法房地产广告、价格违法、利用不公平格式条款侵害消费者权益等问题。金融监管部门负责查处信贷资金违规流入房地产市场等问题。网信部门负责查处通过网络发布虚假房地产信息等问题。

(四)持续加大惩处力度。各地要根据实际情况,创新思路,多措并举,依法依规开展整治。对本行政区域内违法违规的房地产开发企业、中介机构、住房租赁企业、物业服务企业、金融机构、网络媒体及从业人员,依法依规采取警示约谈、停业整顿、吊销营业执照和资质资格证书等措施,并予以公开曝光;涉嫌犯罪的,移交公安司法部门依法查处。对逾期不能偿还债务、大规模延期交房、负面舆情较多等存在重大经营风险的企业,实施重点监管,提升风险防范化解能力。

四、建立制度化常态化整治机制

(一)切实加强组织领导。充分发挥部省市纵向联动和部门横向协同作用。住房和城乡建设部会同国家发展改革委、公安部、自然资源部、税务总局、市场监管总局、银保监会、国家网信办,通过加强信息共享、联动查处、齐抓共管等方式,共同推动整治工作。省级住房和城乡建设部门要会同相关部门指导监督各城市整治工作。各城市要认真制定整治方案,可针对本地突出问题增加整治项目,及时动员部署,依法依规查处违法违规行为,督促整改落实,完善相关制度,建立长效管理机制。

(二)强化监督评价考核。省级住房和城乡建设部门每季度向住房和城乡建设部报送工作进展情况、典型案例和经验做法。住房和城乡建设部每半年对各地工作进展情况进行通报,同时抄送省、自治区、直辖市人民政府及新疆生产建设兵团。落实房地产市场调控评价考核措施,对整治工作得力、成效明显的城市,予以表扬;对房地产市场秩序问题突出,未履行监管责任及时妥善处置的城市,进行约谈问责。

(三)正确引导社会舆情。各地要综合运用报纸、电视、广播、网络等新闻媒体,加强正面宣传,正确引导舆论,及时总结推广整治工作做法、经验和成效,公开曝光典型违法违规违纪案例,发挥警示震慑作用。中国建设报、中国建设新闻网要开辟专栏进行宣传报道,形成浓厚整治氛围,为整治工作创造良好舆论环境。

8. 国土资源部、住房城乡建设部关于印发《利用集体建设用地建设租赁住房试点方案》的通知

(国土资发〔2017〕100号　2017年8月21日发布实施)

北京、辽宁、上海、江苏、浙江、安徽、福建、河南、湖北、广东、四川省(市)国土资源主管部门、住房城乡建设主管部门:

为增加租赁住房供应,缓解住房供需矛盾,构建购租并举的住房体系,建立健全房地产平稳健康发展长效机制,国土资源部会同住房城乡建设部根据地方自愿,确定第一批在北京、上海、沈阳、南京、杭州、合肥、厦门、郑州、武汉、广州、佛山、肇庆、成都等13个城市开展利用集体建设用地建设租赁住房试点,制定了《利用集体建设用地建设租赁住房试点方案》,现印发给你们,请指导、督促各有关城市认真执行。

利用集体建设用地建设租赁住房试点方案

利用集体建设用地建设租赁住房,可以增加租赁住房供应,缓解住房供需矛盾,有助于构建购租并举的住房体系,建立健全房地产平稳健康发展长效机制;有助于拓展集体土地用途,拓宽集体经济组织和农民增收渠道;有助于丰富农村土地管理实践,促进集体土地优化配置和节约集约利用,加快城镇化进程。按照中央有关精神,结合当前管理工作实际,制定本试点方案。

一、总体要求

(一)指导思想。全面贯彻党的十八大和十八届三中、四中、五中、六中全会精神,深入学习贯彻习近平总书记系列重要讲话精神,紧紧围绕统筹推进“五位一体”总体布局和协调推进“四个全面”战略布局,牢固树立创新、协调、绿色、开放、共享的发展理念,按照党中央、国务院决策部署,牢牢把握“房子是用来住的,不是用来炒的”定位,以构建购租并举的住房体系为方向,着力构建城乡统一的建设用地市场,推进集体土地不动产登记,完善利用集体建设用地建设租

赁住房规则，健全服务和监管体系，提高存量土地节约集约利用水平，为全面建成小康社会提供用地保障，促进建立房地产平稳健康发展长效机制。

（二）基本原则。

把握正确方向。坚持市场经济改革方向，发挥市场配置资源的决定性作用，注重与不动产统一登记、培育和发展住房租赁市场、集体经营性建设用地入市等改革协同，加强部门协作，形成改革合力。

保证有序可控。政府主导，审慎稳妥推进试点。项目用地应当符合城乡规划、土地利用总体规划及村土地利用规划，以存量土地为主，不得占用耕地，增加住房有效供给。以满足新市民合理住房需求为主，强化监管责任，保障依法依规建设、平稳有序运营，做到供需匹配。

坚持自主运作。尊重农民集体意愿，统筹考虑农民集体经济实力，以具体项目为抓手，合理确定项目运作模式，维护权利人合法权益，确保集体经济组织自愿实施、自主运作。

提高服务效能。落实“放管服”要求，强化服务意识，优化审批流程，降低交易成本，提升服务水平，提高办事效率，方便群众办事。

（三）试点目标。通过改革试点，在试点城市成功运营一批集体租赁住房项目，完善利用集体建设用地建设租赁住房规则，形成一批可复制、可推广的改革成果，为构建城乡统一的建设用地市场提供支撑。

（四）试点范围。按照地方自愿原则，在超大、特大城市和国务院有关部委批准的发展住房租赁市场试点城市中，确定租赁住房需求较大，村镇集体经济组织有建设意愿、有资金来源，政府监管和服务能力较强的城市（第一批包括北京市，上海市，辽宁沈阳市，江苏南京市，浙江杭州市，安徽合肥市，福建厦门市，河南郑州市，湖北武汉市，广东广州市、佛山市、肇庆市，四川成都市），开展利用集体建设用地建设租赁住房试点。

除北京、上海外，由省级国土资源主管部门和住房城乡建设主管部门汇总本辖区计划开展试点城市的试点实施方案，报国土资源部和住房城乡建设部批复后启动试点。

二、试点内容

（一）完善试点项目审批程序。试点城市应当梳理项目报批（包括预审、立项、规划、占地、施工）、项目竣工验收、项目运营管理等规范性程序，建立快速审批通道。健全集体建设用地规划许可制度，推进统一规划、统筹布局、统一管理，统一相关建设标准。试点项目区域基础设施完备，医疗、教育等公共设施配套齐全，符合城镇住房规划设计有关规范。

（二）完善集体租赁住房建设和运营机制。村镇集体经济组织可以自行开发运营，也可以通过联营、入股等方式建设运营集体租赁住房。兼顾政府、农民集体、企业和个人利益，厘清权利义务关系，平衡项目收益与征地成本关系。完善合同履约监管机制，土地所有权人和建设用地使用权人、出租人和承租人依法履行合同和登记文件中所载明的权利和义务。

（三）探索租赁住房监测监管机制。集体租赁住房出租，应遵守相关法律法规和租赁合同约定，不得以租代售。承租的集体租赁住房，不得转租。探索建立租金形成、监测、指导、监督机制，防止租金异常波动，维护市场平稳运行。国土资源、住房城乡建设部门应与相关部门加强协作、各负其责，在建设用地使用权登记、房屋所有权登记、租赁备案、税务、工商等方面加强联动，构建规范有序的租赁市场秩序。

（四）探索保障承租人获得基本公共服务的权利。承租人可按照国家有关规定凭登记备案的住房租赁合同依法申领居住证，享受规定的基本公共服务。有条件的城市，要进一步建立健全对非本地户籍承租人的社会保障机制。

三、组织实施

（一）加强组织保障。国土资源部和住房城乡建设部共同部署试点。省级国土资源主管部门和住房城乡建设主管部门负责试点工作的督促、检查和指导。城市政府全面负责试点组织领导工作，制定试点工作规则和组织实施方案，建立试点协调决策机构。各地区各有关部门要加强协调配合，稳妥有序推进试点。

（二）推进试点实施。

1. 编制实施方案。试点城市根据本方案编制实施方案，经省级国土资源主管部门和住房城乡建设主管部门汇总后，2017 年 11 月底前报国土资源部和住房城乡建设部批复。

2. 试点实施、跟踪及总结。省级国土资源主管部门和住房城乡建设主管部门负责试点工作的督促、检查和指导，及时研究解决试点中存在的问题。

2019 年 11 月，省级国土资源主管部门和住房城乡建设主管部门组织开展试点中期评估，形成评估报告报国土资源部和住房城乡建设部。

2020 年底前，省级国土资源主管部门和住房城乡建设主管部门总结试点工作，总结报告报国土资源部和住房城乡建设部。

（三）强化指导监督。各地区各有关部门要按照职责分工，加强对试点工作的指导监督，依法规范运行。要加强分类指导，尊重基层首创精神，健全激励和容错纠错机制，允许进行差别化探索，切实做到封闭运行、风险可控，发现问题及时纠偏。

（四）做好宣传引导。试点地区要加强对试点工作的监督管理，密切关注舆情动态，妥善回应社会关切，重大问题及时报告。

9. 住房城乡建设部、国家发展改革委、公安部、财政部、国土资源部、人民银行、税务总局、工商总局、证监会关于在人口净流入的大中城市加快发展住房租赁市场的通知

（建房〔2017〕153号 2017年7月18日发布实施）

各省、自治区、直辖市住房城乡建设厅（建委、房地局）、发展改革委、公安厅（局）、国土资源主管部门、工商局（市场监督管理部门）、证监局，中国人民银行上海总部、各分行、营业管理部、省会（首府）城市中心支行、副省级城市中心支行，各省、自治区、直辖市、计划单列市财政厅（局）、国家税务局、地方税务局：

当前人口净流入的大中城市住房租赁市场需求旺盛、发展潜力大，但租赁房源总量不足、市场秩序不规范、政策支持体系不完善，租赁住房解决城镇居民特别是新市民住房问题的作用没有充分发挥。为进一步贯彻落实《国务院办公厅关于加快培育和发展住房租赁市场的若干意见》（国办发〔2016〕39号），加快推进租赁住房建设，培育和发展住房租赁市场，现就有关事项通知如下。

一、充分认识加快发展住房租赁市场的重要意义

党中央、国务院高度重视培育和发展住房租赁市场，近年来作出了一系列决策部署。各地区有关部门要将思想和行动统一到党中央、国务院的决策部署上来，充分认识到加快推进租赁住房建设、培育和发展住房租赁市场，是贯彻落实"房子是用来住的、不是用来炒的"这一定位的重要举措，是加快房地产市场供给侧结构性改革和建立购租并举住房制度的重要内容，是解决新市民住房问题、加快推进新型城镇化的重要方式，是实现全面建成小康社会住有所居目标的重大民生工程。

二、多措并举，加快发展住房租赁市场

（一）培育机构化、规模化住房租赁企业。

鼓励国有、民营的机构化、规模化住房租赁企业发展，鼓励房地产开发企业、经纪机构、物业服务企业设立子公司拓展住房租赁业务。人口净流入的大

中城市要充分发挥国有企业的引领和带动作用,支持相关国有企业转型为住房租赁企业。住房租赁企业申请工商登记时,经营范围统一规范为住房租赁经营。公安部门要比照酒店业管理方式,将住房租赁企业登记的非本地户籍租住人员信息接入暂住人口管理信息系统,实现对租客信息的有效对接。加大对住房租赁企业的金融支持力度,拓宽直接融资渠道,支持发行企业债券、公司债券、非金融企业债务融资工具等公司信用类债券及资产支持证券,专门用于发展住房租赁业务。鼓励地方政府出台优惠政策,积极支持并推动发展房地产投资信托基金(REITs)。

(二)建设政府住房租赁交易服务平台。

城市住房城乡建设主管部门要会同有关部门共同搭建政府住房租赁交易服务平台,提供便捷的租赁信息发布服务,推行统一的住房租赁合同示范文本,实现住房租赁合同网上备案;建立住房租赁信息发布标准,确保信息真实准确,规范住房租赁交易流程,保障租赁双方特别是承租人的权益;建立健全住房租赁企业和房地产经纪机构备案制度,强化住房租赁信用管理,建立多部门守信联合激励和失信联合惩戒机制;加强住房租赁市场监测,为政府决策提供数据基础。

(三)增加租赁住房有效供应。

鼓励各地通过新增用地建设租赁住房,在新建商品住房项目中配建租赁住房等方式,多渠道增加新建租赁住房供应,优先面向公租房保障对象和新市民供应。按照国土资源部、住房城乡建设部的统一工作部署,超大城市、特大城市可开展利用集体建设用地建设租赁住房试点工作。鼓励开发性金融等银行业金融机构在风险可控、商业可持续的前提下,加大对租赁住房项目的信贷支持力度,通过合理测算未来租赁收入现金流,向住房租赁企业提供分期还本等符合经营特点的长期贷款和金融解决方案。支持金融机构创新针对住房租赁项目的金融产品和服务。鼓励住房租赁企业和金融机构运用利率衍生工具对冲利率风险。

积极盘活存量房屋用于租赁。鼓励住房租赁国有企业将闲置和低效利用的国有厂房、商业办公用房等,按规定改建为租赁住房;改建后的租赁住房,水电气执行民用价格,并应具备消防安全条件。探索采取购买服务模式,将公租房、人才公寓等政府或国有企业的房源,委托给住房租赁企业运营管理。

要落实“放管服”改革的总体要求,梳理新建、改建租赁住房项目立项、规划、建设、竣工验收、运营管理等规范性程序,建立快速审批通道,探索实施并联审批。

(四)创新住房租赁管理和服务体制。

各地要建立部门相互协作配合的工作机制,明确住房城乡建设、发展改革、公安、财政、国土资源、金融、税务、工商等部门在规范发展住房租赁市场工作中的职责分工,整顿规范市场秩序,严厉打击住房租赁违法违规行为。推进部门间信息共享,承租人可按照国家有关规定凭登记备案的住房租赁合同等有关证明材料申领居住证,享受相关公共服务。充分发挥街道、乡镇,尤其是居民委员会和村民委员会等基层组织的作用,将住房租赁管理和服务的重心下移,实行住房租赁的网格化管理;建立纠纷调处机制,及时化解租赁矛盾纠纷。

三、工作要求

(一)加强组织领导。各地区有关部门要切实加强组织领导,健全工作机制,做好宣传引导,营造良好环境。要结合当地实际研究制定具体实施办法,落实工作责任,确保各项工作有序推进。

(二)积极开展试点。选取部分人口净流入的大中城市开展试点工作。试点期间,各城市应于每年1、4、7、10月的15日前,定期报送上一季度试点工作进展情况,由省级住房城乡建设部门汇总后报送住房城乡建设部、国家发展改革委、财政部和国土资源部。住房城乡建设部会同有关部门及时总结试点工作取得的经验,形成一批可复制、可推广的试点成果,向全国进行推广。

(三)加强督促指导。各地区有关部门要按照职责分工,加强对人口净流入的大中城市发展住房租赁市场工作的督促指导。要注意分类指导,尊重基层首创精神,健全激励和容错纠错机制,允许进行差别化探索,发现问题及时纠偏。住房城乡建设部、国家发展改革委、财政部和国土资源部会同有关部门,跟踪指导各地工作开展情况,总结经验,不断完善政策。

二、军产房

10. 中国人民解放军房地产管理条例

(〔2000〕军字第26号 2000年6月26日公布实施)

第一章 总 则

第一条 为了加强军队房地产管理,合理有效地使用军队房地产,保障军队建设需要,根据国家有关法律,制定本条例。

第二条 本条例所称房地产,是指依法由军队使用管理的土地及其地上地下用于营房保障的建筑物、构筑物、附属设施设备,以及其他附着物。

第三条 军队房地产的权属归中央军委,其土地使用权和建筑物、构筑物以及其他附着物的所有权,由总后勤部代表行使。

军队房地产管理的业务工作由各级后勤(联勤)机关营房管理部门归口管理。

军队房地产按其用途分别由有关单位和业务部门具体负责使用和管护。

第四条 军队房地产管理的基本原则是:保障战备,保证生活,依照法规,依靠科技,合理规划,统一调配,坚持管理正规化标准,推行保障社会化改革,走投入较少、效益较高的路子。

第五条 依法保护、合理使用军队房地产是全军所有单位和人员的义务。禁止任何单位或者个人丢弃、损坏或者擅自处置军队房地产。

第六条 各级首长应当加强对军队房地产管理工作的领导,支持和监督营房管理部门履行职责。

从事军队房地产管理工作的人员应当经过专业训练,熟悉业务、廉洁奉公、尽职尽责。

第二章 职 责

第七条 总后勤部在房地产管理方面履行下列职责:

(一)贯彻国家和中央军委有关房地产管理的方针、政策和法律、法规,制定全军房地产管理规章;

(二)负责军队房地产调配、处置、利用和管理;

(三)会同国家有关部门审批军队建设项目用地计划;

(四)审批军级以上单位的营区规划;

(五)决定全军房地产普查、登记、清理等重大事宜;

(六)指导、监督全军房地产管理工作;

(七)中央军委赋予的其他职责。

第八条　各级后勤(联勤)机关营房管理部门履行下列职责:

(一)贯彻国家和军队有关房地产管理的方针、政策和法律、法规,拟制房地产管理的规章制度,并组织实施,监督执行;

(二)承办军队建设项目用地计划的审核编报事宜;

(三)组织拟制营区规划;

(四)组织实施军用土地、营区、营房、设施设备和营具的管理、维护、使用;

(五)组织实施营区水、电、气、暖的保障和管理;

(六)承办军队房地产的调配、处置事宜;

(七)负责军队房地产统计工作;

(八)管理军队房地产的产权产籍档案;

(九)组织房地产管理人员的业务技术培训;

(十)组织军队房地产管理的科学技术研究、技术革新以及科技成果的推广应用;

(十一)上级赋予的其他房地产管理职责。

第九条　军队房地产使用管理单位履行下列职责:

(一)贯彻执行国家和军队房地产管理的法律、法规和规章制度;

(二)执行上级批准的营区规划;

(三)组织开展营区房地产正规化管理活动;

(四)完成上级下达的各项房地产管理工作任务;

(五)组织开展节水、节电、节煤(油、气)活动;

(六)组织开展专修和群管群修活动;

(七)上级赋予的其他房地产管理职责。

第十条 承担军队房地产管理科学技术研究、人才培训和技术监督监测任务的单位,应当按照职责分工,进行房地产管理基础理论和应用技术研究,培养合格专业人才,履行监督监测职责,开展技术咨询服务,推广科学技术成果。

第三章 军用土地管理

第十一条 本条例所称军用土地,是指军队拥有使用权的下列国有土地:

(一)部队、机关、院校、科研院所、医院、疗养院、后方仓库、干休所等单位的营区用地;

(二)陆军设防、海防、空防、二炮阵地、通信、军队人防工程,以及保留的旧机场、旧港口、旧洞库等国防工程用地;

(三)试验场(基)地、训练场、靶场等科学试验和军事训练用地;

(四)军用铁路专用线、公路支线和输水、输油、输气、输电管线等专用设施用地;

(五)军队的农副业生产用地;

(六)军队工厂用地;

(七)依法由军队管理、使用的其他土地。

第十二条 军队建设项目用地实行计划管理制度。

军队建设项目申请划拨使用国有土地,必须依据用地单位编制、任务和部署定点文件,根据用地定额,编制用地计划,逐级上报总后勤部,纳入全军年度建设用地计划,按照有关规定办理划拨用地手续。

未经批准,任何单位不得受让土地。

第十三条 军用土地实行用途管制制度。

军队建设项目用地,应当执行人民政府编制的土地利用总体规划;特殊军事用地与土地利用总体规划不一致的,应当与人民政府有关部门协商办理。

营区建设必须按照营区规划使用土地。

国防工程、专用设施、科学试验和军事训练用地不得擅自改作他用。

第十四条　军用土地转让实行许可证制度。

经批准转让军用土地的军队单位,必须按照有关规定,申领军用土地转让许可证,并到当地县级以上地方人民政府办理土地转让手续。

第四章　营区管理

第十五条　本条例所称营区,是指位置固定,界线明确,建有供军队单位住用的房屋,并由军队单位组织管理的区域。

第十六条　营区实行规划管理。

营区规划是营区建设与改造的依据。其内容包括:营区土地用途区分,营区各类建筑物、构筑物、附属设施和绿地的平面布局及数量。

营区规划按照立足现有基础,着眼长远发展,落实营房限额住用制度,有利于提高营区环境质量、住用质量和设施配套质量的原则编制。

驻有两个以上使用管理单位的营区,应当联合编制营区规划。

营区规划每十年编制一次。营区规划一经批准,必须严格执行,任何单位或者个人不得擅自变更。

第十七条　营区实行划区管理。

具备条件的营区,应当划分为军事行政区和家属生活区。

具备条件的家属生活区,可以划分为公寓区和售房区。

第十八条　具备条件的营区,应当推行社会化保障管理。售房区逐步实行物业管理。

第十九条　营区内不得擅自搭建临时性建筑物、构筑物;不得擅自占用营区道路、操场、高压供电走廊或者压占地下管线;不得擅自挖沙、采石、取土或者进行爆破活动。

军事行政区内不得建设家属住房和其他与军事行政无关的建筑物、构筑物。

公寓区内不得建设非军产房屋或者设施。

第二十条 营区使用管理单位应当采取有效措施,保护和改善营区生态环境,防治污染,绿化营区。

第二十一条 营区消防应当贯彻“预防为主,防消结合”的方针,依托社会,建立社区、营区联合消防体系,健全消防制度,建立消防队伍,配备消防器材,维护消防设施。

营区消防管理工作由军务部门、保卫部门和营房管理部门共同负责。

第二十二条 空余营区,应当区别情况,实施分类管理,防止荒芜、毁坏和流失;不得擅自进行改建、扩建、新建空余营区,必须优先保证军队内部调整利用;也可以按照有关规定采取储备看管、拆房用地、有偿转让、免租代管、计价移交或者国家和军队政策、法律法规允许的其他方式进行处置。

第五章 营房管理

第二十三条 本条例所称营房,是指军队拥有所有权并由军队单位使用、管理的房屋。

军队单位实行营房限额住用制度。营房住用面积限额,依据单位人员、装备编制和营房建筑面积标准核定。

第二十四条 军队家属住房采取公寓住房与自有住房相结合的方式保障。

军队在职人员可以租住公寓住房,离职或者购买自有住房后应当迁出。

第二十五条 营房管理部门应当定期组织营房质量等级鉴定。

营房质量等级分为:完好房、基本完好房、一般损坏房,严重损坏房和危险房。

有抗震设防要求的地区,营房质量等级应当结合抗震能力进行鉴定。

第二十六条 营房维修应当根据营房质量等级,按照下列规定进行:

(一)必须使用的危险房应当进行翻修,翻修项目由总后勤部计划管理;

(二)必须使用的严重损坏房应当进行大修,大修项目由军区级单位后勤(联勤)机关计划管理;

(三)在用的一般损坏房应当进行中修,中修项目由军区空军、集团军以及相当等级的单位后勤机关和联勤分部、直属分部、兵站部、师级基地计划管理;

(四)局部破损房由营房使用管理单位负责组织小修。

第二十七条　地震基本烈度七度以上地区未经抗震设防或者设计烈度低于国家规范要求的在用营房和固定设施,应当进行抗震加固。

抗震加固项目由总后勤部计划管理。

第二十八条　营房维修采取使用社会专业队伍和军队单位自己组织维修相结合的办法进行。具备条件的单位,应当面向社会,实行招标。

第二十九条　营房应当按照设计功能使用,未经营房管理部门同意,任何单位或者个人不得擅自改变用途,不得擅自增加营房的荷载或者改变营房结构、构件。

第六章　设施设备管理

第三十条　用于营区给水排水、供电、供暖、供气、环保、绿化、消防等用途的建筑物、构筑物以及营区道路、桥涵、管线、护坡、围墙等属于营房设施;水泵、发电机组、变压器、配电柜、锅炉、载人载货电梯等属于营房设备。

设施设备应当按照营区规划进行配套建设,按照有关技术标准和操作规程进行安装、使用和维修。

第三十一条　设施设备实行定期检验、监测和日常检查维护制度,适时更新改造。

设施设备的操作管护人员,应当经过技术培训,持证上岗。

禁止使用经鉴定必须报废的设备。

第三十二条　水电气暖的供应实行量化管理,分户装表,计量收费。

第三十三条　具备条件的单位,设施设备的使用、维护、管理和水电气暖的供应可以实行不同方式的社会化保障。

第三十四条　营房设备的购置应当以招标采购为主,询价采购、定向采购等其他方式为辅。

购置的营房设备、器具必须具有国家和地方行业主管部门核发的产品生产许可证;鼓励使用先进设备和节水、节能设备。

第三十五条 公用营具应当按照标准配备,实行责任到人、计价管理。

第七章 产权产籍管理

第三十六条 军队房地产使用管理单位必须依据有关规定,到房地产所在地县级以上地方人民政府办理房地产登记手续,领取土地使用权、房屋所有权证书。

第三十七条 军队房地产应当根据作战、战备、训练、生活和生产需要,通盘安排,合理调配。

军队房地产在军队单位之间实行无偿调配。

第三十八条 军队平时调整部署和新组建单位所需的房地产,应当尽量从空余房地产中调配解决;确需新建营房的,必须从严掌握。

第三十九条 军队房地产调配实行分级审批。

涉及团以上单位、导弹营部署调整和国防工程设施的房地产调配,由总后勤部根据中央军委或者总参谋部的命令、批复办理;不涉及的或者跨军区级单位之间或者整座落或者营房面积超过5000平方米或者土地面积超过1公顷的房地产调配,由总后勤部审批。其他的房地产在军区级单位内部的调配,由军区级单位审批,报总后勤部备案。

第四十条 军队房地产调配的交接范围包括:土地、营房、固定设施设备、其他地上附着物及其档案资料等。

公用营具和可移动设备的移交范围,在军区级单位内部调配的,由军区级单位后勤(联勤)机关确定;跨军区级单位调配的,由总后勤部确定。

房地产交接双方必须认真核对移交清册和实物,按照规定的时限和程序履行交接手续。交接发生分歧的,由双方直接上级协调解决,协调不成的,由双方共同上级处理。

第四十一条 营房住用限额以外、没有整修利用价值的严重损坏房和危险房以及影响营区规划布局的破旧房,应当拆除。

整座落营房拆除或者一个使用管理单位零星拆除营房面积超过3000平方米(含)的,由总后勤部审批;零星拆除营房面积3000平方米以下的,由军区级单位后勤(联勤)机关审批,报总后勤部备案。

第四十二条　委托地方人民政府免租代管的空余房地产,由军区级单位审批,报总后勤部备案。

第四十三条　军队空余房地产经批准可以对地方租赁,租赁管理办法由总后勤部制定。

第四十四条　有偿转让军队房地产(含合建、换建、兑换,下同),由总后勤部审批。

有偿转让的军队房地产必须经过具有法定资格的评估机构进行价格评估,转让价格不得低于当地人民政府确定的最低价。

国家建设项目和地方人民政府实施城市建设发展规划确需占用军队房地产的,按照有关规定,根据被占用房地产的价值获取补偿。

第四十五条　租赁、有偿转让,以及以其他方式利用军队房地产所得收益,应当主要用于军队基建营房事业。

第四十六条　计价移交的军队空余房地产,由总后勤部审批,其接收单位必须是县级以上地方人民政府。

第四十七条　未经中央军委批准,军队单位不得与境外组织或者个人合作利用其使用管理的军队房地产。

第四十八条　军用土地使用权和房屋所有权经批准向军外转移的,军队房地产使用管理单位必须到房地产所在地县级以上地方人民政府办理变更登记手续。

第四十九条　军队房地产管理部门和使用管理单位应当建立健全房地产产权产籍档案。

军队房地产产权产籍档案实行分级管理,永久保存。

第八章　奖励与处罚

第五十条　具备下列条件之一的单位和个人,依照《中国人民解放军纪律条令》的有关规定，给予奖励：

（一）在营区房地产正规化管理工作中做出突出成绩的；

（二）保护军队房地产事迹突出的；

（三）营区消防安全管理和设施设备安全、节能管理取得突出成绩的；

（四）房地产管理科学技术研究取得重大成果或者在房地产管理中提出重大对策、建议或者进行管理技术、方法的创新，获得明显效果的；

（五）在军队房地产管理的其他方面做出突出成绩的。

第五十一条 有下列情形之一的，依照《中国人民解放军纪律条令》的有关规定，对主管人员和直接责任人员给予处分；构成犯罪的，依法追究刑事责任；对单位给予通报批评：

（一）擅自改变军用土地用途或者擅自调配、处置军队房地产的；

（二）不服从上级对房地产的调配，经教育拒不改正的；

（三）擅自变更或者不执行营区规划，以及违反营区维护管理规定造成严重后果的；

（四）擅自改变营房及其附属设施用途、结构、构件或者玩忽职守，造成营房或者设施设备严重损坏或者酿成火灾等事故的；

（五）其他妨害军队房地产管理工作的。

第九章 附　　则

第五十二条 军兵种、军区可以根据本条例制定有关规定。

第五十三条 中国人民武装警察部队房地产管理工作参照本条例执行。

第五十四条 本条例由总后勤部负责解释。

第五十五条 本条例自发布之日起施行。1990年4月20日中央军委发布的《中国人民解放军房地产管理条例》即行废止。其他规定与本条例不一致的，按照本条例执行。

11. 最高人民法院关于在执行工作中加强军地法院协作为军队和武警部队全面停止有偿服务提供司法保障的意见

(法〔2017〕232号　2017年7月28日发布实施)

各省、自治区、直辖市高级人民法院,解放军军事法院,新疆维吾尔自治区高级人民法院生产建设兵团分院:

长期以来,地方各级人民法院和军事法院认真贯彻落实最高人民法院部署要求,在执行工作中相互协助,密切配合,为推动解决执行难、维护司法权威发挥了重要作用。2017年3月2日,最高人民法院下发《关于做好为军队和武警部队全面停止有偿服务提供司法保障工作的通知》(法〔2017〕55号),要求深入贯彻党中央关于深化国防和军队改革的战略部署,充分发挥人民法院审判职能,为军队和武警部队全面停止有偿服务提供司法保障。为在执行工作中贯彻落实该通知精神,同时进一步加强和规范军地法院协作办理执行案件工作机制,现提出如下意见:

一、以强化军地法院执行协作为抓手,为全面停止有偿服务提供有力保障

1. 为军队和武警部队全面停止有偿服务提供优质高效的司法保障,关系到国防巩固和军政军民团结,关系到军地稳定和社会和谐。为国防和军队建设提供有力司法保障,是人民法院的优良传统。地方各级人民法院和军事法院要积极推动建立顺畅高效的军地法院执行协作机制,妥善处理军地互涉执行案件,特别是涉全面停止有偿服务案件,为国防和军队建设提供良好的法治环境,确保改革强军战略的顺利推进。

二、加大工作力度,全面提升军地法院执行协作质效

2. 军地法院在执行案件文书送达、被执行人查找、财产调查、财产保全、现场执行、涉案财物处置、促进和解、委托执行等工作中,应当互相提供协助,特别是对于涉全面停止有偿服务案件,要快立快执。

3. 军事法院在开展网络司法拍卖工作时,可以委托财产所在地人民法院或

者其他相关人民法院组织实施。受托法院应当以本院名义进行司法鉴定、评估、网络司法拍卖，并按照军事法院要求将拍卖款至指定账户。由此产生的执行异议、复议和执行异议之诉仍由军事法院负责审查处理。

4. 地方人民法院开展执行工作时，如果军队一方为申请执行人，军事法院应当积极沟通协调，必要时应积极促进当事人达成和解。地方人民法院应当依法加大执行力度，切实维护国防利益和军队合法权益，执行确有困难的，可以及时报请上级人民法院提级执行或者指令其他人民法院执行。军队一方为被执行人的，地方人民法院可以商请军事法院协助执行，军事法院应当予以协助，采取有效措施督促相关单位和个人依法履行生效裁判。

5. 军地法院在办理涉全面停止有偿服务执行案件时，要注重做好释法析理工作，引导当事人通过执行异议、复议等法定程序主张权利，保证执行异议、复议、执行异议之诉等各个程序之间顺畅高效衔接，在法律框架内解决争议，确保军队资产安全，维护群众正当利益。

6. 军地法院在军地互涉案件执行过程中应当加强沟通，及时做好社情、舆情、网情研判分析，对于可能引发负面影响的信息，要快速应对、积极引导，防止产生不良社会影响。要严守工作纪律，注意内外有别，对于敏感信息要注意做好保密工作，防止信息泄露引发炒作。

三、建立制度机制，推进军地法院执行协作规范化制度化

7. 加强组织领导。要坚持党的领导，始终将依靠党委领导和政府支持作为推进工作的重要保障，共同化解矛盾，合力推进案件执结。军地法院应当指定执行部门主要领导统一负责指导本部门和辖区法院涉全面停止有偿服务等军地互涉执行案件有关工作，日常工作应当指定专人负责。

8. 建立联席会议制度，军地法院应当加强工作交流，建立执行工作联席会议制度，在确定专人联络、走访沟通的基础上，充分运用信息化等手段，加强研究会商，共同推动工作落实。

9. 建立通报督促制度。各高级人民法院和辖区军事法院每季度分别汇总军地互涉执行案件情况并互相通报，同时分别向最高人民法院和解放军军事法

院报告。相关法院应当督促当事人履行法定义务,对超过执行期限仍不能执行到位的军地互涉案件,由军地法院组成联合工作组,共同推进案件执行。

10. 建立案件督办制度。对于复杂疑难、久拖不决且经军地法院协作仍不能执行到位的军地互涉执行积案,由执行法院层报最高人民法院。最高人民法院定期向有关高级人民法院和解放军军事法院通报,挂牌督办。

11. 建立奖惩激励制度。各高级人民法院和解放军军事法院应当加强对军地法院协作办理执行案件的监督检查。最高人民法院将适时对工作成绩突出的单位和个人予以表扬,对协作不力造成不良后果的单位和个人予以通报批评,情节严重的取消评先评优资格。

12. 最高人民法院关于进一步加强人民法院涉军案件审判工作的通知

（法〔2010〕254号　2010年7月28日发布实施）

各省、自治区、直辖市高级人民法院，解放军军事法院，新疆维吾尔自治区高级人民法院生产建设兵团分院：

最高人民法院、解放军总政治部《关于认真处理涉军纠纷和案件切实维护国防利益和军人军属合法权益的意见》发布近十年来，人民法院依法妥善处理了一大批涉军纠纷案件，为维护国防利益和军人军属合法权益，促进国防和军队建设作出了积极贡献。随着经济社会发展和军队使命任务拓展，军队建设和多样化军事任务中遇到的涉法涉诉问题日益增多，涉军案件审判工作面临许多新情况新问题。为了适应新的形势和任务要求，认真贯彻落实全国维护国防利益和军人军属合法权益工作表彰会议精神，人民法院要认真总结经验，发扬成绩，开拓创新，进一步发挥审判职能，为人民军队有效履行新的历史使命提供有力司法保障。

一、统一思想认识，进一步增强维护国防安全、保障社会稳定的责任感、使命感

1. 充分认识涉军案件审判工作的重要意义。依法行使涉军案件审判权，是人民法院服务国防和军队建设大局的主要途径，是落实党的拥军优属政策的必然要求，是深入推进“三项重点工作”的重要内容，也是深化“人民法官为人民”主题实践活动的有效载体。各级人民法院要以邓小平理论和“三个代表”重要思想为指导，深入贯彻落实科学发展观，紧紧围绕维护国防安全和促进社会稳定，把涉军案件审判工作状况纳入双拥工作、社会治安综合治理考评体系，坚持公平公正执法与保护国防利益相统一，依法独立行使审判权与军地协调配合相统一，认真贯彻党的有关政策，严格遵守法律规定，充分考虑部队实际，坚持能动司法，特事特办、高效便捷，提高审判质量效益，切实履行好维护国防利益和

军人军属合法权益的重要职责。

二、建立健全工作机制,规范涉军案件审判工作

2.建立健全组织机构。按照中央关于加强涉军维权工作长效机制建设的总体要求,建立健全涉军案件审判工作组织机构。各级人民法院可结合审判实际,设立涉军案件审判工作领导小组,由一名院领导任组长,相关业务庭领导为成员,研究解决涉军审判工作中的重大问题,指导涉军审判工作的开展。指定审判管理机构或相关业务庭承担领导小组办公室职责,统一协调管理涉军案件审判工作,负责办理日常事务。相关业务庭应有相对固定的合议庭、独任审判员负责审理涉军案件。受理涉军案件较多的中级、基层人民法院可设立专门合议庭或审判庭。在各级人民法院尤其是基层人民法院,可选任现役军人、退役军人、军属担任陪审员,参与涉军案件审判。

3.规范审判流程管理。各级人民法院对涉军案件立案、分案、排期、开庭、结案等环节,实施规范化管理。立案时,确定系涉军案件的,应在审判信息管理系统中作出“涉军”记载,分流到涉军案件专门审判组织进行审理。根据涉军案件的特点,制定审判流程管理和案件质量评查工作细则,杜绝超期限审理。建立完善涉军案件专门统计制度,应当及时将涉军案件当事人的基本情况、案由、简要案情等报本院涉军案件审判工作领导小组办公室,做到登记及时、数据准确。

4.完善军地协调机制。各级人民法院要加强与驻地部队的联系沟通,建立健全军地联席会议、涉军案件信息通报、重大涉军案件督办等制度,研究交流涉军审判事宜。要协调相关军区、人民武装部和军事法院,在涉军案件确认、文书送达、调查取证、诉外协调、诉讼调解、裁判执行等方面,支持配合地方人民法院,共同做好涉军案件审判工作。处理重大疑难涉军案件,要通过当地涉军维权工作领导小组,与涉案部队及时联系,争取部队理解支持。

5.积极开展司法救助和法律援助。对经济困难的军人军属,请求给付赡养费、抚养费、扶养费、抚恤金、优待金、社会保险金、劳动报酬和经济补偿金、人身损害赔偿等案件,依法决定诉讼费的缓、减、免交。军人军属合法财产权益因不

能执行兑现、生活困难的，应积极协调有关部门，给予必要救助。军人军属需要法律援助的，应积极协调有关法律援助机构，及时提供法律援助。

三、抓住重点和关键，破解涉军案件审判工作难题

6.依法确定涉军案件范围。涉军案件是指人民法院受理的以军队单位和军人军属为一方当事人的刑事、民事、行政等案件。军队单位是指中国人民解放军现役部队和预备役部队、中国人民武装警察部队及其编制内的企业事业单位。军人是指现役军(警)官、文职干部、士兵及具有军籍的学员。军队中的文职人员、非现役工勤人员、在编职工，由军队管理的离退休人员，以及执行军事任务的预备役人员和其他人员，按军人对待。军属是指军人的配偶、子女、父母以及其他与军人有法定扶养关系的亲属。

7.突出抓好重大案件的审理。各级人民法院要突出重点，集中力量，着力抓好重大涉军案件的审判工作。依法严厉打击非法获取、故意泄露军事秘密、破坏武器装备、军事设施、军事通信、冒充军人招摇撞骗等犯罪，有效维护国防利益和军事安全；依法妥善处理涉及部队战备执勤、演习训练、国防工程建设、军事设施保护、军用土地权属、军事禁区管理等纠纷案件，保障部队正常的战备、训练和工作秩序；依法惩处故意杀害伤害军人军属、诱骗拐卖军属、破坏军婚等案件，切实保障军人军属的合法权益；审慎解决可能导致群体性事件以及因历史遗留问题引发的重大纠纷案件，维护军队的良好声誉。

8.畅通诉讼绿色通道。涉军案件审判要做到优先立案、优先审结、优先执行，尽快消除因涉军纠纷案件给部队建设带来的消极影响。在立案大厅设立涉军案件立案窗口，引导当事人理性对待诉讼，合理选择纠纷解决方式，提高部队和军人军属依法诉讼的能力。凡符合立案条件的，要做到尽快受理，并及时将诉讼材料移送涉军案件审判组织。依法适用简易程序审理的，要加大审判力度，缩短办案周期。对军队一方当事人确有困难，无法自行收集证据的，人民法院可依职权调取证据。积极开展巡回审判，对于边远艰苦、交通不便的部队，可采取信函、传真等方式立案，借助互联网、视频系统等进行案件审理，为边海防和驻地偏远部队及军人军属提供诉讼便利。

9. 更加深入扎实做好调解工作。涉军案件审判要更加注重调解，切实把调解优先原则贯穿于审判工作全过程。要充分运用诉讼与非诉讼相衔接的纠纷解决机制，努力把涉军纠纷化解在诉讼之前。要在认真做好地方当事人调解工作的同时，通过部队做好军队一方当事人的思想工作，引导军地双方当事人达成共识、消除纷争。重大涉军案件，积极协调人民武装部、团以上部队政治机关，形成合力，共同做好调解工作，最大限度地实现法律效果、社会效果和政治效果的统一。

10. 确保生效裁判的及时执行。切实加强涉军案件执行工作，保障当事人合法权益。在向军队一方当事人送达裁判文书时，要释明有关法律规定，指导其及时申请执行；军队一方为申请执行人的，要加大执行力度，必要时可请上级人民法院提级执行；军队一方为被执行人的，可通过部队组织督促被执行人履行法定义务，必要时可以请部队所在地的军事法院协助执行。

11. 扩大审判效果延伸司法服务。结合涉军案件审判工作，积极扩大办案效果，拓展司法服务领域。选择危害国防利益和军人军属合法权益的典型案例，开展法制宣传教育，增强广大人民群众的国防法制观念。可通过开设涉军纠纷法律咨询热线电话，网站专栏，向部队、军人军属发放“维权服务联系卡”，设置驻军部队司法信箱等方式，为部队和军人军属依法维权提供司法服务。积极开展庭审观摩进军营、法律咨询进军营、法律培训进军营等活动，增强官兵依法办事意识和解决涉法涉诉问题的能力。

四、加强组织领导，推动涉军案件审判工作全面深入发展

12. 切实搞好统筹督导。各级人民法院要把涉军案件审判工作与其他工作科学统筹、协调推进。各级人民法院涉军案件审判工作领导小组每年应对本院涉军案件审判工作情况进行一次综合检查，加强监督指导，积极解决工作中遇到的困难和问题，保障涉军案件审判工作顺利进行。

13. 加强审判队伍建设。各级人民法院要选派政治过硬、业务精通、经验丰富、作风优良的业务骨干，充实涉军案件审判队伍。优先安排涉军案件合议庭或审判庭成员参加相关业务培训，通过参观走访、参加“国防教育日”等活动，激

发爱国热情,增强国防观念,掌握必要的国防知识,准确把握部队和官兵维权需求,提高涉军案件审判水平。

14. 建立报告和通报制度。各级人民法院应将涉军案件审判工作情况纳入人民法院年度工作报告。要定期向当地涉军维权工作领导小组通报涉军案件审判工作情况,共同推动涉军维权工作深入开展。

15. 注重培养宣传先进典型。各级人民法院要把开展涉军案件审判工作情况纳入单位和个人业绩考核体系,作为创先争优的硬指标,对涉军案件审判工作实绩突出的单位和个人进行表彰;对工作失职渎职造成不良后果的,要追究相应的责任。要不断总结先进典型经验,与时俱进地树立和培养新的典型,广泛宣传他们的先进事迹,大力弘扬人民法院司法拥军的时代精神。

16. 加大物质装备保障力度。各级人民法院要从涉军案件审判工作实际出发,在年度预算中安排必要的经费,为涉军案件合议庭或审判庭配备必要的办案器材和工具,创造良好的工作条件,切实保障涉军案件审判工作的顺利开展。

13. 最高人民法院、解放军总政治部关于认真处理涉军纠纷和案件切实维护国防利益和军人军属合法权益的意见

（2000年12月25日发布实施）

依法审理涉军案件是人民法院的职责，也是审判工作为国防事业和军队建设服务的重要体现；妥善解决官兵的涉法问题是部队各级党委的任务，也是加强部队思想政治建设、提高战斗力的客观需要。各级人民法院和部队各级党委应当充分认识处理涉军纠纷和案件的重要性，依据《中华人民共和国宪法》和《中华人民共和国国防法》等法律规定的精神，采取有力措施，建立有效的工作机制，切实维护国防利益和军人军属的合法权益。

一、充分认识依法妥善处理涉军纠纷和案件，维护国防利益和军人军属合法权益的重大意义。

当前我国正处于深刻的社会变革时期，各种社会矛盾和法律纠纷增多，军人军属涉法问题逐年增加。依法妥善处理涉军纠纷和案件，显得十分重要和迫切。人民解放军是执行革命政治任务的武装集团，担负着保卫国家安全、抵御外来侵略、维护国家统一的神圣使命。妥善处理部队涉法问题和涉军案件，直接关系到国防巩固和军政军民团结，关系到军队建设的长远发展，关系到党赋予人民解放军历史使命的完成。各级人民法院和部队各级党委，要进一步增强大局意识和法制观念，把依法妥善处理涉军纠纷和案件的工作，作为贯彻落实江泽民总书记关于"三个代表"重要思想以及《关于改革开放和发展社会主义市场经济条件下军队思想政治建设若干问题的决定》的实际行动，为加强国防和军队建设创造良好的法制环境。

二、建立有效的工作机制，依法及时妥善地审理涉军案件。

近年来，一些地方人民法院以改革创新的精神积极探索，在不增加编制、人员和不打乱内部业务分工的前提下，建立审理涉军案件的工作机制，有效地提高了涉军案件的审判质量和效率，收到了良好的法律效果和社会效果。各级人

民法院尤其是中级人民法院和基层人民法院，要学习借鉴成功的经验，由院领导牵头，有关业务庭负责人具体负责，加强对审理涉军案件的指导和协调。有关审判庭可以从实际出发，组成涉军案件合议庭，并逐步建立相应的工作机制。

人民法院办理涉军案件，要坚持审判质量与审判效率相统一，法律效果与社会效果相统一，平等保护诉讼当事人的合法权益，切实维护司法公正。要充分考虑涉军案件的特点，在法定时限内，及时立案、及时审理、及时审结、及时执行，切实维护国防利益和军人军属的合法权益。

三、充分发挥省军区系统的职能作用，做好解决涉军纠纷和案件的协调工作。

省军区系统特别是人民武装部作为联系部队和地方的桥梁纽带，在协调妥善处理涉军纠纷和案件方面，应当发挥重要的作用。各省军区（卫戍区、警备区）、军分区（警备区）和县（市、区）人民武装部，要把这项工作作为一项基本职能和重要任务，纳入“双拥”活动，支持、协助各地建立维护军人军属合法权益的工作机制，从组织领导上保证这项工作的健康开展。要建立健全法律服务组织，特别是人民武装部建立的军人军属法律服务站，要有专人负责，认真接待军人军属的来信来访，搞好法律咨询服务，配合、协助有关部门做好涉军纠纷的调解工作。

四、加强部队法律服务工作，建立健全法律服务信息网络。

各部队要加强与有关方面和部门的联系，为官兵涉法问题的解决创造条件。部队各级法律服务组织，要明确职责，完善制度，保证法律服务活动的经常开展。要充分利用现代科技手段，建立网上信息传输反馈系统，及时了解掌握官兵及其家庭涉法问题的情况，开展网上法律咨询服务活动，及时向官兵提供有关保护军人军属合法权益的政策、法规和解决涉法问题的对策和建议。各部队要充分利用省军区系统的法律咨询服务机构，及时与地方有关部门取得联系，反映军人军属的意见和要求。各级军事法院要充分发挥职能作用，进一步拓宽法律服务工作领域，加强与地方人民法院的联系和配合，共同维护司法公正，使涉军案件的审判收到最佳效果。

五、深入开展法制宣传教育,提高官兵依法办事的意识和能力。

开展法制宣传教育,是加强部队思想政治建设的一项重要内容,也是解决部队涉法问题的基础性工作。部队的法制宣传教育要在组织官兵系统学习法律知识,提高法律素质上下功夫,把学法、守法有机结合起来。既要组织官兵学习国家的基本法律,强化遵纪守法的自觉性,又要注意提高官兵运用法律知识解决实际问题的能力。要教育引导官兵进一步明确,军人应带头按章办事,依法行使权利,不能因为自己是军人而谋求法外特权,要求法外照顾。要执行地方人民法院的裁判和有关部门的处理决定,认真履行应尽的义务。对可能处理不公的问题,要依法解决。同时要切实做好当事人的思想工作,坚决防止矛盾激化,引发事故和案件。

14. 中央军事委员会关于军队和武警部队全面停止有偿服务活动的通知

(2016年3月27日发布实施)

新华社北京3月27日电　中央军委近日印发《关于军队和武警部队全面停止有偿服务活动的通知》,军队和武警部队全面停止有偿服务工作正式启动。

《通知》指出,中央军委计划用3年左右时间,分步骤停止军队和武警部队一切有偿服务活动。对于承担国家赋予的社会保障任务,纳入军民融合发展体系。自《通知》下发之日起,所有单位一律不得新上项目、新签合同开展对外有偿服务活动,凡已到期的对外有偿服务合同不得再续签,能够协商解除军地合同协议的项目立即停止。

《通知》还提出了全面停止有偿服务活动的主要原则和配套措施,对改革经费收支管理办法、研究建立相关岗位津贴制度、各类遗留问题处理办法等进行明确。

《通知》强调,全面停止军队和武警部队有偿服务活动,是一项事关军队建设发展全局的重大政治任务。各级必须强化政治意识、看齐意识、号令意识,严守政治纪律和政治规矩,以高度的政治自觉和强烈的责任担当,闻令而动,大事大抓,确保中央军委的决策指示落到实处。

15. 建设部、国家工商行政管理总局、国家税务总局、解放军总后勤部关于进一步加强军队空余房地产租赁管理工作的通知

（〔2004〕后营字第1285号 2004年12月30日发布实施）

各省、自治区、直辖市、计划单列市建设厅（建委、房地局）、工商行政管理局、地方税务局，各军区联勤部，各军兵种后勤部，总参三部、管理保障部，总政直工部，总装后勤部，军事科学院院务部，国防大学、国防科技大学校务部，武警部队后勤部，总后所属直供单位：

军队利用空余房地产开展的租赁活动，是加强空余房地产管理的重要手段，既发挥了空余房地产的资源效益，支援了地方经济建设，又弥补了国防经费不足，对保障战备、服务部队起到了积极作用。为进一步加强军队空余房地产租赁管理，理顺军地业务关系，使其健康有序地发展，现就有关问题通知如下：

一、严格实行租赁归口管理。军队空余房地产租赁工作由军队房地产管理部门归口管理，接受当地政府房地产、工商、税务等行政管理部门的监督。军队出租单位租金收入中所含土地收益金由总后勤部统一收取。

二、严格实行租赁项目审批制度。出租军队空余房地产，必须按照《军队空余房地产租赁管理规定》，严格履行审批手续，出租的军队空余房地产必须符合国家和军队规定的租赁条件，达到住用、消防、卫生防疫等安全标准。

三、严格实行租赁许可证制度。《军队房地产租赁许可证》是军队开展空余房地产租赁活动的合法有效凭证。出租军队空余房地产，必须到军队房地产管理部门办理登记注册手续，申领《军队房地产租赁许可证》，并在租赁场所明显位置悬挂。承租人自领取《军队房地产租赁许可证》之日起三十日内，持租赁合同和《军队房地产租赁许可证》到当地政府房地产管理部门登记备案，未持《军队房地产租赁许可证》的军队空余房地产租赁项目不予登记备案。《军队房地产租赁许可证》由中国人民解放军房地产管理局统一编号印制，并按规定权限分别由中国人民解放军房地产管理局、大单位房地产管理局（处）、地区性房地

产管理处核发。

四、严格加强租赁工商、税务管理。各级工商、税务部门要切实加强军队空余房地产租赁管理。租用军队空余房地产作为企业或者个体工商户住所(经营场所)的,到工商行政管理部门办理登记注册时,必须提交有效的《军队房地产租赁许可证》。军队出租单位必须凭有效期内的《军队房地产租赁许可证》,才能向经营地主管税务机关办理免缴租赁收入营业税、房产税手续,否则应依法履行纳税义务。出租单位收缴承租人租金时,必须按照国家财政部、总后勤部《军队票据管理规定》(〔1999〕后财字第81号)的要求,统一使用套印国家财政部和中国人民解放军票据监制章的军队收费票据。

五、严格实行租赁合同审核制度。出租军队空余房地产,必须使用军队统一制式的《军队房地产租赁合同》范本,签订书面合同,并经军队房地产管理部门审核同意后,方可生效。

六、严格实行租赁年检制度。军队出租单位必须每年第一季度到军队房地产管理部门申报租赁管理情况,办理租赁项目年检手续,审验《军队房地产租赁许可证》。军队各级房地产管理部门应当定期会同政府房地产、工商和税务部门,对军队空余房地产租赁情况进行监督检查。对不合格的租赁项目,应当限期整改,整改后仍达不到要求的,注销《军队房地产租赁许可证》,工商行政管理部门责令承租人限期办理变更登记。对未申领或者持有无效《军队房地产租赁许可证》的租赁项目,应当责令补办《军队房地产租赁许可证》,其租赁收入不享有免缴营业税、房产税政策。

本通知印发的《军队房地产租赁许可证》,自2005年4月1日起启用。现有的军队空余房地产租赁项目,应于2005年6月底前,按规定核发权限换发新的《军队房地产租赁许可证》。同时废止1998年3月20日印发的《军队房地产租赁许可证》。各单位可结合本单位和当地实际,制定具体落实办法。

附:《军队房地产租赁许可证》式样(略)

16. 建设部关于中国人民武装警察部队营房产权登记发证工作有关问题的通知

(建房〔1998〕136号 1998年6月24日发布实施)

各省、自治区、直辖市建委(建设厅、市政管委),计划单列市建委,武警各总队、各师、兵团指挥部:

中国人民武装警察部队(以下简称武警部队)根据建设部《关于中国人民武装警察部队在房屋所有权登记工作中执行中国人民解放军登记发证办法的通知》(〔1989〕建房管字第69号)的精神,对所属的营房进行了产权登记,并领取了《房屋所有权证》。一些《房屋所有权证》中将"房屋所有权人"写成"解放军总后勤部"。根据中共中央《关于人民武装警察管理体制问题的通知》(中发〔1982〕30号)和国务院、中央军委《关于调整武警部队领导管理体制的决定》(国发〔1995〕5号文)精神,武警部队与中国人民解放军是两个不同的单位。经建设部、中国人民解放军总后勤部、中国人民武装警察部队研究,提出如下意见:

一、武警部队在办理营房产权登记时,只要产权清楚,证件齐全,符合法律法规的"房屋所有权人",应填写为"武警部队后勤部"。

二、如果以前在办理武警部队产权登记时,将"房屋所有权人"填成"中国人民解放军总后勤部"的,由武警部队后勤部会同中国人民解放军总后勤部基建营房部出示有关产权证明,经当地房地产管理部门审查核实,确认产权后,应予以更正,并向武警部队换发房屋所有权证。

三、武警部队营房权属登记和房改售房权属登记发证,可参照中国人民解放军营房权属登记的有关政策和规定办理。

17. 建设部、国家工商行政管理局、中国人民解放军总后勤部关于军队开展房地产开发活动有关问题的通知

(1992年10月31日发布实施)

为适应当前改革开放的新形势,在保证战备和部队住用并保守国家军事机密的前提下,充分利用军队空余房地产进行开发经营,更好地为国家经济建设和军队现代化建设服务,是利国、利军、利民的好事。为了加强军队房地产开发经营的管理,现将军队开展房地产开发活动的有关问题通知如下:

一、各军区、各军兵种、各总部、国防科工委等大单位房地产管理局(处)可根据需要设立房地产开发公司,专门从事房地产开发经营活动。大单位以下房地产管理部门可设立分公司。今后原则上不再设立全国性的公司。地区性的公司和现有全国性公司设立分公司,从严审批。

二、军队房地产开发公司为全民所有制经济实体,根据国家和军队有关财务、成本、价格等管理法规,按照军企分开的原则,实行自主经营,独立核算,自负盈亏,依法承担民事责任。

三、军队设立的房地产开发公司主要是利用军队空余房地产进行开发经营,经批准可发挥自身优势参加地方的房地产开发经营,或独自开发经营。经批准可与外商及国内其他经济组织联合开发经营。

四、军队设立的房地产开发公司开发的土地,经批准可进行土地使用权的有偿转让、出租;开发的房屋和设施,经批准可按国家和军队的有关规定向社会出售、出租。

五、军队设立的房地产开发公司向社会出售的商品房,可由公司管理,也可由购房单位或委托物业公司管理。

六、军队设立的房地产开发公司不得冠用军队名称和番号,必须严格执行《企业名称登记管理规定》。

七、军队房地产开发经营,由总后勤部统一组织领导。其具体开发经营业

务,由全军房地产主管部门实施归口管理。

八、军队房地产开发经营项目,分别按国家和军队的有关规定报批。

九、军队设立房地产开发公司按以下程序履行报批手续:

(一)填写《军队房地产开发企业设立申报表》,上报总后勤部基建营房部审批。

(二)持总后勤部基建营房部批准的《军队房地产开发企业设立申报表》,向国家或地方建设主管部门办理资质审核手续。

(三)持总后勤部基建营房部批准的《军队房地产开发企业设立申报表》(不再使用军办企业"三证")和建设主管部门批件,向国家工商行政管理局或地方工商行政管理局申请登记注册。经核准登记注册,核发营业执照后,方可从事开发经营活动。

十、军队房地产开发活动,应执行国家有关法规,接受国家和地方建设主管部门的业务指导。

18. 中华人民共和国建设部、房地产业司、中国人民解放军总后勤部基建营房部关于印发《城镇驻军营房产权转移和房屋现状变更登记实施细则》的通知

（〔1992〕建房管字第18号　1992年4月1日发布实施）

各省、自治区、直辖市、计划单列市房地产管理局，各军区、各军兵种、国防科工委后勤部基建营房部：

城镇驻军营房产权登记、发证工作已基本完成，房屋产权转移和房屋现状变更登记工作，将于1992年底开始进行。为做好这项工作，根据建设部、总后勤部〔1988〕建房字第85号《关于城镇驻军营房产权登记、发证工作的通知》要求，制定了《城镇驻军营房产权转移和房屋现状变更登记实施细则》，现印发你们。望各地政府房地产管理部门和当地驻军营房部门，共同遵照执行。

城镇驻军营房产权转移和房屋现状变更登记实施细则

第一条　为做好城镇驻军营房产权转移和房屋现状变化的变更登记工作（以下简称营房变更登记），现根据《城镇房屋产权产籍管理暂行办法》和《关于城镇驻军营房产权登记发证工作的通知》要求，制订本实施细则。

第二条　营房变更登记时间。从1989年底起，属于房屋现状变化的，每三年集中变更登记一次；属于房屋产权转移或军内住用单位（产权管理单位）变换的，分别从产权转移之日起或接到上级批件后三个月内进行变更登记。

第三条　营房变更登记，均按营房产权转移和房屋现状变化部分的实有房屋面积进行申报登记。

第四条　因房屋现状变化需进行变更登记的，由军队住用单位（即产权管理单位）按以下程序办理：

1. 到当地房地产管理部门申请营房变更登记，领取“房屋现状变更登记申请书”及“房屋状况登记表”等有关表格，按规定要求填写好。

2. 绘制房屋变更平面图,填写房屋分栋登记表。保密单位因有营区地界图不需重新绘制房屋变更平面图,但要填写房屋分栋登记表;非保密单位需按规定绘制房屋变更平面图,填写房屋分栋登记表。

3. 准备房屋变更资料。如新建、拆除、改建等房屋,要准备好上级批准的建房任务书、拆房批件、协议书、城市规划部门批准的建筑工程许可证、红线图等。

4. 携带以上资料(复印件)及有关图表,到当地房地产管理部门进行房屋变更登记,换取“房屋所有权证”。

第五条　因房屋所有权转移需进行变更登记的,由军内外交接单位共同携带上级批件和“房屋所有权证”等有关资料,到当地房地产管理部门办理房屋所有权转移登记手续。对整座落房屋产权转移的,军队住用单位将原“房屋所有权证”交给房地产管理部门,办理产权转移手续,其他房产资料不作移交;对非整座房屋产权转移的,由房地产管理部门按实际移交范围进行分割,换发新的“房屋所有权证”,其他资料也不作移交。

第六条　因军内住用单位变换需进行变更登记的,由原住用单位和新进驻单位共同到当地房地产管理部门办理变更登记,原住用单位要将变动范围内的所有房产资料移交给新进驻的住用单位。整座落移交的,除变更住用单位外,其资料不作变更修改;非整座移交的,要对房屋分栋登记表、座落平面图按移交范围作相应的分割修改,划清营区地界、座落编号,分别领取“房屋所有权证”。

第七条　房屋变更图的绘制方法。先对营区房屋总平面布置图的透明底图进行变更修改:有新建房屋的,将新建房屋的轮廓、层数、栋号,按相同比例用实线标绘在底图上;有拆除销号房屋的,将拆除房屋图形用刀片刮掉。透明底图变更修改后,按所需份数晒出蓝图,如座落比较大,可只将有变更修改的一幅底图晒出蓝图,无变更的图幅不再复制。

第八条　军队房屋产权属军委、总部,所有权性质属军产,“产权单位”填总后勤部。其营房变更登记委托住用单位(即产权管理单位)全权办理,使用住用单位印章,但必须按《中国人民解放军房地产管理条例》规定的房地产转移、变更批准权限,持有总后勤部或各军区、军兵种、国防科工委等大单位的批件。不符合上述规定的，产权转移无效，并不得进行营房变更登记。

第九条 营房变更登记后，各住用单位要及时充实、修改本单位所掌管的营房档案资料，并将新换发的“房屋所有权证”、变更图表、交接协议书等有关资料，按规定份数，随年度统计表逐级上报至各级营房部门。

第十条 变更登记收费。军队房产变更登记、换证的收费标准，仍按建设部、总后勤部〔1988〕建房字第85号通知规定的收费标准执行。除“房屋所有权证”工本费照交外，营房变更登记费、测绘复丈费均按当地收费标准的五分之一收取，并按实际变更的营房面积数量收费，不得因一栋或几栋房屋变更而按整座营房面积收费。

第十一条 军队营房档案属于保密档案，军地双方都应按保密规定集中保管，严格借用手续，防止丢失。

三、小产权房

19. 最高人民法院关于转发住房和城乡建设部《关于无证房产依据协助执行文书办理产权登记有关问题的函》的通知

（法〔2012〕151号 2012年6月15日发布实施）

各省、自治区、直辖市高级人民法院，解放军军事法院，新疆维吾尔自治区高级人民法院生产建设兵团分院：

现将住房和城乡建设部《关于无证房产依据协助执行文书办理产权登记有关问题的函》（建法函〔2012〕102号）转发你们，请参照执行，并在执行中注意如下问题：

一、各级人民法院在执行程序中，既要依法履行强制执行职责，又要尊重房屋登记机构依法享有的行政权力；既要保证执行工作的顺利开展，也要防止“违法建筑”等不符合法律、行政法规规定的房屋通过协助执行行为合法化。

二、执行程序中处置未办理初始登记的房屋时，具备初始登记条件的，执行法院处置后可以依法向房屋登记机构发出《协助执行通知书》；暂时不具备初始登记条件的，执行法院处置后可以向房屋登记机构发出《协助执行通知书》，并载明待房屋买受人或承受人完善相关手续具备初始登记条件后，由房屋登记机构按照《协助执行通知书》予以登记；不具备初始登记条件的，原则上进行“现状处置”，即处置前披露房屋不具备初始登记条件的现状，买受人或承受人按照房屋的权利现状取得房屋，后续的产权登记事项由买受人或承受人自行负责。

三、执行法院向房屋登记机构发出《协助执行通知书》，房屋登记机构认为不具备初始登记条件并作出书面说明的，执行法院应在30日内依照法律和有关规定，参照行政规章，对其说明理由进行审查。理由成立的，撤销或变更《协助执行通知书》并书面通知房屋登记机构；理由不成立的，书面通知房屋登记机构限期按《协助执行通知书》办理。

特此通知

附件：《关于无证房产依据协助执行文书办理产权登记有关问题的函》（建法函〔2012〕102号）（略）

20. 国务院办公厅关于加快培育和发展住房租赁市场的若干意见

（国办发〔2016〕39号　2016年5月17日发布实施）

各省、自治区、直辖市人民政府，国务院各部委、各直属机构：

实行购租并举，培育和发展住房租赁市场，是深化住房制度改革的重要内容，是实现城镇居民住有所居目标的重要途径。改革开放以来，我国住房租赁市场不断发展，对加快改善城镇居民住房条件、推动新型城镇化进程等发挥了重要作用，但市场供应主体发育不充分、市场秩序不规范、法规制度不完善等问题仍较为突出。为加快培育和发展住房租赁市场，经国务院同意，现提出以下意见。

一、总体要求

（一）指导思想。全面贯彻党的十八大和十八届三中、四中、五中全会以及中央城镇化工作会议、中央城市工作会议精神，认真落实国务院决策部署，按照“五位一体”总体布局和“四个全面”战略布局，牢固树立和贯彻落实创新、协调、绿色、开放、共享的发展理念，以建立购租并举的住房制度为主要方向，健全以市场配置为主、政府提供基本保障的住房租赁体系。支持住房租赁消费，促进住房租赁市场健康发展。

（二）发展目标。到2020年，基本形成供应主体多元、经营服务规范、租赁关系稳定的住房租赁市场体系，基本形成保基本、促公平、可持续的公共租赁住房保障体系，基本形成市场规则明晰、政府监管有力、权益保障充分的住房租赁法规制度体系，推动实现城镇居民住有所居的目标。

二、培育市场供应主体

（三）发展住房租赁企业。充分发挥市场作用，调动企业积极性，通过租赁、购买等方式多渠道筹集房源，提高住房租赁企业规模化、集约化、专业化水平，形成大、中、小住房租赁企业协同发展的格局，满足不断增长的住房租赁需求。按照《国务院办公厅关于加快发展生活性服务业促进消费结构升级的指导意见》(国办发〔2015〕85号)有关规定,住房租赁企业享受生活性服务业的相关支持政策。

(四)鼓励房地产开发企业开展住房租赁业务。支持房地产开发企业拓展业务范围,利用已建成住房或新建住房开展租赁业务;鼓励房地产开发企业出租库存商品住房;引导房地产开发企业与住房租赁企业合作,发展租赁地产。

(五)规范住房租赁中介机构。充分发挥中介机构作用,提供规范的居间服务。努力提高中介服务质量,不断提升从业人员素质,促进中介机构依法经营、诚实守信、公平交易。

(六)支持和规范个人出租住房。落实鼓励个人出租住房的优惠政策,鼓励个人依法出租自有住房。规范个人出租住房行为,支持个人委托住房租赁企业和中介机构出租住房。

三、鼓励住房租赁消费

(七)完善住房租赁支持政策。各地要制定支持住房租赁消费的优惠政策措施,引导城镇居民通过租房解决居住问题。落实提取住房公积金支付房租政策,简化办理手续。非本地户籍承租人可按照《居住证暂行条例》等有关规定申领居住证,享受义务教育、医疗等国家规定的基本公共服务。

(八)明确各方权利义务。出租人应当按照相关法律法规和合同约定履行义务,保证住房和室内设施符合要求。住房租赁合同期限内,出租人无正当理由不得解除合同,不得单方面提高租金,不得随意克扣押金;承租人应当按照合同约定使用住房和室内设施,并按时缴纳租金。

四、完善公共租赁住房

(九)推进公租房货币化。转变公租房保障方式,实物保障与租赁补贴并举。支持公租房保障对象通过市场租房,政府对符合条件的家庭给予租赁补贴。完善租赁补贴制度,结合市场租金水平和保障对象实际情况,合理确定租赁补贴标准。

(十)提高公租房运营保障能力。鼓励地方政府采取购买服务或政府和社会资本合作(PPP)模式,将现有政府投资和管理的公租房交由专业化、社会化企业运营管理,不断提高管理和服务水平。在城镇稳定就业的外来务工人员、新就业大学生和青年医生、青年教师等专业技术人员,凡符合当地城镇居民公租房准入条件的,应纳入公租房保障范围。

五、支持租赁住房建设

(十一)鼓励新建租赁住房。各地应结合住房供需状况等因素,将新建租赁住房纳入住房发展规划,合理确定租赁住房建设规模,并在年度住房建设计划和住房用地供应计划中予以安排,引导土地、资金等资源合理配置,有序开展租赁住房建设。

(十二)允许改建房屋用于租赁。允许将商业用房等按规定改建为租赁住房,土地使用年限和容积率不变,土地用途调整为居住用地,调整后用水、用电、用气价格应当按照居民标准执行。允许将现有住房按照国家和地方的住宅设计规范改造后出租,改造中不得改变原有防火分区、安全疏散和防火分隔设施,必须确保消防设施完好有效。

六、加大政策支持力度

(十三)给予税收优惠。对依法登记备案的住房租赁企业、机构和个人,给予税收优惠政策支持。落实营改增关于住房租赁的有关政策,对个人出租住房的,由按照5%的征收率减按1.5%计算缴纳增值税;对个人出租住房月收入不超过3万元的,2017年底之前可按规定享受免征增值税政策;对房地产中介机构提供住房租赁经纪代理服务,适用6%的增值税税率;对一般纳税人出租在实施营改增试点前取得的不动产,允许选择适用简易计税办法,按照5%的征收率计算缴纳增值税。对个人出租住房所得,减半征收个人所得税;对个人承租住房的租金支出,结合个人所得税改革,统筹研究有关费用扣除问题。

(十四)提供金融支持。鼓励金融机构按照依法合规、风险可控、商业可持续的原则,向住房租赁企业提供金融支持。支持符合条件的住房租赁企业发行债券、不动产证券化产品。稳步推进房地产投资信托基金(REITs)试点。

(十五)完善供地方式。鼓励地方政府盘活城区存量土地,采用多种方式增加租赁住房用地有效供应。新建租赁住房项目用地以招标、拍卖、挂牌方式出让的,出让方案和合同中应明确规定持有出租的年限。

七、加强住房租赁监管

(十六)健全法规制度。完善住房租赁法律法规,明确当事人的权利义务,规范市场行为,稳定租赁关系。推行住房租赁合同示范文本和合同网上签约,落实住房租赁合同登记备案制度。

(十七)落实地方责任。省级人民政府要加强本地区住房租赁市场管理,加强工作指导,研究解决重点难点问题。城市人民政府对本行政区域内的住房租赁市场管理负总责,要建立多部门联合监管体制,明确职责分工,充分发挥街道、乡镇等基层组织作用,推行住房租赁网格化管理。加快建设住房租赁信息服务与监管平台,推进部门间信息共享。

(十八)加强行业管理。住房城乡建设部门负责住房租赁市场管理和相关协调工作,要会同有关部门加强住房租赁市场监管,完善住房租赁企业、中介机构和从业人员信用管理制度,全面建立相关市场主体信用记录,纳入全国信用信息共享平台,对严重失信主体实施联合惩戒。公安部门要加强出租住房治安管理和住房租赁当事人居住登记,督促指导居民委员会、村民委员会、物业服务企业以及其他管理单位排查安全隐患。各有关部门要按照职责分工,依法查处利用出租住房从事违法经营活动。

各地区、各有关部门要充分认识加快培育和发展住房租赁市场的重要意义,加强组织领导,健全工作机制,做好宣传引导,营造良好环境。各地区要根据本意见,研究制定具体实施办法,落实工作责任,确保各项工作有序推进。住房城乡建设部要会同有关部门对本意见落实情况进行督促检查。

21. 国务院办公厅关于加强土地转让管理严禁炒卖土地的通知

（国办发〔1999〕39号　1999年5月6日发布实施）

各省、自治区、直辖市人民政府，国务院各部委、各直属机构：

《中共中央、国务院关于进一步加强土地管理切实保护耕地的通知》（中发〔1997〕11号）下发以来，土地管理特别是耕地保护工作得到了加强，取得了一定成效。但是，一些地区仍存在用地秩序混乱、非法转让土地使用权等问题，特别是非法交易农民集体土地的现象比较严重，出现了以开发"果园"、"庄园"为名炒卖土地、非法集资的情况。为进一步加强土地转让管理，防止出现新的"炒地热"，保持农村稳定，保护农民利益，保障经济和社会可持续发展，经国务院总理办公会议审定，现就加强土地转让管理、严禁炒卖土地的有关问题通知如下：

一、严格控制城乡建设用地总量，坚决制止非农建设非法占用土地

城市、村庄、集镇建设一律不得突破土地利用总体规划确定的用地规模，城市新增建设用地和原有建设用地要统一实行总量控制，不得超计划供地；各项建设可利用闲置土地的，必须使用闲置土地，不得批准新占农用地，闲置土地未被充分利用的地区，应核减其下一年度农用地转用指标。

农村居民点要严格控制规模和范围，新建房屋要按照规划审批用地，逐步向中心村和小城镇集中。中心村和小城镇建设要合理布局，统一规划，不得随意征、占农用地。小城镇建设要明确供地方式和土地产权关系，防止发生土地权属纠纷。

乡镇企业用地要严格限制在土地利用总体规划确定的城市和村庄、集镇建设用地范围内，不符合土地利用总体规划的建筑物、构筑物不得改建、扩建，并结合乡镇企业改革和土地整理逐步调整、集中。

严格控制高速公路服务区用地范围，公路两侧符合条件的农田，必须依法划入基本农田保护区。

二、加强对农民集体土地的转让管理，严禁非法占用农民集体土地进行房地产开发

农民集体土地使用权不得出让、转让或出租用于非农业建设；对符合规划并依法取得建设用地使用权的乡镇企业，因发生破产、兼并等致使土地使用权必须转移的，应当严格依法办理审批手续。

农民的住宅不得向城市居民出售，也不得批准城市居民占用农民集体土地建住宅，有关部门不得为违法建造和购买的住宅发放土地使用证和房产证。

要对未经审批擅自将农民集体土地变为建设用地的情况进行认真清理。凡不符合土地利用总体规划的，要限期恢复农业用途，退还原农民集体土地承包者；符合土地利用总体规划的，必须依法重新办理用地手续。

三、加强对农林开发项目的土地管理，禁止征用农民集体土地进行“果园”、“庄园”等农林开发

农林项目开发必须符合土地利用总体规划和土地利用年度计划，土地权属和地类必须经过严格认定，任何单位和个人不得在土地利用总体规划确定的禁止开垦区内从事土地开发活动。

进行农林项目开发必须严格按照《中华人民共和国土地管理法》的有关规定办理用地手续，任何单位和个人都不得私自与农村集体经济组织签订用地协议，禁止以征用方式取得农民集体土地进行“果园”、“庄园”等农林开发。

以承包经营方式使用国有土地进行农林项目开发的，必须签订国有土地承包合同，约定双方的权利和义务。

农林项目开发必须严格按照批准的规划用途使用土地，严禁改变农林用途搞别墅、度假屋、娱乐设施等房地产开发，确需配套进行非农建设的，要依法办理建设用地审批手续。属于基本建设项目的，必须严格按照基本建设程序履行审批手续。建设项目经批准后，方可办理建设用地手续，严禁未批先用土地。

四、强化开发用地的监管，禁止利用土地开发进行非法集资

农林开发用地必须依法进行土地登记，明确规划要求和转让、转租的限定条件，未经批准不得擅自进行分割转让、转租。通过出让方式取得的国有土地

使用权或以拍卖方式取得的集体所有的未利用土地使用权，在交清全部土地价款、完成前期开发后，方可依法转让、出租、抵押；以租赁或承包等其他方式取得的土地使用权，未经原出租或发包方同意，不得转让、出租、抵押或转包、分包。

人民银行要加强对农林开发项目的信贷管理，加大对以土地开发、土地转让为名进行非法集资行为的监管和查处力度。对未交清土地价款、未取得土地使用权的开发用地，各有关银行不得允许其进行抵押贷款。

工商行政管理机关要加强对开发企业的工商管理，严格核定开发企业经营范围。开发企业不得使用"招商"等不规范用语，不得非法从事金融业务；吸收股东进行土地开发的，不论以出售、转让土地使用权方式，还是以其他方式增加新的股东，均应按《中华人民共和国公司法》的规定办理企业登记注册手续。加强对开发企业经营活动的监管，对超范围经营的开发企业，要坚决查处；对非法集资的企业，一经查实，坚决吊销其营业执照，并依法追究有关当事人的责任。

五、规范国有土地交易活动，制止炒卖土地

商业、旅游、娱乐和豪华住宅等经营性用地，原则上必须以招标、拍卖方式提供。出让土地首次转让、出租、抵押，必须符合法律规定和出让合同约定的条件，不符合条件的不得转让、出租、抵押。划拨土地使用权转让、出租等，必须经有批准权的人民政府批准。

严禁利用建设项目、规划许可证和用地红线图转让等形式变相"炒卖"土地。对已批准立项的建设项目，其建设用地符合土地利用规划的，必须限期办理用地手续。

国有企业改组、改制等涉及土地使用权交易时，不得低价售卖土地，要拟订土地资产处置方案，中央企业要选择减轻中央财政负担的方案，报国务院土地行政主管部门批准。

已购公有住房和经济适用住房入市涉及土地使用权交易的，必须将其中的土地收益依法上缴国家。

六、全面清理土地转让、炒卖土地情况，坚决查处土地使用权非法转让和农民集体土地非法交易的行为

各省、自治区、直辖市人民政府要组织力量对本行政区域内土地转让、炒卖土地情况进行一次全面清理。清理的重点是城乡结合部，特别是公路两侧私搭乱建的违法用地。凡符合土地利用总体规划而未按规定办理有关手续的，必须限期办理，逾期不申报的，按非法占地予以查处。

对现有各种以“果园”、“庄园”名义进行招商和炒卖土地的开发项目进行清理，按照“谁批准、谁负责”的原则，妥善处理存在的问题，对违反规定的，要追究有关当事人的责任，构成犯罪的，要移交司法机关追究刑事责任。在清理规范之前，各地要立即停止各类“果园”、“庄园”、“观光农业”等开发项目和用地的审批。要通过完善举报制度、强化舆论和群众监督，及时查处炒卖土地行为，防止死灰复燃。

国务院各有关部门和各省、自治区、直辖市人民政府要认真贯彻落实本通知精神，制定相应的实施办法和相关的实施细则，确保加强土地转让管理、严禁炒卖土地各项规定的落实。

各省、自治区、直辖市人民政府要在1999年12月底前将清理本行政区域内土地转让、炒卖土地的情况向国务院作出报告。国务院责成国土资源部会同有关部门负责本通知贯彻执行情况的监督检查和落实工作，并定期向国务院作出报告。

22. 自然资源部关于加快宅基地和集体建设用地使用权确权登记工作的通知

（自然资发〔2020〕84号　2020年5月14日发布实施）

各省、自治区、直辖市自然资源主管部门：

2020年底基本完成宅基地和集体建设用地使用权确权登记工作，是党中央部署的一项重要任务。近年来，各地按照党中央部署，稳步推进，取得了积极进展。但全国宅基地数量大、情况复杂，一些地方还存在农村地籍调查基础薄弱、登记资料管理不规范和信息化程度低等问题。尤其受新冠肺炎疫情影响，部分地方推进工作受阻，增加了按时完成任务的难度。为确保今年底完成党中央部署的这项任务，现就有关事项通知如下：

一、准确把握工作重点，坚持不变不换

各地要以未确权登记的宅基地和集体建设用地为工作重点，按照不动产统一登记要求，加快地籍调查，对符合登记条件的办理房地一体不动产登记。坚持不变不换原则，不动产统一登记制度实施前，各历史阶段颁发的宅基地和集体建设用地使用权证书继续有效，对有房地一体不动产登记需求的，完成地上房屋补充调查后办理登记。

二、因地制宜，加快开展地籍调查

各地要加快地籍调查，全面查清宅基地和集体建设用地底数，对已调查登记、已调查未登记、应登记未登记、不能登记等情况要清晰掌握。正在开展地籍调查的，要加快推进调查和确权登记工作。尚未开展地籍调查的，要按照《地籍调查规程》《农村不动产权籍调查工作指南》等，因地制宜抓紧开展，形成满足确权登记需要的房地一体地籍调查成果。

各地可采取积极灵活的方式，完成宅基地和集体建设用地权属调查。对权利人因外出等原因无法实地指界的，可采取委托代理人代办、“先承诺、后补签”或网络视频确认等方式进行。要结合本地实际，选取合适的地籍测绘技术方法。有条件或靠近城镇的,可采用解析法。不具备条件的,可利用现势性强的国土三调、农村土地承包经营权登记等形成的航空或高分辨率卫星遥感正射影像图,采用图解法获取界址、面积等信息。对暂不具备解析法和图解法条件的,可由市、县自然资源主管部门会同村委会组织人员,利用“国土调查云”软件结合勘丈法进行地籍测绘。

地籍调查成果通过验收后,应及时纳入不动产登记信息管理基础平台的地籍数据库进行统一管理,支撑不动产登记及相关管理工作。

三、积极化解疑难问题,依法依规办理登记

各地要认真落实《国土资源部　中央农村工作领导小组办公室　财政部　农业部关于农村集体土地确权登记发证的若干意见》(国土资发〔2011〕178号)、《国土资源部　财政部　住房和城乡建设部　农业部　国家林业局关于进一步加快推进宅基地和集体建设用地使用权确权登记发证工作的通知》(国土资发〔2014〕101号)、《国土资源部关于进一步加快宅基地和集体建设用地确权登记发证有关问题的通知》(国土资发〔2016〕191号)等文件要求,充分发挥乡村基层组织作用,推动解决宅基地“一户多宅”、缺少权属来源材料、超占面积、权利主体认定等问题,按照房地一体要求,统一确权登记、统一颁发证书,努力提高登记率。市、县自然资源主管部门可会同乡(镇)人民政府、村委会,组织群众以行政村为单位,统一申请登记,实现批量受理、集中办证。

对合法宅基地上房屋没有符合规划或建设相关材料的,地方已出台相关规定,按其规定办理。未出台相关规定,位于原城市、镇规划区内的,出具规划意见后办理登记。位于原城市、镇规划区外且在《城乡规划法》实施前建设的,在办理登记时可不提交符合规划或建设的相关材料;在《城乡规划法》实施后建设的,由村委会公告15天无异议,经乡(镇)人民政府审核后,按照审核结果办理登记。对乱占耕地建房、违反生态保护红线管控要求建房、城镇居民非法购买宅基地、小产权房等,不得办理登记,不得通过登记将违法用地合法化。

四、充分利用信息系统登记,扎实做好成果入库和整合汇交

各地要通过不动产登记系统,办理房地一体的宅基地和集体建设用地使用

权登记。要充分运用信息化手段规范登记簿填写、审核和校验，确保登记簿内容全面、规范。因已有资料不详、确实无法填写的个别字段可填写斜杠“/”，并在备注栏内注明原因。在完成登簿的同时，将登记结果信息实时上传省级和国家级不动产登记信息管理基础平台。

各地要加快已有宅基地和集体建设用地及房屋登记资料清理整合和汇交入库。对原有数据不规范或不完整的，应尽快开展不动产单元代码补编等规范完善工作。对原有纸质登记资料尚未数字化的，要通过扫描、拍照等方式进行数字化处理。对缺少空间坐标信息的，可利用高分辨率正射影像图，完成图形矢量化，编制地籍图，并将登记信息图形数据和属性数据关联，完善数据库；也可通过“国土调查云”软件勾绘宗地位置，补充界址点坐标等信息，或采取标注“院落中心点”作为宗地位置，录入权利人等属性信息，并在宗地图上注明“此图根据登记资料在正射影像图上标绘形成”。

各省级自然资源主管部门要将完成数据整合的农村地籍调查和不动产登记成果，以县（市、区）为单位，完成一个汇交一个，逐级汇交至国家级不动产登记信息管理基础平台。2021年底前，全国所有县（市、区）要完成汇交工作。

五、加强组织实施，统筹协调推进

地方各级自然资源主管部门要进一步提高政治站位，在地方政府领导下，压实工作责任，强化部门协作，积极争取工作经费，严格执行工作计划，加强组织实施，切实做好宣传发动、技术指导、业务培训、成果审核及入库汇交等，加快推进宅基地和集体建设用地使用权确权登记工作。

各地要充分发挥确权登记对农村土地管理改革的基础支撑作用，将宅基地和集体建设用地使用权确权登记与集体经营性建设用地入市、城乡建设用地增减挂钩、全域土地综合整治、宅基地制度改革等有机结合，统筹推进相关工作。

各省级自然资源主管部门要加强工作调度，严格落实月报制度，掌握真实的工作进展情况，及时研究解决遇到的问题。部将适时对各省（自治区、直辖市）宅基地和集体建设用地使用权确权登记工作进度进行通报、督导。

23. 国土资源部、住房城乡建设部关于房屋交易与不动产登记衔接有关问题的通知

（国土资发〔2017〕108号　2017年9月11日发布实施）

各省、自治区、直辖市国土资源主管部门、住房城乡建设厅（建委、房地局）：

为全面落实国务院领导批示精神，加强部门衔接，解决不动产登记“中梗阻”问题，切实做到便民利民，根据《不动产登记暂行条例》及其实施细则、《中央编办关于整合不动产登记职责的通知》（中央编办发〔2013〕134号）、《国土资源部　住房城乡建设部关于做好不动产统一登记与房屋交易管理衔接的指导意见》（国土资发〔2015〕90号）等法规规章政策，现就房屋交易与不动产登记衔接有关问题通知如下。

一、关于资料移交共享

（一）不动产统一登记制度实施前已经形成的房屋登记纸质资料要移交至不动产登记机构，确实难以拆分移交的，应复制移交，复制移交的资料应与原件一致，并于年底前全面复制移交到位。

（二）为避免重复建设，保证房屋交易与不动产登记使用电子数据的一致性，房屋登记的电子数据应完整地拷贝给不动产登记机构，并于9月底前全面完成。

二、关于交易登记业务衔接

对于房屋交易与不动产登记机构分设的地方，要按照“进一个门、跑一次路”的原则，实现房屋交易与不动产登记的有效衔接，切实做到便民利民。

（一）一个窗口受理。两部门进驻同一个服务大厅，设置同一个受理窗口，将房屋交易和不动产登记所需的法定材料编制形成统一的申请材料目录向社会公布。

（二）部门并行办理。收件后，相关资料分送两部门并行业务办理，不动产登记机构依法办理不动产登记业务。涉及交易需办理事项，一般交易业务要在

3个工作日内办结,较为复杂的应当在5个工作日内办结,交易的结果通过内部网络向不动产登记机构反馈。

(三)方便群众办事。凡是能够通过网上办理的房屋交易和不动产登记事项,不得要求当事人到现场办理。

三、关于历史遗留问题

(一)针对目前各地不动产统一登记后出现的历史遗留问题,不动产登记机构和房屋交易管理部门要加强配合,共同协商推动地方政府依法合规分类妥善处理,及时解决问题。

(二)防止小产权房通过不动产登记合法化。

四、切实做好房地产市场调控和监测分析工作

不动产登记机构和房屋交易管理部门要充分认识做好房地产市场监测工作的重要性,将二手房与新建商品房纳入统一的房地产市场管理,加强监测、监管和调控。不动产统一登记制度实施后,房屋交易和不动产登记信息要通过网络实时共享。

24. 国土资源部、中央农村工作领导小组办公室、财政部、农业部关于农村集体土地确权登记发证的若干意见

（国土资发〔2011〕178号　2011年11月2日发布实施）

各省、自治区、直辖市及副省级城市国土资源主管部门、农办（农工部、农委、农工委、农牧办）、财政厅（局）、农业（农牧、农村经济）厅（局、委、办），新疆生产建设兵团国土资源局、财务局、农业局，解放军土地管理局：

为切实落实《中共中央　国务院关于加大统筹城乡发展力度进一步夯实农业农村发展基础的若干意见》（中发〔2010〕1号），国土资源部、财政部、农业部联合下发了《关于加快推进农村集体土地确权登记发证工作的通知》（国土资发〔2011〕60号），进一步规范和加快推进农村集体土地确权登记发证工作，现提出以下意见：

一、明确农村集体土地确权登记发证的范围

农村集体土地确权登记发证是对农村集体土地所有权和集体土地使用权等土地权利的确权登记发证。农村集体土地使用权包括宅基地使用权、集体建设用地使用权等。农村集体土地所有权确权登记发证要覆盖到全部农村范围内的集体土地，包括属于农民集体所有的建设用地、农用地和未利用地，不得遗漏。

二、依法依规开展农村集体土地确权登记发证工作

按照《中华人民共和国物权法》、《中华人民共和国土地管理法》、《土地登记办法》、《土地权属争议调查处理办法》、《确定土地所有权和使用权的若干规定》等有关法律政策文件以及地方性法规、规章的规定，本着尊重历史、注重现实、有利生产生活、促进社会和谐稳定的原则，在全国土地调查成果以及年度土地利用变更调查成果基础上，依法有序开展确权登记发证工作。

农村集体土地确权登记依据的文件资料包括：人民政府或者有关行政主管部门的批准文件、处理决定；县级以上人民政府国土资源行政主管部门的调解

书；人民法院生效的判决、裁定或者调解书；当事人之间依法达成的协议；履行指界程序形成的地籍调查表、土地权属界线协议书等地籍调查成果；法律、法规等规定的其他文件等。

三、加快农村地籍调查工作

各地应以“权属合法、界址清楚、面积准确”为原则，依据《土地利用现状分类》（GB/T 21010—2007）、《集体土地所有权调查技术规定》、《城镇地籍调查规程》等相关技术规定和标准，充分利用全国土地调查等已有成果，以大比例尺地籍调查成果为基础，查清农村每一宗土地的权属、界址、面积和用途（地类）等，按照统一的宗地编码模式，形成完善的地籍调查成果，为农村集体土地确权登记发证提供依据。同时，要注意做好变更地籍调查及变更登记，保持地籍成果的现势性。

凡有条件的地区，农村集体土地所有权宗地地籍调查应采用解析法实测界址点坐标并计算宗地面积；条件不具备的地区，可以全国土地调查成果为基础，核实并确定权属界线，对界址走向进行详细描述，采用图上量算或数据库计算的方法计算宗地面积。农村集体土地所有权宗地图和地籍图比例尺不小于1∶10000。牧区等特殊地区在报经省级国土资源主管部门同意后，地籍图比例尺可以放宽至1∶50000。

宅基地使用权、集体建设用地使用权宗地地籍调查，应采用解析法实测界址点坐标和计算宗地面积，宗地图和地籍图比例尺不小于1∶2000。使用勘丈法等其他方法已发证的宅基地、集体建设用地，在变更登记时，应采用解析法重新测量并计算宗地面积。

四、把农村集体土地所有权确认到每个具有所有权的农民集体

确定农村集体土地所有权主体遵循“主体平等”和“村民自治”的原则，按照乡（镇）、村和村民小组农民集体三类所有权主体，将农村集体土地所有权确认到每个具有所有权的农民集体。凡是村民小组（原生产队）土地权属界线存在的，土地应确认给村民小组农民集体所有，发证到村民小组农民集体；对于村民小组（原生产队）土地权属界线不存在，并得到绝大多数村民认可的，应本着

尊重历史、承认现实的原则，对这部分土地承认现状，明确由村农民集体所有；属于乡(镇)农民集体所有的，土地所有权应依法确认给乡(镇)农民集体。

属于村民小组集体所有的土地应当由其集体经济组织或村民小组依法申请登记并持有土地权利证书。对于村民小组组织机构不健全的，可以由村民委员会代为申请登记、保管土地权利证书。

涉及依法“合村并组”的，“合村并组”后土地所有权主体保持不变的，所有权仍然确权给原农民集体；“合村并组”后土地所有权主体发生变化，并得到绝大多数村民认可的，履行集体土地所有权变更的法定程序后，按照变化后的主体确定集体土地所有权，并在土地登记簿和土地证书上备注各原农民集体的土地面积。

涉及依法开展城乡建设用地增减挂钩试点和农村土地整治的，原则上应维持原有土地权属不变；依法调整土地的，按照调整协议确定集体土地权利归属，并依法及时办理土地变更登记手续。

对于“撤村建居”后，未征收的原集体土地，只调查统计，不登记发证。调查统计时在新建单位名称后载明原农民集体名称。

在土地登记簿的“权利人”和土地证书的“土地所有权人”一栏，集体土地所有权主体按“××组(村、乡)农民集体”填写。

五、依法明确农村集体土地所有权主体代表

属于村农民集体所有的，由村集体经济组织或者村民委员会受本农民集体成员的委托行使所有权；分别属于村内两个以上农民集体所有的，由村内各该集体经济组织或者村民小组代表集体行使所有权；属于乡镇农民集体所有的，由乡镇集体经济组织代表集体行使所有权；没有乡(镇)农民集体经济组织的，乡(镇)集体土地所有权由乡(镇)政府代管。在办理土地确权登记手续时，由农民集体所有权主体代表申请办理。

集体经济组织的具体要求和形式，可以由各省(区、市)根据本地有关规定和实际情况依法确定。

六、严格规范确认宅基地使用权主体

宅基地使用权应该按照当地省级人民政府规定的面积标准，依法确认给本农民集体成员。非本农民集体的农民，因地质灾害防治、新农村建设、移民安置等集中迁建，在符合当地规划的前提下，经本农民集体大多数成员同意并经有权机关批准异地建房的，可按规定确权登记发证。已拥有一处宅基地的本农民集体成员、非本农民集体成员的农村或城镇居民，因继承房屋占用农村宅基地的，可按规定登记发证，在《集体土地使用证》记事栏应注记“该权利人为本农民集体原成员住宅的合法继承人”。非农业户口居民（含华侨）原在农村合法取得的宅基地及房屋，房屋产权没有变化的，经该农民集体出具证明并公告无异议的，可依法办理土地登记，在《集体土地使用证》记事栏应注记“该权利人为非本农民集体成员”。

对于没有权属来源证明的宅基地，应当查明土地历史使用情况和现状，由村委会出具证明并公告30天无异议，经乡（镇）人民政府审核，报县级人民政府审定，属于合法使用的，确定宅基地使用权。

七、按照不同的历史阶段对超面积的宅基地进行确权登记发证

1982年《村镇建房用地管理条例》实施前，农村村民建房占用的宅基地，在《村镇建房用地管理条例》实施后至今未扩大用地面积的，可以按现有实际使用面积进行确权登记；1982年《村镇建房用地管理条例》实施起至1987年《土地管理法》实施时止，农村村民建房占用的宅基地，超过当地规定的面积标准的，超过部分按当时国家和地方有关规定处理后，可以按实际使用面积进行确权登记；1987年《土地管理法》实施后，农村村民建房占用的宅基地，超过当地规定的面积标准的，按照实际批准面积进行确权登记。其面积超过各地规定标准的，可在土地登记簿和土地权利证书记事栏内注明超过标准的面积，待以后分户建房或现有房屋拆迁、改建、翻建、政府依法实施规划重新建设时，按有关规定作出处理，并按照各地规定的面积标准重新进行确权登记。

八、认真做好集体建设用地的确权登记发证工作

村委会办公室、医疗教育卫生等公益事业和公共设施用地、乡镇企业用地

及其他经依法批准用于非住宅建设的集体土地,应当依法进行确权登记发证,确认集体建设用地使用权。将集体土地使用权依法确认到每个权利主体。凡依法使用集体建设用地的单位或个人应申请确权登记。

对于没有权属来源证明的集体建设用地,应查明土地历史使用情况和现状,认定合法使用的,由村委会出具证明并公告30天无异议的,经乡(镇)人民政府审核,报县级人民政府审批,确权登记发证。

九、妥善处理农村违法宅基地和集体建设用地问题

违法宅基地和集体建设用地必须依法依规处理后方可登记。对于违法宅基地和集体建设用地,应当查明土地历史使用情况和现状,对符合土地利用总体规划与村镇规划以及有关用地政策的,依法补办用地批准手续后,进行登记发证。

十、严格规范农村集体土地确权登记发证行为

结合全国土地登记规范化检查工作,全面加强土地登记规范化建设。严格禁止搞虚假土地登记,严格禁止对违法用地未经依法处理就登记发证。对于借户籍管理制度改革或者擅自通过“村改居”等方式非经法定征收程序将农民集体所有土地转为国有土地、农村集体经济组织非法出让或出租集体土地用于非农业建设、城镇居民在农村购置宅基地、农民住宅或“小产权房”等违法用地,不得登记发证。对于不依法依规进行土地确权登记发证或登记不规范造成严重后果的,严肃追究有关人员责任。

十一、加强土地权属争议调处

各地要从机构建设、队伍建设、经费保障、规范程序等各方面,切实采取有力措施,建立健全土地权属争议调处机制,妥善处理农村集体土地权属争议。

十二、规范完善已有土地登记资料

严格按照有关法律、法规和政策规定,全面核查整理和完善已有土地登记资料。凡是已经登记发证的宗地缺失资料以及不规范的,尽快补正完善;对于发现登记错误的,及时予以更正。各地要做好农村集体土地登记资料的收集整理工作,保证登记资料的全面、完整和规范。各地要进一步建立健全有关制度

和标准，统一规范管理土地登记资料。

十三、推进农村集体土地登记信息化

要参照《城镇地籍数据库标准》(TD/T 1015—2007)等技术标准，积极推进农村集体土地登记数据库建设，进一步完善地籍信息系统。在此基础上，稳步推进全国土地登记信息动态监管查询系统建设，提升土地监管能力和社会化服务水平，为参与宏观调控提供支撑，有效发挥土地登记成果资料服务经济社会发展的积极作用。

各省(区、市)可根据当地实际情况，细化制定农村集体土地确权登记的具体工作程序和政策。

25. 广东省自然资源厅关于印发加快处理不动产登记历史遗留问题指导意见的通知

(粤自然资规字〔2018〕5号 2018年11月30日发布实施)

各地级以上市人民政府,各县(市、区)人民政府,省政府各部门、各直属机构:

《关于加快处理不动产登记历史遗留问题的指导意见》已经省人民政府同意,现印发给你们,请遵照执行。

关于加快处理不动产登记历史遗留问题的指导意见

为加快处理当前不动产登记中存在的历史遗留问题,切实规范不动产登记行为,保护权利人合法权益,根据《中华人民共和国物权法》《不动产登记暂行条例》相关规定,结合我省实际,提出如下意见。

一、总体要求

以习近平新时代中国特色社会主义思想为指导,全面贯彻党的十九大和十九届二中、三中全会精神,深入贯彻习近平总书记重要讲话精神,坚持以人民为中心的发展思想,以“依法依规、尊重历史、面对现实、为民利民”为原则,以各级政府为主体,以维护人民群众利益为核心,妥善解决不动产登记历史遗留问题。

二、政府牵头,担当作为

建立和实施不动产统一登记制度是党中央、国务院的重大决策部署。随着不动产统一登记工作的不断深入,过去分散登记的弊端集中爆发,在分散登记过渡至统一登记过程中遇到了诸多政策性难题,涉及权利人的切身利益,若得不到及时妥善解决,将直接影响我省不动产统一登记制度的平稳有序实施乃至社会和谐稳定。各级政府及有关部门要充分认识妥善解决不动产登记历史遗留问题的重要性和紧迫性,切实落实政府属地管理责任,强化责任担当,积极主动作为。各地级以上市、县(市、区)政府要尽快建立解决不动产登记历史遗留问题的专门工作机制,针对不动产登记工作中遇到的普遍性问题,深入开展调查研究,找准问题症结所在;各地应于本意见实施后半年内制定出台处理历史遗留问题的法规或改革性文件,牢牢守住防止国有资产流失这条红线,妥善处理行政区域内各类不动产登记历史遗留问题。

三、统筹兼顾,分类处理

(一)已取得房屋所有权属证书,未办理土地登记,当事人申请办理不动产登记,按下列情形处理:

1.有合法土地权属来源的,不动产登记机构应予以办理,有关土地权属来源材料认定,可依据取得土地使用权时的相关政策。

2.没有合法土地权属来源的,不动产所在地的县级以上政府应组织自然资源、住房城乡建设(房管)等部门依法作出处理,不动产登记机构依据有关部门依法处理的证明材料办理不动产登记。

3.集体所有土地上开发的商品住房,一律不得办理不动产登记。

(二)合法宗地上的房屋所有权多次转移、转移链条清晰且相继取得房屋所有权属证书,但没有同步办理土地使用证转移,房屋、土地权属证书的权利主体不一致,当事人持房屋所有权属证书和土地使用证共同申请不动产登记的(若房屋所有权人或原土地使用权人已故,由其合法继承人代为申请),不动产登记机构应予以受理,经调查核实,注销原土地使用证,办理房屋、土地权利主体一致的建设用地使用权及房屋所有权不动产登记。属划拨用地的,当事人应先按当地规定转为出让用地、补缴土地出让金及相关税费后,再申请办理不动产登记手续。

(三)有合法的房地产开发建设手续、但在开发建设中存在违反规划条件、违反土地出让合同、超用地红线、超容积率等问题,不动产所在地政府应组织有关部门依法作出处理,不动产登记机构依据有关部门依法处理的证明文件办理不动产登记。

不动产统一登记实施前,存在上述违反管理规定行为,但已办理商品房预售许可、建设工程已完成竣工验收、购房人已取得房屋所有权属证书,现申请不动产登记的,不动产登记机构应予以办理,按已建成的建筑现状进行测绘落宗,并在登记簿及证书上标注“相关违法违规情况须待进一步处理”，由所在地县级以上政府责成相关部门在登记后一年内对违反管理规定问题依法作出处理，并将处理结果送不动产登记机构存档。

（四）因开发建设单位已注销等原因，购房人不能按照双方共同申请的规定办理不动产登记手续的，土地和房屋权属来源清楚、界址明确，房屋的用地、规划报建、竣工验收等批准文件齐备清楚，购房人可凭购房合同、购房款票据（或证明）、税费凭证等单方申请登记，不动产登记机构经核实并公告后办理首次、转移等不动产登记。

（五）符合交易条件的房改房、经济适用房、集资房和职工福利房，当事人申请不动产转移登记的，不动产登记机构应区分具体情况办理：宗地为出让土地，当事人应按规定缴纳相关价款后，办理不动产登记，取得完全产权；宗地为划拨土地，当事人应在补缴土地出让金后，按出让土地办理不动产登记。土地使用权的处置方式和土地出让金或价款的缴纳标准，由不动产所在地的县级以上政府作出具体规定。

（六）不动产统一登记实施前，房屋所有权属证书和国有土地使用证记载的房屋用途和土地用途不一致的不动产，当事人申请不动产登记时，继续分别按照原记载的房屋、土地用途进行登记，未经依法批准不得改变已登记的不动产用途。对原批准土地用途与《土地利用现状分类》（GB/T 21010—2017）二级类不对应的，不动产登记机构应按照《土地利用现状分类》（GB/T 21010—2017）二级类重新确定归属地类进行登记，土地使用期限终止日期与原土地权属来源材料保持一致，并在不动产登记簿及不动产权证书“附记”中记载原批准用途。不动产所在地的县级以上政府应组织自然资源、住房城乡建设（房管）等部门在登记后一年内，依法完善相关手续。

（七）不动产统一登记实施前，当事人购买已抵押国有土地使用权的房屋并取得房屋所有权属证书，现土地仍处于抵押状态的，当事人申请办理不动产登记，经抵押权人同意，不动产登记机构可予以办理，并在不动产登记簿和不动产权属证书上注明土地抵押状况。

（八）不动产统一登记实施前，违反《物权法》《担保法》等法律法规以土地等不动产设立抵押权的，不动产所在地的县级以上政府根据具体情况采取清偿、置换、完善手续等方式依法处理后，不动产登记机构根据处理结果依法办理不动产变更、注销等登记手续。

（九）未覆盖乡村规划的地区，已依法取得宅基地使用权的地上房屋所有权登记，由县级以上政府对未覆盖乡村规划的乡村及时间界限作出统一认定，当事人申请房屋所有权登记，符合上述认定范围的，可不提供房屋符合规划或者建设的相关材料。因继承、交换、分家析产等造成宅基地使用权和地上房屋权利人不一致的，可由村委会出具证明或提供调解协商证明材料，明确房地统一登记的权利主体，作为宅基地使用权及房屋所有权的权属来源证明材料。

县级以上政府应加快推进规划未覆盖地区的乡村规划编制或修编工作，并严格核实界定乡村规划未覆盖地区和时间，严格审核不动产建设是否属于乡村规划未覆盖。属于未覆盖的，应补充或修编规划，将其纳入规划区范围；属于已覆盖的，应按相关法律法规进行处理后，再行依法登记。

（十）已取得房屋所有权属证书，房屋的幢基底涉及跨宗地，当事人申请不动产登记的，不动产所在地的县级以上政府应组织自然资源管理部门对涉及宗地按照房屋与宗地对应一致原则进行分割、合并或调整边界处理，不动产登记机构依据处理结果办理登记。

四、密切配合，齐抓共管

各地要讲政治、顾大局，从历史发展的长远眼光高度重视不动产统一登记工作，切实做到在宏观上平稳把控、微观上大胆探索。各级自然资源、住房城乡建设、农业、财政、司法等部门要密切配合，形成工作合力，按照依法、规范、便民的要求，共同推动我省不动产统一登记制度平稳有序实施。

（一）全面完成资料移交。不动产登记资料的移交和管理是全面实施不动产统一登记制度的基础。各相关部门要按照国家和省的要求，于本文颁布实施后3个月内，将原有的房屋、林地、草地、海域等登记簿、权属来源证明材料、登记原因证明文件以及有关登记申请、审核等原始纸质资料和电子资料完整同步移交不动产登记机构,确保登记资料的唯一性、统一性、合法性、安全性,实现不动产登记机构对登记档案规范有效管理。

(二)全面完成数据整合。各级人民政府要加强领导,落实经费保障,确保按照国家和省的统一部署和要求对现有土地、房屋、林地、草地、海域等登记信息数据全面完成迁移整合和建库工作,实现网上能查可用、共享便民。

(三)建立信息共享机制。不动产登记信息共享是《不动产登记暂行条例》的明确规定,是便民利民、体现不动产登记工作意义之所在。各县级以上人民政府要积极作为,依法履职,根据共享数据的用途,按需共享相应的数据信息。共享双方要制定数据共享办法或签订数据共享协议,明确数据共享内容、共享方式、数据保密要求、安全保密责任等内容。

(四)健全监督和纠错机制。各县级以上人民政府要建立健全执法监督和行政纠错机制,对于不动产登记工作中发现的违法违规发证行为,要责成有关部门依法处置,对失职渎职造成严重后果的要严肃追责。各级不动产登记机构要严格按照国家和省的统一部署和要求,依法依规开展不动产登记工作,防止产生新的问题。

本意见自颁布之日起实施,有效期5年。